Wirtschaft und Bildung

Forschungsinstitut
Betriebliche Bildung

Inklusive Berufsbildung junger Menschen

D1665066

Auf dem Weg zu neuen
Dienstleistungen von
Einrichtungen beruf-
licher Rehabilitation

Gefördert durch:

Bundesministerium
für Arbeit und Soziales

aus Mitteln des Ausgleichsfonds

Bundesagentur
für Arbeit

Die Berufsbildungswerke BAG

wbv

Forschungsinstitut Betriebliche Bildung (f-bb) gGmbH

Bibliografische Informationen der Deutschen Nationalbibliothek
Die Deutsche Nationalbibliothek verzeichnet diese Publikation in der Deutschen Nationalbibliografie;
detaillierte bibliografische Daten sind im Internet über http://dnb.d-nb.de abrufbar.

- Band 75   Inklusive Berufsbildung junger Menschen
  Auf dem Weg zu neuen Dienstleistungen von Einrichtungen beruflicher Rehabilitation
- Herausgeber   Günther G. Goth, Susanne Kretschmer, Iris Pfeiffer
- Autoren   Ula Braun, Michael Breitsameter, Konrad Fath, Markus Feußner, Andreas Fischer, Thomas Freiling, Antje Frese, Florian Gawehns, Lina Haak, Angela Hübel, Martin Hünemeyer, Andreas Kather, Matthias Kohl, Rainer Lentz, Wolfgang Lerche, Moritz Lohe, Peggy Lorenz, Sabrina Lorenz, Anne von Oswald, Christian Pfeffer-Hoffmann, Iris Pfeiffer, Aleksandra Poltermann, Susan Rathke, Rolf Schmachtenberg, Wassili Siegert, Olaf Stieper, Ulrike Stumpf, Wolfgang Wittig, Sibylle Zagel
- Verlag   © wbv Media GmbH & Co. KG, Bielefeld 2018
- Gesamtherstellung wbv Media GmbH & Co. KG
  Postfach 10 06 33, 33506 Bielefeld
  Telefon: 0521 91101-11, Telefax: 0521 91101-19
  E-Mail: service@wbv.de, Internet: www.wbv.de
- Förderhinweis   Der vorliegende Band ist ein Produkt des Projekts „Anfänge, Übergänge, Anschlüsse gestalten – Inklusive Dienstleistungen von Berufsbildungswerken", das durch das Bundesministerium für Arbeit und Soziales aus den Mitteln des Ausgleichsfonds gefördert wurde (01.01.2014-31.12.2017). Die Verantwortung für den Inhalt dieser Veröffentlichung liegt bei den Autorinnen und Autoren.

Printed in Germany

ISBN Print: 978-3-7639-5959-4
ISBN E-Book: 978-3-7639-5960-0
Bestell-Nr.   6004643

Gefördert durch:

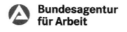

aus Mitteln des Ausgleichsfonds   Die Berufsbildungswerke

Inhalt

Vorwort

Rolf Schmachtenberg

Inklusion bedeutet, dass alle Menschen unabhängig von ihren individuellen Dispositionen und Ausgangslagen frei von Diskriminierung und ohne Barrieren Zugang zu allen wichtigen Lebensbereichen haben. Die Entwicklung zu einer inklusiven Gesellschaft ist insbesondere seit der Ratifizierung der UN-Behindertenrechtskonvention (UN-BRK) im Jahre 2009 ein zentrales Ziel politischer Aktivitäten in verschiedenen Feldern. Grundlage in den Bereichen Bildung und Arbeitsmarkt sind die Artikel 24 und 27 der UN-BRK, die darauf abzielen, die Teilhabechancen von Menschen mit Behinderungen in diesen Bereichen zu verbessern. Der Weg in eine inklusive Gesellschaft ist allerdings langwierig und nicht mit einigen schnellen Handlungen zu erreichen. Vielmehr kommt es darauf an, Schritt für Schritt und wohlüberlegt Entscheidungen zu treffen, die dem großen Ziel der Inklusion näherkommen.

In den vergangenen Jahren gab es viele Neuentwicklungen, die auf dieses Ziel ausgerichtet sind. So konnten mit dem Bundesteilhabegesetz (BTHG), dem zweiten Nationalen Aktionsplan (NAP 2.0) und der Novellierung des Behindertengleichstellungsrechts wichtige Grundsteine gelegt werden, um die UN-BRK sukzessive umzusetzen. Der Ball der Inklusion ist in den vergangenen Jahren ordentlich ins Rollen gekommen!

Mit dem BTHG wurden zahlreiche Veränderungen angestoßen, die das Leben der Menschen mit Behinderungen ganz konkret verbessern. Es werden unterschiedliche sozialpolitische Themen und Bereiche unterstützt bzw. verstärkt behandelt wie z. B. die unabhängige Teilhabeberatung und die Modellvorhaben zur Stärkung der Rehabilitation.

Einen wesentlichen Rahmen für die Umsetzung der behindertenpolitischen Gesamtstrategie zur Verwirklichung der Rechte aus der UN-BRK stellt die Weiterentwicklung des Nationalen Aktionsplans dar. Sowohl der erste Aktionsplan (NAP 1.0) als auch der weiterentwickelte NAP 2.0 zielen darauf, den verbürgten Rechten für Menschen mit Behinderungen in allen relevanten Bereichen mehr Geltung zu verschaffen und ihre praktische Umsetzung zu verbessern. Der NAP 2.0 soll dazu beitragen, dass Inklusion als universelles Prinzip in allen Lebensbereichen Einzug hält.

Das im NAP 2.0 verankerte Projekt „Anfänge, Übergänge, Anschlüsse gestalten – Inklusive Dienstleistungen von Berufsbildungswerken" (kurz PAUA) steht für einen Inklusionsverbund mit vielen Akteuren, tief greifenden Aktivitäten und einem weitreichenden Transfer. PAUA unterstützte exemplarisch zehn Berufsbildungswerke (BBW) bei der Entwicklung, Gestaltung und Erprobung neuer Geschäftsmodelle und bei den damit einhergehenden personellen und organisationalen Weiterentwicklungen. Die Projekt-BBW schufen Angebote für benachteiligte junge Menschen und junge Menschen mit Fluchthintergrund. Zudem wurden neue Leistungen für Betriebe entwickelt beziehungsweise bereits vorhandene Leistungen für Betriebe zur Unterstützung der Ausbildung und Beschäftigung von behinderten und schwerbehinderten Menschen ausgebaut. Die gesammelten Erfahrungen wurden in praxisnahe Handreichungen überführt. Die Konzepte und Materialsammlungen stehen nun weiteren ambulanten und stationären Einrichtungen beruflicher Rehabilitation zur einrichtungsspezifischen Adaption zur Verfügung.

Auf diese Weise brachte das Projekt zusätzliche „Power" in das System der beruflichen Rehabilitation und seiner Einrichtungen. Es trifft den Kern der erforderlichen Bestrebungen, die Kernkompetenzen der Einrichtungen beruflicher Rehabilitation inklusiver auszugestalten. Sie sollen vermehrt weitere, sonst üblicherweise nicht vorhandene Dienstleistungen für ausbildende Unternehmen erbringen und neue Zielgruppen mit ihren vielfältigen Ressourcen bestmöglich unterstützen. Die Realität zeigt nämlich, dass diejenigen, die aufgrund ihres Förderbedarfs kaum Chancen auf Einmündung in eine betriebliche Berufsausbildung haben, auf Angebote der beruflichen Rehabilitation angewiesen sind. Die Leistungserbringer sind damit wichtige Partner auf dem Weg zur Verwirklichung von Inklusion, und zwar umso mehr, je mehr Arbeitsmarktnähe sie erreichen.

Dieser Sammelband spricht nicht nur BBW, sondern alle Einrichtungen beruflicher Rehabilitation an, die sich inklusiver ausrichten wollen. Vor allem im Hinblick auf die Vorbereitung und Umsetzung notwendiger Veränderungs- und Anpassungsprozesse gibt er der interessierten Leserschaft wichtige Anregungen und setzt Impulse. Denn mit dem Abschluss des PAUA-Projektes sind keinesfalls alle Themen und Neuentwicklungen abgeschlossen. Vielmehr lassen diese Raum für die mittel- und langfristige Zukunftsplanung und -gestaltung der Einrichtungen beruflicher Rehabilitation.

Der Ball der Inklusion rollt weiterhin!

I

Ausgangslage und Handlungsbedarf

I/1 Anfänge, Übergänge und Anschlüsse gestalten – Inklusion als Herausforderung für die berufliche Bildung

Matthias Kohl und Iris Pfeiffer

1 Einleitung

Die Entwicklung zu einer inklusiven Gesellschaft ist insbesondere seit der Ratifizierung der UN-Behindertenrechtskonvention durch Deutschland im Jahre 2009 ein zentrales Ziel politischer Aktivitäten. Während die Inklusion von Menschen mit Behinderung im allgemeinbildenden Schulbereich in den letzten Jahren große Aufmerksamkeit erlangt hat, wird über Inklusion in der beruflichen Bildung weniger prominent diskutiert. Doch auch hier herrscht Handlungsbedarf, denn die duale Berufsausbildung schafft wesentliche Voraussetzungen für die erfolgreiche und dauerhafte Integration von jungen Menschen mit Behinderung in den Arbeitsmarkt und ist damit eine wichtige Voraussetzung für eine gleichberechtigte und selbstbestimmte Teilhabe am Leben in der Gesellschaft.

Traditionell folgte die Integration von Menschen mit Behinderungen in die berufliche Qualifizierung und Erwerbsarbeit einer Logik der Separation. Nach dieser sollte die Ausbildung und Förderung dieser Zielgruppen durch Angebote und Einrichtungen außerhalb des Regelangebotes allgemeiner und beruflicher Bildung erfolgen, um auf diese Weise den besonderen Bedürfnissen der Betroffenen gerecht werden zu können. Das reguläre Ausbildungsgeschehen in Betrieben und Berufsschulen war und ist dementsprechend auf den Umgang mit „normalen" Auszubildenden ausgerichtet, während Kapazitäten für die spezifische Betreuung von Menschen mit Behinderungen an diesen regulären Lernorten kaum entwickelt wurden. Mit dem neuen Leitbild der Inklusion, verstanden als gemeinsame Ausbildung von Menschen mit Behinderung und Menschen ohne Behinderung im

Regelsystem über einen möglichst langen Zeitraum, stellt sich somit die Frage, wie Einrichtungen der beruflichen Bildung im Umgang mit einer entsprechend erweiterten Zielgruppe unterstützt werden können. Zugleich ergibt sich für die Berufsbildungswerke, bei denen traditionell die primäre Zuständigkeit für die Ausbildung von Menschen mit Behinderungen lag, die Frage nach ihrer künftigen Rolle.

Der nachfolgende Beitrag skizziert am Beispiel der Berufsbildungswerke Herausforderungen und Handlungsfelder für Einrichtungen der beruflichen Rehabilitation, die sich bei der Umsetzung des Prinzips der Inklusion im Bereich der beruflichen Bildung stellen. Nach einer einführenden Begriffsklärung und einer Einordnung des Themas in den bildungspolitischen Diskurs werden zunächst grundlegende Voraussetzungen für die Umsetzung des Inklusionsprinzips im Bereich der beruflichen Bildung diskutiert. Abschnitt 3 befasst sich mit der Situation der beruflichen Ausbildung von Menschen mit Behinderung und dem Status quo der Inklusionsbemühungen. Deutlich wird hierbei, dass die betriebliche Bereitschaft zur Ausbildung von Menschen mit Behinderung ein zentraler Erfolgsfaktor für inklusive Berufsausbildung ist und zudem häufig eine passgenaue externe Unterstützung von Unternehmen und Auszubildenden notwendig ist. Einrichtungen beruflicher Rehabilitation wie zum Beispiel Berufsbildungswerke, die traditionell eine Schlüsselrolle bei der beruflichen Erstausbildung dieser Zielgruppe spielen, verfügen über entsprechende Kompetenzen und können als Kooperationspartner für Ausbildungsbetriebe einen Beitrag zur Umsetzung des Inklusionsprinzips in der Berufsbildung leisten. Die damit einhergehenden Herausforderungen werden in Abschnitt 4 dieses Beitrages skizziert. Danach wird das Projekt „Anfänge, Übergänge und Anschlüsse gestalten" (PAUA) vorgestellt, das einen Gestaltungs- und Unterstützungsrahmen zur inklusiveren Ausrichtung von Berufsbildungswerken bietet (Abschnitt 5). Abschließend liefert Abschnitt 6 einen Überblick über die im Kontext dieses Projektes entstandenen Beiträge des vorliegenden Sammelbandes, welche Herausforderungen und Handlungsansätze in verschiedenen Entwicklungsbereichen erläutern, einen Einblick in Umsetzungsprozesse geben und Ergebnisse beschreiben.

2 Inklusion in der beruflichen Bildung – eine Begriffsklärung

Um die Zielsetzung der Inklusion von Menschen mit Behinderung im Bildungswesen einschließlich der beruflichen Bildung richtig einordnen zu können, ist zunächst eine Verständigung darüber erforderlich, was mit dem Begriff „Behinderung" gemeint ist. Ein erster Hinweis kann der Präambel des Übereinkommens der Vereinten Nationen vom 13. Dezember 2006 über die Rechte von Menschen mit Behinderungen (vgl. UN-BRK) entnommen werden. Dieser zufolge ist Behinderung nicht einfach eine physiologisch oder psychologisch bedingte Eigenschaft eines Individuums, sondern ein gesellschaftlich produziertes Phänomen, das aus der „Wechselwirkung zwischen Menschen mit Beeinträchtigungen und einstellungs- und umweltbedingten Barrieren entsteht, die sie an einer vollen, wirksamen und gleichberechtigten Teilhabe an der Gesellschaft hindern" (Präambel UN-BRK). Behinderung ist mithin ein relationales Konzept, das eine soziale Zuschreibung spezifischer, von der jeweiligen Norm abweichender Bedarfe aufgrund von Umwelteigenschaften beinhaltet, die im Zusammenspiel mit individuellen Personenmerkmalen zu Problemen für die betroffenen Personen führen. Ein Beispiel hierfür ist eine Situation, in der die Gestaltung des öffentlichen Raumes nicht die Anforderungen von Personen berücksichtigt, die zur Fortbewegung auf einen Rollstuhl angewiesen sind, sodass sich für diesen Personenkreis Mobilitätshindernisse ergeben, die im Vergleich zur übrigen Bevölkerung zu Benachteiligungen führen (vgl. Euler/Severing 2014, S. 6).

Mit dem Abbau von Barrieren – seien diese ideologisch bedingt oder praktischen Gegebenheiten geschuldet – eröffnet sich nicht nur den Menschen mit Behinderung die Möglichkeit ihrer vollen Persönlichkeitsentfaltung und eines selbstbestimmten Lebens. Vielmehr bietet sich dadurch, so die Erwartung, auch die Chance für Wirtschaft und Gesellschaft, von den individuellen Kompetenzen und Potenzialen dieser Menschen zu profitieren.

Inklusion bedeutet nicht, dass individuelle Beeinträchtigungen verschwinden oder gleichsam „ausgeblendet" werden, sondern dass sie als eine Variante der Normalität wahrgenommen werden und als solche in allen Facetten des gesellschaftlichen Lebens adäquate Berücksichtigung finden. Dies erfordert ein geändertes Verständnis von individueller Vielfalt. Wird Behinderung dagegen nur als Abweichung von der Norm gesehen und entsprechend behandelt, so führt dies zu gesellschaftlicher Ausgrenzung. Ein solcher Ausschluss wiederum hat nicht zuletzt im Bereich der Bildung schwerwiegende Folgen, da Bildung ihrerseits eine wesentliche Grundlage für gesellschaftliche Teilhabe ist.

Folgerichtig wird in der Behindertenrechtskonvention der Vereinten Nationen die Pflicht der Unterzeichnerstaaten formuliert, ein „integratives Bildungssystem" (im englischen Text: „an inclusive education system") auf allen Ebenen zu gewährleisten, das einen diskriminierungsfreien Zugang von Menschen mit Behinderungen zu allen regulären Bildungsangeboten auf der Grundlage der Chancengleichheit gestattet (vgl. Art. 24 UN-BRK).

Mit diesem Leitbild des gemeinsamen Lernens (vgl. Euler/Severing 2014, S. 8) ergibt sich ein Paradigmenwechsel im Umgang mit Menschen mit Behinderungen und letztlich mit Diversität überhaupt. Im deutschen Bildungssystem war traditionell das Prinzip der Separierung vorherrschend – im Interesse einer erfolgreichen und zielgruppenadäquaten Förderung der Lernenden wurde eine möglichst große Homogenität der Lerngruppen angestrebt, unterschiedliche Personengruppen werden also getrennt voneinander unterrichtet. Seinen praktischen Niederschlag findet dieses Prinzip der Separation nach wie vor in der Mehrgliedrigkeit des Schulsystems. Auch im Bereich der beruflichen Bildung existieren mit Förderberufsschulen und den in Kapitel 5 des SGB IX benannten Einrichtungen der beruflichen Rehabilitation (Werkstätten für behinderte Menschen, Berufsbildungswerke, Berufsförderungswerke und vergleichbare Einrichtungen) Institutionen, die diesem Prinzip folgend entstanden sind, um so dem individuellen Unterstützungs- und Förderbedarf bestmöglich gerecht zu werden.

Neben Separation und Inklusion sind als weitere Formen des Umgangs mit Behinderungen im Bildungssystem die Exklusion als – normativ inakzeptabler – vollständiger Ausschluss aus dem System sowie die Integration als abgeschwächte Variante der Inklusion denkbar (siehe Tabelle).

Form des Umgangs mit Behinderungen	Erklärung	Beispiel allgemeinbildende Schulen	Beispiel berufliche Bildung
Exklusion	Ausschluss aus dem System	Befreiung von der Schulpflicht	Keine Ausbildungs- bzw. Beschäftigungsmöglichkeit
Separation	Aussondern von Menschen, die von der Norm abweichen	Förderschulen	Beschäftigung in Werkstätten für behinderte Menschen
Integration	Einbindung ins System, jedoch als Sonderweg	Integrationsklassen	Ausbildung zu „Fachpraktikern" nach § 66 BBiG / § 42m HwO
Inklusion	Systemanpassung an individuelle Voraussetzungen	Inklusive Schule	Flexibilisiertes System, das jedem Jugendlichen die Chance auf eine Berufsausbildung eröffnet

Tabelle: Prinzipien des Umgangs mit Behinderungen im Bildungssystem
(Quelle: Euler/Severing 2014, S. 26)

Die Zielvorstellung eines inklusiven Berufsausbildungssystems sieht jedoch eine gemeinsame Ausbildung von Jugendlichen mit und ohne Behinderung im Regelsystem – also bestenfalls an den regulären Lernorten Betrieb und Berufsschule – vor, die möglichst zum vollwertigen Abschluss in einem anerkannten Ausbildungsberuf führt, wobei „Formen der spezifischen Förderung unverändert bedeutsam und essenziell" (Euler/Severing 2014, S. 116) bleiben. Konkret ist darunter das Ziel zu verstehen, möglichst viele Menschen mit Behinderungen eine betriebliche, außerbetriebliche oder vollzeitschulische Ausbildung in einem anerkannten Ausbildungsberuf absolvieren zu lassen (vgl. ebd., S. 9 ff.). Zusätzlich besteht bei entsprechenden individuellen Einschränkungen die Möglichkeit eines Nachteilsausgleiches (§ 65 BBiG bzw. § 42l HwO) in Bezug auf die zeitliche Gliederung der Ausbildung, die Inanspruchnahme von Hilfsmitteln und die Gestaltung von Prüfungen. Erst wenn aufgrund der Schwere der Behinderung eine Ausbildung in einem staatlich anerkannten Ausbildungsberuf auch unter Anwendung des Nachteilsausgleiches nicht in Betracht kommt, bieten § 66 BBiG bzw. § 42m HwO die Möglichkeit, Jugendliche mit Behinderung nach speziellen Regelungen der zuständigen Stellen zu Fachpraktikern/innen auszubilden. Die Entwicklung eines im oben genannten Sinne inklusiven Systems der beruflichen Bildung stellt neue Anforderungen an die Gestaltung der beruflichen Erstausbildung, die alle Akteure in diesem Feld betreffen. Zu diesen Anforderungen zählen:

- eine Erweiterung der Kompetenzen von Ausbildungspersonal, Lehrern/innen, Sozialpädagogen/innen und anderem Fachpersonal mit dem Ziel, der Heterogenität der Zielgruppe gerecht werden zu können;
- eine verstärkte Ausbildungsbereitschaft und Ausbildungsfähigkeit von Unternehmen;
- die systematische Vernetzung aller Akteure und der verschiedenen Lernorte;
- die flexible Berücksichtigung individueller Voraussetzungen, Potenziale und Förderbedarfe im Ausbildungsverlauf;
- die Entwicklung und Umsetzung inklusiver berufspädagogischer Konzepte in der Ausbildungspraxis.

Des Weiteren ist zu erwarten, dass die Realisierung von Inklusion auch Auswirkungen auf die Strukturen beruflicher Rehabilitation in Deutschland hat. Für die bislang primär außerbetrieblich ausgebildeten Jugendlichen mit Behinderung gilt es, die erforderlichen Rahmenbedingungen für ihre Inklusion in die reguläre Ausbildung und eine Erwerbstätigkeit auf dem ersten Arbeitsmarkt zu schaffen. Die UN-BRK formuliert daher für Rehabilitationssysteme neben der Befähigung des Einzelnen zur Integration einen neuen Auftrag: die Unterstützung der Gesellschaft zur Realisierung von Inklusion.

3 Berufliche Qualifizierung von Menschen mit Behinderung

Damit stellt sich die Frage, wie es derzeit um die Umsetzung dieser Ziele im Bereich der beruflichen Erstausbildung bestellt ist, d. h., wie sich der Übergang junger Menschen mit Behinderung von der Schule in den Beruf aktuell darstellt. Hierzu gilt es zunächst, die förderrechtlichen Rahmenbedingungen und die verschiedenen Zugangswege zu rekapitulieren. Zur Definition der Zielgruppe lassen sich die schulrechtliche Kategorie des „sonderpädagogischen Förderbedarfes" und der sozialrechtliche Status „Rehabilitand/in" heranziehen, die nicht deckungsgleich sind (vgl. Euler/Severing 2014, S. 6 f.; Galiläer 2015, S. 14 f.). Die Feststellung eines sonderpädagogischen Förderbedarfes ist auf den Schulbereich beschränkt, sodass eine daran anknüpfende Förderung nach dem Verlassen der allgemeinbildenden Schule nicht fortgeführt wird. Mit dem Status der/des/den Rehabilitandin bzw. Rehabilitanden ist der Anspruch auf „Leistungen zur Teilhabe am Arbeitsleben" verbunden; die Zuerkennung erfolgt durch einen Träger der Rehabilitation wie die Agenturen für Arbeit oder die Kranken-, Renten- oder Unfallversicherungen. Daneben besteht die Möglichkeit der Anerkennung einer Behinderung unter Festsetzung eines Grades der Behinderung durch die nach Landesrecht zuständige Stelle, wobei ab einem Grad von 50 Prozent der Status des/der „Schwerbehinderten" zuerkannt wird (vgl. BMAS 2016, S. 16 f.).

Derzeit münden Jugendliche mit Behinderung nur zu einem geringen Teil in eine reguläre betriebliche Ausbildung ein: Von ca. 50.000 Schülerinnen und Schülern mit besonderem Förderbedarf, die jährlich die allgemeinbildenden Regel- und Förderschulen verlassen, nehmen zwar ca. 18.400 eine Ausbildung auf, jedoch lediglich ca. 3.500 im Rahmen einer betrieblich-dualen Berufsausbildung. Weitere 14.900 Jugendliche werden außerbetrieblich ausgebildet – teils in anerkannten Ausbildungsberufen (ca. 5.000), teils in Fachpraktiker-Berufen (9.900). Circa 16.400 junge Menschen mit Teilhabeeinschränkungen, die nach Abschluss der Schule keinen Ausbildungsplatz finden, münden in das berufsvorbereitende Übergangssystem ein (vgl. Euler/Severing 2014).

Das IW-Personalpanel von 2017 wirft ein Schlaglicht auf die Ausbildungssituation von jungen Menschen mit Behinderung in ausbildungsaktiven Betrieben (vgl. Metzler u. a. 2017, S. 37 ff.): 11,9 Prozent der ausbildungsaktiven Unternehmen beschäftigen auch Auszubildende mit Behinderung. Bei diesen handelt es sich hauptsächlich um junge Menschen mit einer Lernbehinderung (Rechtschreibschwäche oder Dyskalkulie). Am zweithäufigsten qualifizieren Unternehmen Menschen mit einer körperlichen Behinderung, die nicht die Sinne betrifft. Menschen mit einer psychischen Behinderung sind hingegen überwiegend in Werkstätten für behinderte Menschen tätig. 88,5 Prozent der Unternehmen qualifizieren in den drei- oder dreieinhalbjährigen Ausbildungsberufen. Jedes fünfte Unternehmen nutzt die zweijährigen Ausbildungsberufe, lediglich 9 Prozent die theoriegeminderten Fachpraktiker-Ausbildungen gemäß § 66 BBiG beziehungsweise § 42m HwO.

Die befragten Unternehmen, die Menschen mit Behinderung ausbilden und beschäftigen, sehen dies als Aspekt ihrer Corporate Social Responsibility (CSR), verfolgen es im Rahmen ihrer personalpolitischen Diversity-Strategie und / oder setzen auf die Erfahrung, dass die Integration von Menschen mit Behinderung sich positiv auf das soziale Klima im Betrieb auswirken kann.

Viele, insbesondere kleine und mittelgroße Betriebe stehen der Ausbildung von Menschen mit Behinderungen jedoch eher zögerlich gegenüber. Sie können die Leistungsfähigkeit dieser Bewerber schlecht einschätzen, befürchten erhöhte Fehlzeiten und einen größeren Betreuungsaufwand. Zudem verfügt ihr Ausbildungspersonal nicht über die für eine Betreuung von Menschen mit Behinderungen erforderlichen Kompetenzen.

4 Herausforderungen für Einrichtungen beruflicher Rehabilitation

An dieser Stelle sind die Einrichtungen beruflicher Rehabilitation als Dienstleister gefragt. Im Zentrum der beruflichen Rehabilitation nach dem Neunten Buch Sozialgesetzbuch (SGB IX) steht das Konzept der Teilhabe. Dies ist spiegelbildlich zum Begriff der Behinderung in einem relationalen Sinn als das Ergebnis der Interaktion zwischen dem Individuum und seiner Umwelt zu verstehen, unterstützt durch assistierende Systeme oder Personen (vgl. z. B. Breitsameter u. a. 2015, S. 45 f.). Um die Bereitschaft zur Ausbildung von Menschen mit Beeinträchtigungen zu erhöhen, benötigen Unternehmen

- Informationen und Sensibilisierung für die Möglichkeiten, die Potenziale junger Menschen mit Beeinträchtigungen auszuschöpfen,
- Angebote für eine enge Kooperation und für eine flexible und bedarfsnahe Unterstützung im Ausbildungsverlauf sowie
- Aufklärung sowohl über Behinderungsarten als auch über bestehende Förderinstrumente wie Unterstützte Beschäftigung (UB) gemäß § 38a SGB IX, ausbildungsbegleitende Hilfen (abH) nach § 241 SGB III und die Assistierte Ausbildung (AsA) gemäß § 130 SGB III.

Wird Inklusion in Kooperation aller organisiert, wird auch die Diskussion um das Für und Wider separater Einrichtungen obsolet. Weder kann es um die Auflösung von Sonderstrukturen gehen noch um die Beibehaltung des Status quo. Vielmehr muss es darum gehen,

- neue inklusive Konzepte und Lernarrangements zu generieren,
- die Kompetenzen von Reha-Einrichtungen wie den Berufsbildungswerken auch anderen Menschen mit Unterstützungsbedarf zur Verfügung zu stellen,
- flexible Unterstützungsleistungen zu entwickeln, die sich eng am individuellen Förderbedarf orientieren, und
- den Lernort Betrieb zu stärken.

5 Neue Entwicklungsmöglichkeiten: Das Projekt „Anfänge, Übergänge und Anschlüsse gestalten" (PAUA)

Die Zielstellung einer inklusiven Gesellschaft, die alle Menschen gleichermaßen an beruflicher Ausbildung und Arbeit im Regelsystem teilhaben lässt, führt zu einem Veränderungsbedarf für die in den 1970er-Jahren als besondere Einrichtungen gemäß § 51 SGB IX gegründeten Berufsbildungswerke. Sie hatten bisher die Aufgabe, jungen Rehabilitanden die stationäre berufliche Erstausbildung und die anschließende Eingliederung in den allgemeinen Arbeitsmarkt sowie die persönliche, soziale und gesellschaftliche Integration zu ermöglichen. Als Komplexeinrichtungen beruflicher Rehabilitation halten sie hierfür zahlreiche Angebote, Ressourcen und eine starke Infrastruktur vor, die auch für andere Personengruppen mit besonderem Unterstützungsbedarf und schlechten Arbeitsmarktchancen attraktiv sind. Diese Unterstützungsleistungen für neue Zielgruppen verfügbar zu machen ist Chance und Herausforderung zugleich und kann auch dazu beitragen, den Rückgang der Belegungsquoten auszugleichen. Dieser ist teils demografiebedingt, teils aber auch auf Inklusionsbemühungen und -erfolge im allgemeinbildenden Schulbereich und nicht zuletzt auch auf eine stärker inklusiv ausgerichtete Zuweisung der Kostenträger zurückzuführen.

Vor diesem Hintergrund hat das aus Mitteln des Ausgleichsfonds geförderte Projekt „Anfänge, Übergänge und Anschlüsse gestalten – Inklusive Dienstleistungen von Berufsbildungswerken" (PAUA) in den Jahren 2014–2017 zehn der bundesweit 52 Berufsbildungswerke

- bei der Konzeption und Erprobung neuer Geschäftsmodelle zur Erweiterung des Dienstleistungsportfolios um zusätzliche Leistungen für Betriebe und Angebote für neue Zielgruppen sowie
- bei der Planung und Umsetzung organisationaler und personeller Entwicklungsprozesse

unterstützt.

Unter Berücksichtigung der standortspezifischen Rahmenbedingungen und Entwicklungsstände wurden neue Geschäftsfelder identifiziert, Erprobungsmodelle entwickelt und umgesetzt sowie die dafür notwendigen Personal- und Organisationsentwicklungsmaßnahmen initiiert.

6 Zum Aufbau des Bandes

Der vorliegende Band bündelt zentrale Ergebnisse des Projektes PAUA und gliedert sich in drei Rubriken, die die inklusive Berufsbildung junger Menschen aus der Perspektive der drei Phasen eines auf Veränderungen in der Praxis abzielenden Forschungs- und Entwicklungsprozesses in den Blick nehmen: Die Beiträge im Kapitel

Ausgangslage und Handlungsbedarf sind der Einführung in das Handlungsfeld der inklusiven Berufsbildung gewidmet und beschreiben die Bedarfe und Anforderungen, die in Bezug auf die unterschiedlichen Akteure und Zielgruppen bestehen. Im Anschluss an die vorliegende Einführung diskutiert der Beitrag von *Michael Breitsameter* und *Florian Gawehns* die Neuausrichtung von Einrichtungen der beruflichen Rehabilitation vor dem Hintergrund aktueller Herausforderungen. Der Beitrag von *Christian Pfeffer-Hoffmann, Anne von Oswald* und *Wassili Siegert* behandelt die Frage der Umsetzung von Inklusion im Falle der Ausbildung geflüchteter Menschen. *Moritz Lohe* erörtert schließlich die Anforderungen und Handlungsoptionen, die aus der Sicht der Ausbildungsbetriebe mit einer inklusiven Berufsausbildung verbunden sind.

Nach dieser konzeptionellen Einführung präsentiert der zweite Teil des Buches – **Handlungsansätze und Fallbeispiele** – empirische Befunde und Beispiele guter Praxis, die im Rahmen des Projektes PAUA erarbeitet worden sind. Die ersten drei Beiträge dieses Kapitels behandeln verschiedene Aspekte der Organisationsentwicklung in Berufsbildungswerken mit dem Ziel der Weiterentwicklung zu Dienstleistern für inklusive Berufsbildung. *Peggy Lorenz* beschreibt die Grundlagen dieses Prozesses und stellt die Methode des Zielentwicklungs-, Zielerreichungs- und Zielevaluationsprozesses (ZE³P) als Steuerungsinstrument für ein strukturiertes Vorgehen vor; die beiden folgenden Kapitel von *Andreas Kather (RKI BBW Berlin)* und *Wolfgang Lerche* und *Sybille Zagel (BBW Hamburg)* schildern Fallbeispiele zum Veränderungsmanagement in Berufsbildungswerken. Die nachfolgenden drei Beiträge nehmen verschiedene Kooperationsformen von Berufsbildungswerken mit Unternehmen in den Blick. *Wolfgang Wittig* leitet in dieses Thema ein. Anhand je eines Fallbeispieles aus dem ländlichen – von *Antje Frese* und *Markus Hünemeyer (BBW Josefsheim Bigge)* – beziehungsweise dem städtischen Raum – von *Olaf Stieper (EDEKA Bildungswesen)* und *Ulla Braun (BBW Hamburg)* – werden Möglichkeiten der Unterstützung ausbildender Betriebe erörtert und Umsetzungserfahrungen dargestellt. Der Beitrag von *Susan Rathke* und *Ursula Stumpf* befasst sich mit der Erschließung der Ausbildungspotenziale benachteiligter Jugendlicher und beschreibt die praktische Umsetzung entsprechender Unterstützungskonzepte durch das BBW Stendal. Zum

Abschluss dieses Teiles schildern *Konrad Fath (BBW Dürrlauingen)* und *Markus Feußner* und *Angela Hübel (BBW Hettstedt)* die Besonderheiten der Arbeit mit unbegleiteten minderjährigen Flüchtlingen anhand von Maßnahmen, die in beiden Berufsbildungswerken umgesetzt wurden. Der dritte Abschnitt des Buches – **Ergebnisse, Transfer und Ausblick** – betrachtet die Erträge des Projektes PAUA aus einem übergeordneten Blickwinkel und diskutiert sowohl deren Transfer in die Praxis als auch mögliche Konsequenzen für die weitere Gestaltung inklusiver Berufsbildung. Zunächst präsentieren *Andreas Fischer, Sabrina Lorenz* und *Aleksandra Poltermann* Ergebnisse der Gesamtevaluation des Projektes PAUA und diskutieren auf dieser Basis die Bedingungen des organisationalen Lernens in Berufsbildungswerken. *Michael Breitsameter, Lina Haak* und *Rainer Lentz* gehen der Frage nach, wie die Erkenntnisse des Projektes in die Arbeit der Berufsbildungswerke überführt werden können und welcher Handlungsbedarf in Zukunft besteht. Künftiger Forschungs- und Entwicklungsbedarf zur Gestaltung inklusiver Berufsbildung vor dem Hintergrund aktueller Themen wie der Umsetzung des Bundesteilhabegesetzes und des Digitalisierungstrends werden im abschließenden Beitrag von *Thomas Freiling* und *Matthias Kohl* erörtert.

Literatur

Breitsameter, M. u. a.:
Inklusion in der beruflichen Bildung – der Beitrag der Berufsbildungswerke. In: Goth, G./Severing, E. (Hg.): Berufliche Ausbildung junger Menschen mit Behinderung – Inklusion verwirklichen. Bielefeld 2015, S. 45–81

Bundesministerium für Arbeit und Soziales (BMAS) (Hg.):
Zweiter Teilhabebericht der Bundesregierung über die Lebenslagen von Menschen mit Beeinträchtigungen. Bonn 2016

Euler, D./Severing, E.:
Inklusion in der beruflichen Bildung. Daten, Fakten, offene Fragen. Gütersloh 2014

Galiläer, L.:
Ausbildung von Jugendlichen mit Behinderung – von der
Eingliederung auf Sonderwegen zur Inklusion? In: Goth, G./
Severing, E. (Hg.): Berufliche Ausbildung junger Menschen
mit Behinderung – Inklusion verwirklichen. Bielefeld 2015,
S. 11–44

Metzler, C./Pierenkemper, S./Seyda, S.:
Menschen mit Behinderung in der dualen Ausbildung.
Begünstigende und hemmende Faktoren. Köln 2015

Metzler, C. u. a.:
Menschen mit Behinderung in der betrieblichen Ausbildung.
Köln 2017

UN-BRK:
Übereinkommen der Vereinten Nationen vom 13. Dezember
2006 über die Rechte von Menschen mit Behinderungen. In:
Bundesgesetzblatt 2008 Teil II, S. 1419, 1420

I/2 Inklusive Dienstleistungen – Anforderungen und Gestaltungsbedarf

Michael Breitsameter und Florian Gawehns

Art. 3 Abs. 3 des Grundgesetzes macht klar: „Niemand darf wegen seiner Behinderung benachteiligt werden." Dieses verfassungsrechtlich verbriefte Benachteiligungsverbot wurde mit der Ratifizierung der UN-Behindertenrechtskonvention (UN-BRK) und den darauffolgenden Nationalen Aktionsplänen der Bundesregierung (NAP und NAP 2.0) nachhaltig verstärkt: Gleichberechtigte Teilhabe von Menschen mit Behinderung an der Gesellschaft ist nicht nur das Ziel politischen Handelns, sondern eine gesamtgesellschaftliche Aufgabe. Die Weiterentwicklung von der Zielvorstellung Integration zur Inklusion bedeutet einen Wechsel von der Befähigung des Einzelnen (Integration) zur zusätzlichen Öffnung der Gesellschaft (Inklusion), um allen Menschen gleiche Chancen zur Teilhabe am gesellschaftlichen Leben einzuräumen und Vielfalt als Normalität anzuerkennen. Angesichts dieser gesellschaftlichen Entwicklung stehen Berufsbildungswerke vor der Aufgabe, mit ihren flexiblen und personenzentrierten Förderangeboten zu Innovationen einer sich inklusiv entwickelnden Gesellschaft beizutragen. Denn wie „inklusiv" eine Gesellschaft ist, bemisst sich nicht zuletzt an der Möglichkeit zur Teilhabe am Arbeitsleben.

Ein zentrales Instrument zur Realisierung ist das 2014 gestartete Projekt „Anfänge, Übergänge und Anschlüsse gestalten – Inklusive Dienstleistungen von Berufsbildungswerken" (PAUA). Damit knüpfen das Forschungsinstitut Betriebliche Bildung (f-bb) und die Bundesarbeitsgemeinschaft der Berufsbildungswerke e. V. (BAG BBW) an erfolgreiche Konzepte wie VAmB (Verzahnte Ausbildung mit Berufsbildungswerken)[1] und TrialNet (Ausbildung mit Ausbildungsbausteinen)[2] an.

---

[1] Siehe auch http://www.bagbbw.de/qualifizierte-nachwuchskraefte/verzahnteausbildung-mit-berufsbildungswerken-vamb/ (Stand: 27.07.2017).

[2] Siehe auch http://www.trialnet.de (Stand: 27.07.2017).

Ziel des Projektes ist es, die Kompetenzen der Berufsbildungswerke als besondere Einrichtungen nach § 35 SGB IX – ab 2018 in § 51 SGB IX – künftig für weitere Zielgruppen und Tätigkeitsbereiche nutzbar zu machen, neue Ausbildungsmodelle zu entwickeln sowie die Stärken der BBW für die ausbildende Wirtschaft besser sichtbar zu machen. Neben der Erweiterung des Leistungsportfolios der BBW umfasst dies auch die Weiterentwicklung der Organisationen und ihrer Mitarbeitenden. Mögliche Lösungsansätze werden regional in den zehn beteiligten Projekt-BBW erprobt und anschließend als Good-Practice-Beispiele in die BBW-Landschaft transferiert. Im Fokus steht dabei die flexiblere und an den individuellen Erfordernissen behinderter und benachteiligter junger Menschen ausgerichtete Gestaltung geeigneter Bildungsmaßnahmen und Unterstützungsstrukturen im vorberuflichen und beruflichen Bereich. Der vorliegende Beitrag verdeutlicht den Entwicklungsbedarf, der sich für die berufliche Bildung von Menschen mit Behinderung aus den vielfältigen gesellschaftlichen Entwicklungen ergibt. Er macht deutlich, dass die nach Art. 26 UN-BRK vorgesehene Pflicht staatlicher Organe, Habilitations- und Rehabilitationsdienste zur Teilhabe an der Gesellschaft zu organisieren, eines steten Entwicklungsprozesses seitens der Leistungserbringer und deren Unterstützung bedarf.

1 Auftrag: Teilhabe

Wenngleich die Fürsorge für gesellschaftlich Benachteiligte schon lange vor der Existenz Deutschlands als Nationalstaat Teil seines christlich-sozialen Wertefundamentes war, so war es die sozialliberale Koalition unter der Führung von Willy Brandt, die sich 1970 in einer Zeit des gesellschaftspolitischen Wandels mit einem Aktionsprogramm zur Rehabilitation von Menschen mit Behinderungen an einen Paradigmenwechsel gewagt hatte. Als wichtige Bausteine gesellschaftspolitischer Erneuerung bauten das Arbeitsförderungsgesetz (AFG) und das Berufsbildungsgesetz (BBiG) auf Reformen der vorherigen Großen Koalition auf. In Letzterem wurde erstmals das Recht behinderter Menschen auf berufliche Bildung festgeschrieben.

Aus „Einrichtungen zur beruflichen Ausbildung" wurden Berufsbildungswerke. Mit dem allmählichen Wandel von der Fürsorge hin zur Inklusion änderten sich indes auch die Anforderungen an die berufliche Bildung. Dass BBW diese Veränderungsprozesse bisher erfolgreich durchlaufen konnten, liegt nicht zuletzt an der Bereitschaft, im Sinne lernender Organisationen an eigenen Erfahrungen zu wachsen. Heute qualifizieren die Berufsbildungswerke jährlich 12.000 Jugendliche und junge Erwachsene mit speziellem Unterstützungsbedarf für ihre berufliche Zukunft. Sie unterstützen diese jungen Menschen mit Behinderungen durch gezielte und individuell abgestimmte Angebote zur Diagnostik, Berufsfindung, Berufsvorbereitung und zur Ausbildung in einem anerkannten Ausbildungsberuf. Damit leisten sie einen wertvollen Beitrag auf dem Weg zu einer inklusiven Gesellschaft. Entgegen manchen Missverständnissen hinsichtlich der Realisierung des Inklusionsgedankens sind BBW keine „Sondereinrichtungen", die einem inklusiven Bildungs- und Ausbildungssystem im Wege stehen, sondern Spezialeinrichtungen als Kompetenzzentren, die gesellschaftliche Teilhabe für viele junge Menschen erst ermöglichen. Mehr als vier Jahrzehnte nach ihrer Gründung sehen sich Berufsbildungswerke zahlreichen Herausforderungen gegenübergestellt, auf die sie reagieren müssen.

2   Gesellschaftliche Herausforderungen

Die „Megatrends" unserer gesellschaftlichen Entwicklung machen auch vor der beruflichen Rehabilitation nicht halt. Sie stellen Einrichtungen nach § 35 SGB IX (§ 51 SGB IX ab 2018) vor die Herausforderungen – angesichts sich wandelnder gesellschaftlicher Erwartungen, veränderter politischer Rahmenbedingungen und komplexerer individueller Herausforderungen von Menschen mit Behinderung –, den gleichberechtigten Zugang zu beruflicher Bildung durch individuelle Förderung nachhaltig zu sichern. Nachfolgend werden vier Bereiche genannt, die diesen Entwicklungsdruck verdeutlichen.

Recht

Von der Rente über die Pflege bis hin zur umfassenden Reform der Eingliederungshilfe durch das Bundesteilhabegesetz (BTHG): Die

18. Legislaturperiode hielt für Menschen mit Behinderungen zahlreiche rechtliche Neuerungen bereit. Mit der Umsetzung der UN-BRK hat die Entwicklung des Sozialrechts von der Institutionalisierung zur Personenzentrierung und zur inklusiven Öffnung des Arbeitsmarktes an Fahrt aufgenommen (vgl. Nebe 2017). Dieser Paradigmenwechsel spiegelt sich nicht zuletzt in einer sozialrechtlichen Definition von Behinderung, weg von einer defizitorientierten „Normabweichung" hin zu einer Situation, die Menschen in Wechselwirkung mit einstellungs- und umweltbedingten Barrieren an der gleichberechtigten Teilhabe an der Gesellschaft hindert. Art. 27 Abs. 1 der UN-BRK verpflichtet Gesetzgebung, Rechtsprechung und Verwaltung in Deutschland zu einer Anwendung der Gesetze, durch die ein selbstbestimmtes Arbeitsleben ermöglicht wird. Gleichzeitig sieht sich die berufliche Rehabilitation vermehrt der Forderung ausgesetzt, sich stärker am Marktgeschehen auszurichten, sichtbar am Einzug von Marktmechanismen im sozialen Bereich. Obwohl der Gesetzgeber mit dem BTHG die Wirtschaftlichkeit der beruflichen Rehabilitation über die Refinanzierung der Tarife gesetzlich abgesichert hat, bleibt das Ziel der Leistungsträger weiterhin bestehen, die Kostendynamik der Eingliederungshilfe zu begrenzen. Die Teilhabe von Menschen mit Beeinträchtigungen erfordert aber qualifiziertes Fachpersonal in der Rehabilitation. Berufsbildungswerke stehen damit vor der Aufgabe, ihr qualifiziertes Reha-Management, koordiniert durch multiprofessionelle Fachteams, noch stärker als bisher am Bedarf des Einzelnen auszurichten und dabei gleichzeitig den Anforderungen der Kostenträger, der Betriebsnähe und der Kosteneffizienz Rechnung zu tragen.

Demografie

Obwohl die Gesamtzahl der Menschen mit schweren Behinderungen in den letzten 20 Jahren zugenommen hat, ist ihr Anteil unter Personen im erwerbsfähigen Alter konstant geblieben. Sinkende Geburtenzahlen – von 1990 bis 2010 sank die Zahl der Neugeborenen von über 900.000 auf unter 700.000 – haben in vielen Regionen zu einem spürbaren Rückgang der Schülerzahlen und damit der Anzahl jener Personen geführt, die für eine Ausbildung infrage kommen. Der Rekordzahl von 44 Millionen Erwerbstätigen in Deutschland stehen gleichzeitig zunehmende „Passungsprobleme" des Arbeitsmarktes gegenüber: Die Zahl der unbesetzten Ausbildungsstellen hat sich seit 2010 mehr als verdoppelt (vgl. Bundesministerium für Bildung und Forschung [BMBF]: Berufsbildungsbericht 2017). Und obwohl Prognosen zur Bevölkerungsentwicklung zuletzt aufgrund des Zuzugs junger Migranten/innen angepasst werden mussten (vgl. Deschermeier 2016), bleibt der Gesamttrend davon unberührt: Wir werden älter und weniger. Die Arbeitsmarktprognose des Bundesministeriums für Arbeit und Soziales (BMAS) für das Jahr 2030 verweist auf einen generellen Rückgang der Erwerbstätigen um 1,4 Millionen.

Betriebe stehen damit vor der Herausforderung, ihren Fachkräftebedarf zunehmend über Personen zu decken, die bisher weniger im Fokus standen. Das Erwerbspotenzial von Menschen mit Behinderungen oder Beeinträchtigungen rückt damit noch stärker in den Vordergrund der Arbeitsmarktpolitik: „Die Bundesregierung hat mit ihrem im Juni 2011 beschlossenen Fachkräftekonzept frühzeitig Ziele definiert und Maßnahmen zur Fachkräftesicherung ergriffen. Die fünf Sicherungspfade des Konzepts sehen in erster Linie eine Erschließung des inländischen Potenzials vor, insbesondere von Frauen, Älteren, Personen mit Migrationshintergrund und Menschen mit Behinderungen" (BMAS 2013). Diese Potenziale zu erschließen ist eines der zentralen Anliegen von PAUA (siehe „Erschließung neuer Zielgruppen für BBW"), denn vom erfolgreichen Ausbau der Bildungschancen hängt auch die Wettbewerbsfähigkeit des Wirtschaftsstandortes Deutschland ab.

Migration

Obwohl Zuwanderung gemeinhin als Rezept zur Linderung des durch den demografischen Wandel verstärkt auftretenden Fachkräftemangels gilt, reichen Wanderungsbewegungen nicht aus, um den Verlust an ausgebildeten Arbeitskräften wettzumachen: Laut Berechnungen des Instituts für Arbeitsmarkt- und Berufsforschung (IAB) sinkt das Arbeitskräfteangebot langfristig in allen denkbaren Szenarien. Gleichwohl steht fest, dass ohne Migration und steigende Erwerbsquoten die Folgen für den deutschen Arbeitsmarkt noch viel gravierender wären: Das sogenannte „Erwerbspersonenpotenzial" würde zwischen 2015 und 2030 um sechs Millionen Personen zurückgehen, bis 2060 gar um zwölf Millionen (vgl. Fuchs/Söhnlein/Weber 2017). Neben seiner arbeitsmarktpolitischen Bedeutung ist das Thema Migration unter den hier genannten „Megatrends" auch medial besonders dominant: Die Integration von Neuzugewanderten ist eine zentrale gesellschaftliche Herausforderung (vgl. Forschungsgruppe Wahlen 2017). Handlungsbedarf für eine erfolgreiche Integration ergibt sich nicht nur durch die häufig genannten sprachlich-kulturellen Hürden und die heterogene Qualifikationsstruktur, sondern auch aus der Verfasstheit des deutschen Arbeitsmarktes mit seinem international eher ungewöhnlichen System der dualen Ausbildung und der weitreichenden Formalisierung von Qualifikationen. Insbesondere für Geflüchtete im ausbildungsfähigen Alter können die BBW ein Stabilitäts- und Integrationsanker sein, denn ihr flexibles Leistungsangebot garantiert, dass jeder einzelne junge Mensch die individuelle Betreuung erhält, die er/sie für eine erfolgreiche Integration benötigt. Der Transfer erfolgreicher Modelle guter Praxis in die BBW-Landschaft ist daher auch für die Zielgruppe unbegleiteter minderjähriger Flüchtlinge ein zentrales Handlungsfeld im Projekt PAUA.

Digitalisierung

Neue disruptive Technologien verändern alle gesellschaftlichen Lebensbereiche in rasender Geschwindigkeit. Arbeitnehmerschaft und Unternehmen stellt die „digitale Revolution" vor große Herausforderungen. Auch in der Bundespolitik werden die Auswirkungen der Digitalisierung für die berufliche Rehabilitation diskutiert.[3] Wo einerseits die Erweiterung des Handlungsspielraums von Menschen mit Behinderung positiv zu bewerten ist – z. B. durch neue personenbezogene assistive Technologien und durch ortsunabhängiges Arbeiten –, werden technologische Innovationen andererseits nicht nur zum Wan-

---

[3] Mit der Förderrichtlinie „Inklusion durch digitale Medien in der beruflichen Bildung" möchte das Bundesministerium für Bildung und Forschung Projekte unterstützen, die es Menschen mit Behinderungen erleichtern, Angebote der Aus-, Fort- und Weiterbildung in Anspruch zu nehmen. Mit dem bis 2022 laufenden Förderprogramm soll herausgefunden werden, welche Hindernisse in der beruflichen Bildung für Menschen mit Behinderungen durch die Digitalisierung beseitigt werden können (vgl. BMBF 2017b).

del von Jobprofilen führen, sondern auch zum Verlust von Arbeitsplätzen. Fast 60 Prozent der Befragten des ZukunftsMonitors 2017 des BMBF äußern die Befürchtung, Jobs könnten durch die Digitalisierung verloren gehen (vgl. BMBF 2017c) Studien des Instituts für Arbeitsmarkt- und Berufsforschung (IAB) zufolge sind es aber nur 0,4 Prozent der sozialversicherungspflichtigen Beschäftigten, deren Berufe durch die Computertechnologie und Automatisierung komplett verschwinden könnten. Tätigkeitsfelder im Bereich der Industrieproduktion stehen dabei an erster Stelle. Damit steigt die Bedeutung der (Weiter-)Bildung sowohl von Geringqualifizierten als auch von Fachkräften (vgl. Dengler/Matthes 2015). Angesichts des Risikos des Jobverlustes – gemessen anhand des „Substituierbarkeitspotenzials" von Berufen – ist es entscheidend, die Ausbildungsinhalte und Lehrmittel an den technologischen Wandel anzupassen. Angesichts der Herausforderung im Rahmen der technologischen Entwicklung durch die gesteigerte Komplexität von Arbeitsprozessen (vgl. Engels 2016) sind die Rahmenbedingungen für den erfolgreichen Übergang von der Schule zum Beruf als entscheidender Anker für eine Erfolg versprechende berufliche Laufbahn weiter zu stärken. Berufsbildungswerke haben durch ihre flexiblen und praxisorientierten Ausbildungsmodelle beste Voraussetzungen, um die Arbeitsmarktintegration von Jugendlichen mit Behinderungen und Benachteiligungen auch in Zeiten des technologischen Wandels am Bedarf orientiert zu gewährleisten. Durch die Vernetzung der BBW-Ausbilder mit den zuständigen Stellen der Berufsbildung, beispielsweise durch die Gestaltung von Ausbildungsrahmenplänen und die Durchführung von Ausbildungsprüfungen, werden laufend Anforderungen aus der Wirtschaft und den Betrieben u. a. auch in die Ausbildung in BBW integriert. BBW sind somit Motoren betrieblicher Ausbildungsinhalte. Die in PAUA durchgeführten Organisations- und Personalentwicklungsmaßnahmen dienen dazu, die Leistungsfähigkeit der BBW abzusichern und auszubauen.

3 Konsequenzen für die berufliche Rehabilitation

Die genannten Herausforderungen machen deutlich, dass die Anforderungen an die berufliche Rehabilitation wachsen. Die Maßgabe, *allen* jungen Menschen eine Berufsausbildung zu ermöglichen, die eine Erwerbstätigkeit auf dem Arbeitsmarkt sichert, erfordert flexible Lösungen. Als „Brückenbauer" in den ersten Arbeitsmarkt ist für Einrichtungen nach § 35 SGB IX – ab 2018 § 51 – die Anpassung an gesellschaftliche Veränderungen Teil ihres Auftrags. Doch „Patentlösungen" verbieten sich schon aufgrund der Heterogenität der Standortfaktoren der deutschlandweit aktiven Berufsbildungswerke: Neben der geografischen Lage gehört dazu insbesondere der regionale Arbeitsmarkt, die kommunale Finanzkraft und die Einbindung in den Sozialraum. Gleichzeitig bieten die oben genannten Herausforderungen auch Chancen: Digitale Technologien können die Folgen des demografischen Wandels abfedern, z. B. durch neue, individuell angepasste Methoden des Lernens und Lehrens.

Passend dazu verfolgt PAUA den Ansatz, am regionalen Bedarf orientierte Maßnahmen durchzuführen. Dafür werden mit den BBW Zielentwicklungsworkshops durchgeführt, um die geplanten Maßnahmen konkret angepasst an die örtliche Nachfrage und die jeweiligen Potenziale vor Ort auszurichten. Dies kann beispielsweise die Teilnahme an Ausschreibungen zu Arbeitsmarktdienstleistungen der Bundesagentur für Arbeit sein. So haben BAG BBW und das BBW Hettstedt gemeinsam eine „Handreichung Ausschreibungsmanagement" erstellt und damit die Grundlage für den Transfer in weitere BBW gelegt. Dies ist insbesondere deswegen notwendig, weil politische Entscheidungen dazu führen, dass Unterstützungsangebote auch für Menschen mit Behinderungen vermehrt im Rahmen von Ausschreibungsmaßnahmen nach Marktgesichtspunkten vergeben werden. Teil des Entwicklungsprozesses kann auch die Nutzung neuer Instrumente des Ausbildungsmarktes sein, wie der im Rahmen der „Allianz für Aus- und Weiterbildung 2015 bis 2018" eingeführten und zunächst bis 2018 befristeten Assistierten Ausbildung (AsA). Eine AsA beinhaltet die individuelle Begleitung durch Fachpersonal zum erfolgreichen Abschluss einer betrieblichen Ausbildung. Dieses Instrument kann auch eine Phase der Ausbildungsvorbereitung umfassen. Ein weiteres Instrument zur Förderung inklusiver Ausbildung in Betrieben stellt die begleitete betriebliche Ausbildung (bbA) dar. BBW übernehmen hier die Unterstützung von Auszubildenden und Betrieben während der Ausbildungsvorbereitung sowie während der dualen Ausbildung als solche.

Die gezeigte Abbildung legt dar, dass sich aus den oben genannten Herausforderungen drei konkrete Bereiche ergeben, deren Entwicklungspotenzial im Rahmen von PAUA genutzt wird. Durch Transferformate wie Workshops, Fachtagungen, Handreichungen etc. werden die jeweiligen Ergebnisse sowohl in die BBW-Landschaft als auch an Adressaten der Fachöffentlichkeit gestreut.[4]

Handlungsfelder in PAUA		
Erschließung neuer Zielgruppen	Zusätzliche Leistungen für Betriebe	Organisations- und Personalentwicklung

Tabelle: Trias der Handlungsfelder in PAUA
(Quelle: eigene Darstellung)

BBW sind Ansprechpartner und Spezialisten für rechtskreisübergreifende Komplexleistungen. Sie entwickeln auf der Grundlage einer individuellen Bedarfsermittlung eine passgenaue Förderstrategie. Als Netzwerkakteure an der Schnittstelle zwischen BA, Jobcenter und Jugendamt bieten sie ein Angebot, das von Betrieben gern genutzt wird. Eine (Neu-)Ausrichtung am regionalen inklusiven Ausbildungsmarkt mittels zusätzlicher Unterstützungsleistungen für (Ausbildungs-)Betriebe erscheint daher sinnvoll. Dass die BBW bereits heute als Partner der Wirtschaft hoch geschätzt sind, zeigen auch aktuelle Befragungen von Unternehmen, die bereits Menschen mit Behinderungen ausgebildet haben: „Über alle Unternehmen hinweg sind (…) Berufsbildungswerke jene Partner, die von Unternehmen als am hilfreichsten erachtet werden: Jeweils 90 Prozent aller Befragten bewerten diese Institutionen als eher oder sehr geeignet" (Metzler u. a. 2017). Berufsbildungswerke kombinieren ihre Ausbildungsleistung vermehrt mit Angeboten der Jugendhilfe. So wurden im Jahr 2016 33 Prozent der Jugendlichen, die eine Ausbildung im BBW absolvierten, in einer durch die Jugendhilfe finanzierten Wohnform – mit entsprechend höherem Unterstützungspotenzial als im reinen Internat – betreut. Als

---

[4] Vgl. dazu den Beitrag von Michael Breitsameter, Lina Haak und Rainer Lentz zu Transferprozessen in diesem Band.

Ansprechpartner für Betriebe können BBW auch im Bereich neuer Zielgruppen einen wertvollen Beitrag leisten: So ist bisher die Bereitschaft der Wirtschaft, die Ausbildung von Geflüchteten als Chance für Unternehmen zu nutzen, ausbaufähig. Obwohl bereits jedes sechste Unternehmen in Deutschland Geflüchtete beschäftigt, sind vielen Betrieben die möglichen Unterstützungsleistungen noch weitgehend unbekannt. So weiß nur jedes zehnte Unternehmen um die Möglichkeit, dass Flüchtlinge mit einer Aufenthaltserlaubnis durch eine Assistierte Ausbildung (AsA) gefördert werden können (vgl. Flake u. a. 2017). Hier können BBW ansetzen: Als Spezialisten für Berufsvorbereitung und Erstausbildung können sie erster Ansprechpartner für jene Betriebe sein, die bisher wenig oder keine Erfahrungen mit der Ausbildung von benachteiligten oder behinderten jungen Menschen gesammelt haben.

Eine weitere Konsequenz aus den oben genannten Herausforderungen sind die Projektaktivitäten im Bereich der Organisations- und Personalentwicklung. Hier unterstützen f-bb und BAG BBW die BBW bei Fragen von Projektmanagement und -steuerung, strategischer Personalplanung und der Einführung von partizipativen Entwicklungsprozessen.[5] So sollen nachhaltige Organisationsentwicklungsprozesse in BBW systematisch angestoßen werden. Neben projektbezogenen Qualifizierungsmaßnahmen für die Mitarbeitenden geht es dabei auch um die Systematisierung betrieblicher Weiterbildung.[6] Diese Veränderungsprozesse sind wichtige Bausteine hin zum Ziel, die flexiblen Förderkonzepte und Unterstützungsstrukturen im vorberuflichen und beruflichen Bereich der BBW für weitere Zielgruppen zu öffnen.

4 Erschließung neuer Zielgruppen für BBW

Im Jahr 2015 hatten 13,4 Prozent der Menschen zwischen 20 und 34 Jahren keinen Berufsabschluss (vgl. BMBF Berufsbildungsbericht 2017,

---

5 Nähere Informationen zum Bottom-up-Entwicklungsprozess finden sich in der Handreichung „Den Wandel gemeinsam gestalten – Organisationsentwicklung bottom up" – URL: https://www.f-bb.de/fileadmin/PAUA_Materialien/7_PAUA_Organisations entwicklung_bottom_up_01-min.pdf (Stand: 31.07.2017).

6 Siehe hierzu die im Projekt erschienene Handreichung „Kompetenzbasiertes Weiterbildungsmanagement" – URL: https://www.f-bb.de/fileadmin/PAUA_Materialien/2_PAUA_Weiterbildungsmanagement.pdf (Stand: 31.07.2017).

S. 73). Angesichts der oben skizzierten Herausforderungen ist eine solche Situation sowohl für die Menschen selbst als auch für die Gesellschaft insgesamt mit negativen Konsequenzen verbunden. Da sich PAUA das Ziel gesetzt hat, die Kompetenzen und Unterstützungsangebote von BBW auch für neue Zielgruppen nutzbar zu machen und damit für die Wirtschaft ein potenzielles Reservoir an Fachkräften zu aktivieren, stehen im Rahmen dieses Handlungsfelds zwei Gruppen besonders im Fokus: benachteiligte Jugendliche und minderjährige Geflüchtete.[7]

Benachteiligte Jugendliche

Die Schwelle von der Schule zur Ausbildung und von der Ausbildung zur Berufstätigkeit stellt für viele junge Menschen eine kritische Hürde dar, nicht zuletzt, weil diese Phasen mit den Herausforderungen der eigenen Persönlichkeitsentwicklung zusammenfallen. Dies gilt insbesondere für Personen, die aufgrund prekärer Familienverhältnisse, von Erkrankungen oder anderen Benachteiligungen eine betriebliche Ausbildung kaum schaffen würden. Viele dieser Jugendlichen haben ohne entsprechende Hilfe schlechte Aussichten auf ein eigenständiges, selbstbestimmtes Leben. Im Teilhabebericht der Bundesregierung 2016 wird deutlich: „21% der Menschen mit Beeinträchtigungen haben gegenüber 12% der Menschen ohne Beeinträchtigungen keinen Abschluss oder einen mittleren beruflichen Abschluss" (BMAS 2016, S. 2). Wenngleich nicht jede Benachteiligung eine „Beeinträchtigung" ist, so wird doch deutlich, dass gesellschaftliche Untätigkeit gegenüber Problemen im Jugendalter Konsequenzen hat.

BBW haben die nötigen personellen und infrastrukturellen Ressourcen zum Umgang mit benachteiligten Jugendlichen, damit auch ihnen die Teilhabe am gesellschaftlichen Leben ermöglicht wird. Durch ihr medizinisches, psychologisches und pädagogisches Fach-

---

[7] An dieser Stelle sei auf die Handreichungen des Projektes verwiesen, die sich den hier angeschnittenen Themen umfassend widmen. Alle Handreichungen finden sich im Bereich „Materialien" auf der Projekthomepage des Forschungsinstituts Betriebliche Bildung – URL: www.f-bb.de/informationen/projekte/anfaenge-uebergaenge-und-anschluesse-gestalten-inklusive-dienstleistungen-von-berufsbildungswerken (Stand: 01.02.2018)

personal können sie den Ausbildungserfolg von Jugendlichen mit hohem individuellem Förderbedarf sicherstellen und die Persönlichkeitsentwicklung dieser jungen Menschen adäquat fördern. Insbesondere können Berufsbildungswerke Jugendlichen umfassend helfen, notwendige Entwicklungsprozesse nachzuholen, die in ihrer Biografie vernachlässigt wurden. Speziell für Jugendliche mit sozial-emotionalem Förderbedarf stellen BBW mit ihrem ganzheitlichen Ansatz eine gute Chance dar, notwendige Entwicklungsschritte zu gehen.

Wenngleich eine außerbetriebliche Ausbildung[8] für manche benachteiligte Jugendliche der erfolgversprechendste Weg hin zu einem berufsqualifizierenden Abschluss sein kann, so wird doch von Unternehmen möglichst eine betriebliche Ausbildung gefordert. Dabei kann das zunächst zeitlich begrenzt erprobte und später ins Regelangebot übernommene Konzept der „verzahnten Ausbildung mit Berufsbildungswerken" (VAmB) als flexibler Mittelweg zwischen betrieblicher und außerbetrieblicher Ausbildung dienen, mit der Möglichkeit des jederzeitigen Übergangs in eine betriebliche Ausbildung. Bei VAmB werden bis zu 18 Monate der Ausbildung in Betrieben absolviert und durch individuelle Unterstützung seitens des BBW ergänzt. Insbesondere kleine und mittlere Unternehmen benötigen eine solche Leistung durch BBW, denn ihnen fehlen oft die Ressourcen, um erhöhtem Förderbedarf von Jugendlichen gerecht zu werden. Unterstützungsangebote für Betriebe, um individuellen Bildungsverläufen zum Erfolg zu verhelfen, Abbrüche zu verhindern und zusätzliche Partner in der Wirtschaft von der Sinnhaftigkeit der praktizierten Modelle zu überzeugen, gehören damit zu den Kernaufgaben einer erfolgreichen beruflichen Eingliederung. BBW verfügen über die Erfahrungen, das Personal und die erforderlichen Netzwerkpartner, um Unternehmen dabei passgenaue Hilfestellungen zu bieten. Für PAUA ist die Arbeit mit dieser Zielgruppe daher ein zentrales Handlungsfeld.

---

[8] Ausbildungsverhältnisse gelten dann als „außerbetriebliche Ausbildung", wenn sie überwiegend durch staatliche Programme finanziert werden, beispielsweise durch die Bundesagentur für Arbeit. Die Integration in den ersten Arbeitsmarkt ist auch bei außerbetrieblichen Ausbildungen das Ziel, eine Maßgabe, die gesetzlich in § 76 Abs. 2 SGB III festgeschrieben ist: „Während der Durchführung einer außerbetrieblichen Berufsausbildung sind alle Möglichkeiten wahrzunehmen, um den Übergang der oder des Auszubildenden in ein betriebliches Berufsausbildungsverhältnis zu fördern."

Unbegleitete minderjährige Flüchtlinge

Die Herausforderungen für die Arbeitsmarkt- und Sozialpolitik, die mit der Integration Hunderttausender Geflüchteter einhergehen, sind groß, aber nicht unlösbar.[9] Die rechtlichen Möglichkeiten zur Arbeitsmarktförderung dieses Personenkreises wurden bereits erweitert; so ist mit dem Integrationsgesetz die Assistierte Ausbildung für Asylbewerberinnen und Asylbewerber mit sogenannter „guter Bleibeperspektive" nach drei Monaten Aufenthalt in Deutschland geöffnet worden: „Von Juli 2016 bis Januar 2017 haben 5400 Personen in Assistierter Ausbildung begonnen. 900 von ihnen gehörten zu den Personen im Kontext von Fluchtmigration." (Deutscher Bundestag 2017b, S. 5).

Auch viele BBW haben bereits seit Jahren Erfahrung in der Integration von Asylsuchenden, insbesondere im Umgang mit unbegleiteten Minderjährigen. Durch ihre speziellen Kompetenzen in der beruflichen Bildung junger Menschen sind Berufsbildungswerke für die Herausforderungen im Umgang mit Geflüchteten im Allgemeinen und mit unbegleiteten Minderjährigen im Besonderen bestens gewappnet. Sie arbeiten teilweise bereits als Clearingstellen, bieten Deutschkurse an, bilden junge Menschen aus und führen Maßnahmen der Bundesagentur für Arbeit (BA) durch. Durch ihr flexibles Förderangebot können sie als Kompetenzzentren für Ausbildung und berufliche Eingliederung zu Stützen erfolgreicher Integrationspolitik werden. Dass diese Stärken der BBW insbesondere für unbegleitete Minderjährige wohl auch zukünftig weiterhin nachgefragt werden, zeigt bereits ein Blick auf die Zahlen: Im Jahr 2016 waren 36,2 Prozent der Asylbewerber/innen minderjährig (vgl. Deutscher Bundestag 2017a, S. 2). Trotz gesunkener Ankunftszahlen beantragten auch im ersten Halbjahr 2017 immer noch zwischen 14.000 und 20.000 Menschen pro Monat Asyl in Deutschland. Viele BBW engagieren sich – vor dem Hintergrund regional unterschiedlichster Voraussetzungen[10] –

---

[9] Zu den spezifischen Herausforderungen in der Aus- und Weiterbildung sowie bei der Arbeitsmarktintegration Geflüchteter siehe den Beitrag „Ausbildung geflüchteter Menschen" von Herbert Brücker in diesem Band.

[10] Trotz der verfassungsrechtlichen Maßgabe der Gleichwertigkeit von Lebensverhältnissen gehören regionale Unterschiede der Leistungsfähigkeit der Jugendhilfe zum Alltag für Einrichtungen der beruflichen Rehabilitation. Aktuelle Pläne für Länderöffnungsklauseln im SGB VIII lassen indes eine weitere regionale Fragmentierung der Jugendhilfeleistungen befürchten, insbesondere für junge Geflüchtete.

mit ihren Fachkräften für einen gelungenen Übergang in den ersten Arbeitsmarkt und eine individuelle Betreuung der Zugewanderten. So zum Beispiel das „Dürrlauinger Modell": Das BBW Dürrlauingen[11] in Bayern zeigt, wie innerhalb kurzer Zeit bestehende Strukturen genutzt werden können, um nachhaltige Integration zu ermöglichen. Die Einbindung in eine geregelte Tagesstruktur, die enge Verbindung mit Kultur und Sprache vor Ort sowie die Ausbildungsvorbereitung und -durchführung sorgen für schnelle und nachhaltige Integrationserfolge. Ein solches Modell kann für weitere BBW Anregungen zur Erweiterung eigener Konzepte im Bereich Menschen mit Fluchthintergrund geben. So kann die Verbreitung erfolgreicher Modelle von „Good Practice" ein ressourcenschonender Weg der Qualitätsoptimierung und -sicherung sein.

5   Fazit, Ausblick und Handlungsbedarf

Die Anforderungen an die berufliche Rehabilitation wachsen. Auf den vorangegangenen Seiten wurde deutlich, welcher Gestaltungsbedarf sich für Berufsbildungswerke daraus ergibt. BBW stellen sich diesen Herausforderungen auch durch Entwicklungsprojekte wie PAUA. Als Komplexeinrichtungen der beruflichen Rehabilitation verfügen sie über die Kompetenzen und damit die nötige Flexibilität, ihre Dienstleistungen gemäß den sich wandelnden Anforderungen weiterzuentwickeln, und leisten damit einen wichtigen Beitrag zu gesamtgesellschaftlichen Aufgaben. Im zweiten Teil dieses Bandes wird anhand von Praxisbeispielen verdeutlicht, wie Berufsbildungswerke vor Ort den hier beschriebenen Herausforderungen begegnen. Das Projekt PAUA trägt dazu bei, die rehaspezifischen Kompetenzen der Berufsbildungswerke in Zeiten des demografischen Wandels, vermehrter Forderungen nach weniger „institutioneller Separierung" von Menschen mit Behinderungen und der zunehmenden Veränderungsdynamik betrieblicher Anforderungen nachhaltig zu stärken. Die Identifikation und Implementierung neuer Geschäftsmodelle, die damit verbundenen

---

[11] Das Berufsbildungswerk Dürrlauingen ist eines von drei BBW der Katholischen Jugendfürsorge in Bayern (https://www.kjf-bbw.de/).

Personal- und Organisationsentwicklungsmaßnahmen, der Gewinn neuer Netzwerkpartner sowie die Entwicklung von Unterstützungsleistungen für bisher nicht berücksichtigte Zielgruppen tragen dazu bei, ihre Stärken als regionale Kompetenzzentren auszubauen und weithin sichtbar zu machen. Diese Entwicklungsprozesse der BBW werden über die Projektlaufzeit hinaus konsequent weiterverfolgt. Sie stärken die Position der BBW im inklusiven Ausbildungsmarkt, damit Teilhabe für Menschen mit Behinderungen und Benachteiligungen nicht nur ein Anspruch bleibt, sondern gesellschaftliche Realität wird. Gleichzeitig wurden im Rahmen des ersten Projektschrittes aber auch hinderliche Faktoren der gesetzlich-politischen Rahmensetzung deutlich. So wurden in der ersten Projektphase gemeinsam mit den Regionaldirektionen der Bundesagentur für Arbeit Maßnahmen insbesondere für benachteiligte Jugendliche und zur Unterstützung von betrieblichen Ausbildungen durch Berufsbildungswerke entwickelt. Dieser Prozess war von hoher fachlicher Kompetenz und einer hohen Übereinstimmung bezüglich der Notwendigkeiten für die in den Blick genommenen Zielgruppen geprägt. Die Konzepte wurden im Rahmen einer freihändigen Vergabe im Projektkontext PAUA durch die örtlichen Agenturen über die Regionalen Einkaufszentren der BA beschafft. Hier traten bereits erste Schwierigkeiten in der Umsetzung auf, da die entwickelten Konzeptionen aufgrund der Beschaffung durch die Regionalen Einkaufszentren dem bestehenden Maßnahmekatalog der BA angepasst werden mussten. Neue Modellmaßnahmen konnten damit nicht umgesetzt werden, und bestehende Projektideen mussten den vorhandenen Maßnahmekonzepten untergeordnet werden. Innovative Ansätze der Individualisierung und Betriebsorientierung wurden damit der Beschaffungslogik geopfert: So mussten die Maßnahmen nach § 45 SGB III/§ 75 SGB III „umgebaut" werden, um überhaupt beschafft werden zu können. Ein zweites Problemfeld ergab sich aus der Tatsache, dass die Maßnahmen nach Ablauf der Modellphase nicht weitergeführt werden konnten, weil kein entsprechender Weg zur Beschaffung durch die Regionalen Einkaufszentren gefunden wurde. Hier ist Handlungsbedarf des Gesetzgebers gegeben, insbesondere in Bezug auf zwei Aspekte:

- Die individualisierten Leistungen der Berufsbildungswerke, die im Rahmen von Preisverhandlungen zwischen der BA und den BBW

(vertreten durch die Bundesarbeitsgemeinschaft der Berufsbildungswerke) verhandelt werden, müssen bedarfsorientiert über die
örtlichen Agenturen gesteuert auch für besonders benachteiligte
Jugendliche geöffnet werden können. Dazu bedarf es einer neuen
Maßnahmeart in den BBW.

• Leistungen zur Unterstützung der Ausbildung von behinderten
und besonders benachteiligten Jugendlichen in Betrieben, die konkret den Prozess der Ausbildung im Betrieb und die Qualifikation
des Ausbildungspersonals in den Fokus nehmen, müssen gesetzlich
ermöglicht werden.

Es zeigte sich, dass wegen der gesetzlichen Verankerung des Ver-
gabeverfahrens gute und individuelle Ansätze nicht realisiert werden
konnten, weil die Überwindung vergaberechtlicher Grenzen nicht
möglich war. Die Sicherstellung individueller und personenbezogener
Leistungen sollte im Zweifel Vorrang vor marktwirtschaftlichen Erwä-
gungen haben. Sollen nachhaltige Integration und Wirtschaftlichkeit
weiter ausgebaut werden, so ist hier der Gesetzgeber gefragt.

Literatur

Bundesarbeitsgemeinschaft der Berufsbildungswerke:
    Verzahnte Ausbildung mit Berufsbildungswerken – URL:
    http://www.bagbbw.de/qualifizierte-nachwuchskraefte/
    verzahnte-ausbildung-mit-berufsbildungswerken-vamb/
    (Stand: 27.07.2017)

Bundesarbeitsgemeinschaft der Berufsbildungswerke:
    Erprobung von Ausbildungsbausteinen – URL: http://www.
    bagbbw.de/integration-in-den-arbeitsmarkt/innovationen-der-
    berufsbildungswerke/erprobung-von-ausbildungsbausteinen-
    trialnet/ (Stand: 27.07.2017)

Bundesarbeitsgemeinschaft der Berufsbildungswerke (Hg.):
    Ausschreibungsmanagement. Handreichung zur erfolg-
    reichen Teilnahme von Berufsbildungswerken an Ausschrei-
    bungen der Bundesagentur für Arbeit. Berlin 2017 –

URL: https://www.f-bb.de/fileadmin/PAUA_Materialien/
4_PAUA__Ausschreibungsmanagement-min.pdf (Stand:
31.07.2017)

Bundesministerium für Arbeit und Soziales (Hg.):
Arbeitsmarktprognose 2030. Bonn 2013

Bundesministerium für Arbeit und Soziales (Hg.):
Förderrichtlinie „Inklusion durch digitale Medien in der beruflichen Bildung" – URL: https://www.qualifizierungdigital.
de/de/foerderung-von-inklusion-durch-digitale-medien-in-
der-beruflichen-bildung-2105.php (Stand: 31.07.2017)

Bundesministerium für Arbeit und Soziales (Hg.):
2. Teilhabebericht über die Lebenslagen von Menschen mit
Beeinträchtigungen 2016. Bonn 2017 – URL: http://www.
bmas.de/SharedDocs/Downloads/DE/PDF-Publikationen/
a125-16-teilhabebericht.pdf?__blob=publicationFile&v=5
(Stand: 31.07.2017)

Bundesministerium für Bildung und Forschung (Hg.):
Berufsbildungsbericht 2016. Bonn 2016 – URL: https://www.
bmbf.de/pub/Berufsbildungsbericht_2016.pdf (Stand:
31.07.2017)

Bundesministerium für Bildung und Forschung (Hg.):
Berufsbildungsbericht 2017. Bonn 2017a

Bundesministerium für Bildung und Forschung (Hg.):
Förderung von „Inklusion durch digitale Medien in der
beruflichen Bildung". Bonn 2017b – URL: https://www.
qualifizierungdigital.de/de/foerderung-von-inklusion-
durch-digitale-medien-in-der-beruflichen-bildung-2105.php
(Stand: 03.07.2017)

Bundesministerium für Bildung und Forschung (Hg.):
Zukunftsmonitor IV: Wissen schaffen – Denken und Arbeiten
in der Welt von morgen. Bonn 2017c – URL: https://www.
zukunft-verstehen.de/application/files/1814/9070/7629/
ZF_IV_ZukunftsMonitor_Ergebnisse_Barrierefrei.pdf (Stand:
31.07.2017)

Buse, H.:

Leistungen für Betriebe. Handreichung zur Unterstützung von Einrichtungen der beruflichen Rehabilitation. Berlin 2017 – URL: https://www.f-bb.de/fileadmin/PAUA_Materialien/ 5_PAUA__Leistungen_fuer_Betriebe-min.pdf (Stand: 31.07.2017)

Dengler, K./Matthes, B.:

In kaum einem Beruf ist der Mensch vollständig ersetzbar. Presseinformation: IAB-Kurzbericht 24/2015 – URL: http:// doku.iab.de/kurzber/2015/kb2415.pdf (Stand: 31.07.2017)

Deschermeier, P.:

Einfluss der Zuwanderung auf die demografische Entwicklung in Deutschland. In: IW-Trends 2/2016 – URL: https://www. iwkoeln.de/presse/pressemitteilungen/beitrag/neue-iw-bevoelkerungsprognose-und-wir-wachsen-doch-284216 (Stand: 19.07.2017)

Deutscher Bundestag (Hg.):

Antwort der Bundesregierung auf die Kleine Anfrage der Abgeordneten Corinna Rüffer, Luise Amtsberg, Maria Klein-Schmeink und weiterer Abgeordneter und der Fraktion Bündnis 90/Die Grünen. Zur Lage von geflüchteten Menschen mit Behinderungen. Drucksache 18/11603, S. 2. Berlin 2017a

Deutscher Bundestag (Hg.):

Antwort der Bundesregierung auf die Kleine Anfrage der Abgeordneten Dr. Rosemarie Hein, Nicole Gohlke, Sigrid Hupach und weiterer Abgeordneter und der Fraktion DIE LINKE. Erfahrungen mit dem Förderinstrument der Assistierten Ausbildung. Drucksache 18/12483. Berlin 2017b – URL: https://kleineanfragen.de/bundestag/18/12483-erfahrungen-mit-dem-foerderinstrument-der-assistierten-ausbildung-asa (Stand: 31.07.2017)

Engels, D:

Chancen und Risiken der Digitalisierung der Arbeitswelt für die Beschäftigung von Menschen mit Behinderung. In: Bundesministerium für Arbeit und Soziales (Hg.): Forschungsbericht Nr. 467 – URL: http://www.bmas.de/SharedDocs/

Downloads/DE/PDF-Publikationen/Forschungsberichte/
fb-467-digitalisierung-behinderung.pdf?__blob=publication
File&v=3 (Stand: 19.07.2017)

Flake, R. u. a.:
Beschäftigung und Qualifizierung von Flüchtlingen in Unternehmen – Die Bedeutung von Unterstützungsangeboten bei der Integration. In: IW-Trends 2/2017. Köln 2017 – URL: https://www.iwkoeln.de/studien/iw-trends/beitrag/regina-flake-svenja-jambo-sarah-pierenkemper-paula-risius-dirk-werner-beschaeftigung-und-qualifizierung-von-fluechtlingen-in-unternehmen-330337 (Stand: 31.07.2017)

Forschungsgruppe Wahlen e. V.:
Wichtige Probleme in Deutschland – URL: http://www.forschungsgruppe.de/Umfragen/Politbarometer/Langzeitentwicklung_-_Themen_im_Ueberblick/Politik_II/#Probl1 (Stand: 19.07.2017)

Fuchs, J./Söhnlein, D./Weber, B.:
Arbeitskräfteangebot sinkt auch bei hoher Zuwanderung. Presseinformation: IAB-Kurzbericht 06/2017 – URL: http://doku.iab.de/kurzber/2017/kb0617.pdf (Stand: 31.07.2017)

Gawehns, F.:
Leistungen für Menschen mit Fluchthintergrund. Handreichung zur Unterstützung von Einrichtungen der beruflichen Rehabilitation. Berlin 2017 – URL: https://www.f-bb.de/fileadmin/PAUA_Materialien/6_PAUA_Leistungen_fuer_Menschen_mit_Fluchthintergrund.pdf (Stand: 31.07.2017)

Geldermann, B.:
Vertriebsorientierung. Handreichung zur Unterstützung von Einrichtungen der beruflichen Rehabilitation. Nürnberg 2017 – URL: https://www.f-bb.de/fileadmin/PAUA_Materialien/8_PAUA_Vertriebsorientierung-min.pdf (Stand: 31.07.2017)

Hofmann, H./Lorenz, S./Poltermann, A.:
Förderung der Ausbildungsfähigkeit benachteiligter Jugendlicher. Handreichung zur Unterstützung von Einrichtungen der beruflichen Rehabilitation. Nürnberg 2017a – URL: https://

www.f-bb.de/fileadmin/PAUA_Materialien/3_PAUA__Aus-
bildung_benachteiligter_Jugendlicher.pdf (Stand: 26.10.2017)

Hofmann, H./Lorenz, S./Poltermann, A.:
Kompetenzbasiertes Weiterbildungsmanagement. Hand-
reichung zur Unterstützung von Einrichtungen der beruflichen
Rehabilitation. Nürnberg 2017b – URL: https://
www.f-bb.de/fileadmin/PAUA_Materialien/2_PAUA_
Weiterbildungsmanagement.pdf (Stand: 31.07.2017)

Hofmann, H./Poltermann, A.:
Organisationsentwicklung bottom-up. Handreichung zur
Unterstützung von Einrichtungen der beruflichen Rehabilita-
tion. Nürnberg 2017 – URL: https://www.f-bb.de/fileadmin/
PAUA_Materialien/7_PAUA_Organisationsentwicklung_
bottom_up_01-min.pdf (Stand: 31.07.2017)

Institut für Sozialforschung und Gesellschaftspolitik (ISG):
Kurzexpertise für das BMAS. Chancen und Risiken der Digitalisierung der Arbeitswelt für die Beschäftigung von Menschen
mit Behinderung. Köln 2016 – URL: http://www.
bmas.de/SharedDocs/Downloads/DE/PDF-Publikationen/
Forschungsberichte/fb-467-digitalisierung-behinderung.pdf?
__blob=publicationFile&v=3 (Stand: 31.07.2017)

Metzler, C. u. a.:
Menschen mit Behinderung in der betrieblichen Ausbildung.
In: IW-Analysen Nr. 114. Köln 2017 – URL: https://www.
iwkoeln.de/studien/iw-analysen/beitrag/christoph-metzler-
susanne-seyda-luisa-wallossek-dirk-werner-menschen-mit-
behinderung-in-der-betrieblichen-ausbildung-329530 (Stand:
31.07.2017)

Nebe, K.:
Sozialrechtliche Grundlagen der Rehabilitation (psychisch)
kranker und behinderter Menschen. In: Die berufliche Rehabilitation, 31. Jg. 1/2017, S. 23–36. Freiburg 2017

I/3 Ausbildungschancen für Geflüchtete in Deutschland

Christian Pfeffer-Hoffmann, Anne von Oswald und Wassili Siegert

1 Einleitung

In Deutschland steigt die Zahl der unbesetzten Ausbildungsplätze, während die Zahl der Bewerberinnen und Bewerber stagniert. Im Zeitraum von Oktober 2016 bis Juni 2017 blieben knapp 215.000 Berufsausbildungsstellen unbesetzt. Dem gegenüber stehen etwa 192.000 Bewerberinnen und Bewerber, die keinen Ausbildungsplatz erhalten haben. Insgesamt besteht folglich ein Bedarf an Auszubildenden, der u. a. von Geflüchteten gedeckt werden könnte (Statistik der Bundesagentur für Arbeit 2017a).

Geflüchtete[1] scheinen auf den ersten Blick eine gute Zielgruppe für eine Berufsausbildung zu sein. Etwa ein Viertel von ihnen ist im ausbildungsfähigen Alter. Eine Ausbildung ist ein wichtiger Schritt der Integration[2] und erhöht die Chancen auf eine Beschäftigung zu fairen Arbeitsbedingungen (vgl. SVR 2017, S. 131). Der Zugang zu Ausbildungsförderung wurde vom Gesetzgeber für Geflüchtete in den letzten Jahren sukzessive geöffnet: Personen mit einem anerkannten Schutzstatus haben uneingeschränkten Zugang zu Ausbildungsförderung, Personen im laufenden oder negativ abgeschlossenen Asylverfahren haben Zugang nach Ablauf bestimmter, sehr unterschiedlicher Wartefristen. Geflüchtete aus sogenannten „sicheren Herkunfts-

---

[1] Wir verwenden den Begriff „Geflüchtete" als Oberbegriff für alle Personen, die nach Deutschland gekommen sind, um einen Asylantrag zu stellen: also für Asylsuchende, Asylbewerberinnen und -bewerber, Asylberechtigte, subsidiär Schutzberechtigte, für Personen mit Abschiebeverbot sowie Geduldete nach Ablehnung ihres Asylantrages. Der häufig verwendete Begriff „Flüchtlinge" bezieht sich rechtlich lediglich auf Personen, deren Asylantrag positiv nach der Genfer Flüchtlingskonvention (GFK) beschieden wurde („anerkannter Flüchtling").

[2] Siehe zur Diskussion des Integrationsbegriffes u. a.: Hess/Binder/Moser 2009.

ländern" haben nur sehr eingeschränkten Zugang zu den Förderangeboten (vgl. IQ Fachstelle Einwanderung 2017, S. 1 f.).

Der folgende Artikel widmet sich den Herausforderungen, die die Integration von Geflüchteten in das deutsche Berufsausbildungssystem mit sich bringt. Es werden einerseits die vorhandenen Potenziale Geflüchteter analysiert und in Beziehung zu den Anforderungen gesetzt, die Ausbildungsbetriebe und Berufsschulen an die jungen Geflüchteten stellen. Andererseits geht es um die berufsbildungspolitischen Maßnahmen und Programme für Geflüchtete und die damit verbundenen Perspektiven. Ausgewählte Gute-Praxis-Beispiele und Handlungsempfehlungen zeigen Ansätze auf, die eine gleichberechtigte Teilhabe von Geflüchteten an Ausbildung ermöglichen können. Für eine inklusive Herangehensweise hat das deutsche (Berufs-)Schulsystem bereits eine wichtige Grundlage geleistet. So wurden „Willkommensklassen" und „Internationale Klassen" nicht separat, sondern in den Schulen direkt angesiedelt und möglichst schnell der Übergang der neu zugewanderten (Berufs-)Schülerinnen und (Berufs-)Schüler in Regelklassen veranlasst.

In Anbetracht der unzureichenden Datenlage zu jungen Geflüchteten beziehen sich die folgenden Ausführungen zusätzlich zu den einschlägigen öffentlichen Statistiken auf Expertenumfragen, Interviews und die IAB-BAMF-SOEP-Befragung von Geflüchteten.

2 Situation geflüchteter Menschen auf dem Ausbildungsmarkt

Die Aufgabe der Integration junger Geflüchteter in das deutsche Ausbildungssystem muss von zwei Seiten analysiert werden: von der Zahl und dem (Aus-)Bildungsstand der jungen Geflüchteten her sowie aus der Perspektive des durchschnittlichen Anforderungsniveaus der deutschen Ausbildungsbetriebe und Berufsschulen.

Zunächst gilt es zu berücksichtigen, dass das Ausbildungssystem in Deutschland unter Geflüchteten wenig bekannt ist. Es besteht dahin gehend großer Informationsbedarf, um insbesondere die Vorteile eines Berufsausbildungsabschlusses unter Geflüchteten bekannt zu machen und die Motivation dafür zu fördern. Andererseits ist aus der Sicht der

Geflüchteten zu bedenken, dass der Weg bis zum Abschluss der Ausbildung sehr lang ist. Wird die Ausbildungsvorbereitung, die in der Regel mindestens ein, meist jedoch zwei Jahre umfasst, mitberechnet, müssen ausbildungsinteressierte Geflüchtete etwa fünf Jahre kalkulieren, bevor sie als Fachkraft arbeiten können. Entsprechend hoch ist die Gefahr der Abschreckung oder des Abbruchs der Ausbildungs- bzw. Vorbereitungsmaßnahmen (vgl. SVR 2017, S. 134).

2.1 Potenziale Geflüchteter für den Ausbildungsmarkt

Über die Potenziale Geflüchteter für den Ausbildungsmarkt liegen keine umfassenden Daten vor. Die Statistik der Bundesagentur für Arbeit (2017b) gibt beispielsweise lediglich Aufschluss über die als arbeitssuchend und arbeitslos gemeldeten Geflüchteten. Im Juni 2017 waren 490.000 Personen im Kontext von Fluchtmigration[3] als arbeitssuchend und davon wiederum 180.000 als arbeitslos gemeldet. Dies ist durch den derzeitigen Besuch von Integrationskursen und anderen Integrationsmaßnahmen zu erklären und verweist damit auch darauf, dass bei Abschluss dieser Maßnahmen in den nächsten Jahren eine große Zahl Geflüchteter dem Arbeits- und Ausbildungsmarkt zur Verfügung stehen wird. Unter der knappen halben Million geflüchteter Arbeitssuchender sind 122.000, also knapp ein Viertel, im ausbildungsfähigen Alter von 15 bis 25 Jahren. Der Frauenanteil arbeitssuchender Geflüchteter liegt bei 25,7 Prozent. Der größte Teil der geflüchteten Arbeitssuchenden hat keinen Hauptschulabschluss (knapp 167.000, 34 Prozent), und ein Viertel machte hierzu keine Angabe. Folglich haben gut 40 Prozent einen Schulabschluss, darunter mehr als die Hälfte eine Hochschulreife (ebd.). Berufsabschlüsse unter Geflüchteten sind selten.

In der repräsentativen BAMF-IAB-SOEP-Befragung Geflüchteter, die in den Jahren 2013 bis 2016 nach Deutschland gekommen sind, gaben 12 Prozent der Befragten an, eine Berufsausbildung gemacht zu

---

[3] Personen im Kontext von Fluchtmigration umfassen in der Statistik der Bundesagentur für Arbeit Personen mit Aufenthaltsgestattung, Aufenthaltserlaubnis und Duldung. Nicht einbezogen werden hingegen Personen, die im Rahmen des Familiennachzuges nach Deutschland gekommen sind.

haben, 6 Prozent verfügten über einen Berufsabschluss. Studiert haben 19 Prozent der Befragten, einen Hochschulabschluss haben 12 Prozent erworben (vgl. Brücker/Rother/Schupp 2016, S. 38). Der Anteil der Personen, die für eine Berufsausbildung in Deutschland infrage kommen, ist folglich sehr hoch. Es ist im Hinterkopf zu behalten, dass Geflüchtete eine sehr heterogene Gruppe sind. So sind beispielsweise die Bildungsvoraussetzungen sehr unterschiedlich. Viele Personen, insbesondere aus Regionen, in denen seit Langem Krieg und Verfolgung herrschen, haben nur eine Grundschule oder gar keine Schule besucht, während andere bereits auf weiterführende Schulen oder Hochschulen gegangen sind (ebd., S. 67). Im Allgemeinen haben Geflüchtete eine hohe Bildungs- und Erwerbsmotivation: 46 Prozent streben einen Schulabschluss, 66 Prozent einen Berufs- oder Hochschulabschluss an, und 78 Prozent der nicht erwerbstätigen Befragten wollen „ganz sicher" arbeiten (ebd., S. 3 f.).

Zudem gilt zu berücksichtigen, dass große Wissenslücken über die Verwertbarkeit der mitgebrachten Arbeitserfahrungen und Kompetenzen sowie der formalen Bildungsqualifikationen von Geflüchteten für den deutschen Ausbildungsmarkt vorherrschen, die erst über praktikable Kompetenzfeststellungen behoben werden müssen (vgl. Baethge/Seeber 2016, S. 11). Um eine selbstbestimmte Wahl überhaupt zu ermöglichen, sind Vermittlungsangebote über die Vorteile und Anforderungen des Ausbildungssystems notwendig (vgl. Autorengruppe Bildungsberichterstattung 2016, S. 201).

2.2 Anforderungen des Ausbildungsmarktes an Geflüchtete

Seit Sommer 2015 wurden unterschiedliche Anforderungen an die Geflüchteten, an das Bildungssystem und an die Betriebe deutlich, die den Zugang zum deutschen Berufsausbildungssystem beeinflussen. Zusammengefasst lassen sich vier zentrale Bereiche nennen, die für die Aufnahme und den Abschluss einer Berufsausbildung entscheidend sind:
1. die notwendigen Sprachkompetenzen,
2. die beruflichen Qualifikationen und Kompetenzfeststellungen,
3. die Rechtslage der Geflüchteten und
4. die Grenzen des gesellschaftspolitischen Engagements.

Diese vier Anforderungsbereiche hängen mit dem bisher noch zögerlichen Angebot an Praktikums- und Ausbildungsplätzen für Geflüchtete von Seiten der Arbeitgeberschaft zusammen (siehe dazu erste Ergebnisse aus Tabelle 2). Und dies, obwohl seitens der beruflichen Schulen wie auch der Betriebe immer wieder eine erstaunlich hohe Bereitschaft zur Integration von Geflüchteten konstatiert wird.

Berücksichtigt man jedoch die Schätzungen von mindestens 100.000 bis 120.000 zusätzlich erforderlichen Plätzen an Ausbildungsvorbereitung und Ausbildung, um der Mehrheit der Geflüchteten eine gleichberechtigte Ausbildungschance zu verschaffen, wird das Ausmaß der Herausforderung für die berufliche Bildung deutlich (vgl. Baethge/ Seeber 2016, S. 12). Dieser Befund legt nahe, dass es auf mittlere Sicht über die von Betrieben selbst zur Verfügung gestellten Ausbildungsmöglichkeiten hinaus weiterer Anstrengungen bedarf, um junge Geflüchtete ausreichend mit dualen und vollschulischen Ausbildungsplätzen zu versorgen.

2.2.1 Notwendige Sprachkompetenzen

Gute Deutschkenntnisse sind für den Beginn einer Berufsausbildung unerlässlich (vgl. DIHK 2017, S. 3). Aktuell werden an erster Stelle die weithin noch ungenügenden Deutschkenntnisse junger Geflüchteter als Hindernis für den Zugang zur Ausbildung und in die Betriebe genannt. Mehrheitlich setzen die Betriebe das Sprachniveau B1 voraus, das über den Integrationskurs erreicht werden soll. Nach Integrationskursstatistik des BAMF (2017c) haben in den Jahren 2015 und 2016 knapp 520.000 Geflüchtete einen Integrationskurs begonnen, 230.000 haben ihn abgeschlossen. Den vorgesehenen „Deutsch-Test für Zuwanderer" (DTZ) haben im selben Zeitraum knapp 170.000 Personen auf B1-Niveau und etwa 93.000 Personen auf A2-Niveau bestanden.

Jedoch zeigen die Erfahrungen der letzten beiden Jahre, dass darüber hinaus ein hoher Bedarf an ausbildungsvorbereitender und -begleitender Sprachförderung besteht, um den realen Sprachanforderungen in Berufsschulen und Betrieben gerecht zu werden. Dafür ist, nach den aktuellen Erfahrungen aus den Betrieben, viel mehr Zeit nötig als zuvor angenommen und eingeplant (vgl. Braun/Lex 2016, S. 21).

Gerade in Tätigkeitsgebieten, die sich durch einen intensiven Umgang mit Menschen (etwa im Gesundheitsbereich und Gaststättengewerbe) auszeichnen, sind Deutschkenntnisse schon zur Erfüllung einfacher Aufgaben absolut notwendig. Nicht zu unterschätzen ist auch die innerbetriebliche Kommunikation über das Verständnis der Arbeitsaufgaben sowie deren Erledigung. Den Betrieben erscheint der Aufwand, Geflüchtete ohne ausreichende Deutschkenntnisse in die betrieblichen Strukturen zu integrieren, in der Regel zu hoch. Gleichzeitig können sich die jungen Erwachsenen in vielen Betätigungsfeldern aufgrund ihrer mangelnden Kenntnisse der deutschen Sprache kaum einbringen (vgl. Scheiermann/Walter 2016, S. 14 f.).

Verkompliziert wird die Situation durch den zusätzlichen Bedarf an Lehrkräften. Nach aktuellen Schätzungen bedarf es allein für die Ausbildungsvorbereitung Geflüchteter mit allgemeinbildenden und berufsvorbereitenden Inhalten zusätzlich zwischen 9.000 und 12.000 Bildungsfachkräften sowie für das duale und vollschulische Ausbildungssystem nochmals zwischen 5.700 und 7.600 Lehrkräften. Obwohl es sich um geschätzte Zahlen handelt, wird dennoch deutlich, dass aufgrund des bereits bestehenden Mangels an DaZ-Lehrkräften (Deutsch als Zweitsprache) auch in Zukunft die hohe Nachfrage an Sprachförderung bestehen bleibt (vgl. Autorengruppe Bildungsberichterstattung 2016, S. 201 f.).

Gute Praxis der Sprachförderung und Ausbildungsvorbereitung – AvM Dual Hamburg

Die bereits seit dem Schuljahr 2014/15 in einem bundesweit einmaligen Modell in Hamburg erprobte „Dualisierte Ausbildungsvorbereitung für Migrantinnen und Migranten (AvM-Dual)" mit integrierter betrieblicher Sprachförderung wurde dort ab Februar 2016 zum Regelangebot für alle neu zugewanderten Jugendlichen zwischen 16 und 18 Jahren – und zwar unabhängig von ihrem Aufenthaltsstatus.

Die bisherige Halbtagsschule wurde schrittweise von einem ganztägigen Schulangebot abgelöst, das neben intensiver Sprachförderung und Schulunterricht an drei Tagen die Woche auch ein umfangreiches Betriebspraktikum an zwei Tagen in der Woche beinhaltet.

Dadurch lernen die jugendlichen Geflüchteten die Arbeitswelt, das duale Ausbildungssystem „made in Germany" und Hamburgs Betriebe kennen, und sie können direkt in der Praxis tätig werden. Die Schulklassen wurden auf 14 bis 15 Schülerinnen und Schüler verkleinert, um die Jugendlichen besser auf den noch fehlenden Haupt- oder Realschulabschluss und den Übergang in eine Ausbildung vorzubereiten. Die Hamburger Wirtschaft stellt für das neue Angebot schrittweise rund 2.000 Praktikumsplätze für Neuzugewanderte zur Verfügung. Vor Ort werden sie von den Ausbildern der Betriebe und von betrieblichen Integrationsbegleitern unterstützt. Dieses Bündel an Maßnahmen von AvM Dual entspricht den aktuellen Erkenntnissen aus der Übergangsforschung, dass besonders Praktika, das Nachholen von Schulabschlüssen und eine kontinuierliche Begleitung die Übergänge in Ausbildung befördern (vgl. BIBB 2017, S. 473).

2.2.2 Berufliche Qualifikationen und Kompetenzfeststellungen

Als zweites Hindernis für die Integrierbarkeit in das Ausbildungssystem sind eine adäquate Einschätzung der Kompetenzen und fehlende Qualifikationsnachweise zu nennen. Unterschiedliche Schul- und Ausbildungssysteme in den Herkunftsländern erschweren darüber hinaus die Übertragbarkeit der vorhandenen Qualifikationen auf die hiesigen Anforderungen der beruflichen Bildung. Die jungen Geflüchteten stellen hinsichtlich ihrer Bildungsvoraussetzungen eine sehr heterogene Gruppe dar (siehe 2.1).

Viele können keinen formalen Berufsabschluss vorweisen, verfügen aber über praktische Berufserfahrungen, die im Herkunftsland im Arbeitsprozess erworben wurden und im Rahmen von Validierungsverfahren zu bewerten sind. Es gilt, diese Kompetenzen für die aufbauende und ergänzende Berufsausbildung in Deutschland zu nutzen. In der Regel kennen die jungen Geflüchteten jedoch die Anforderungen der Berufe bzw. der dualen Ausbildung in Deutschland nicht, und es fällt ihnen oft schwer, ihre Kompetenzen korrekt zu beschreiben. In Anbetracht der existierenden non-formal erworbenen Kompetenzen und Erfahrungen vieler Geflüchteter müssen noch praxisnahe Kompetenzerfassungen etabliert werden, die als verfahrenübergreifend angewandt werden können, um vorhandene verwertbare Berufskompetenzen festzustellen (vgl. Bertelsmann Stiftung 2016, S. 29–31). Diese Entwicklung ist insbesondere für das deutsche Handwerk von großer Bedeutung, angesichts der verbreiteten Tendenz, die Potenziale und Kompetenzen der Ausbildungsinteressierten zum Entscheidungskriterium für die Aufnahme einer Ausbildung zu machen.

Gute Praxis der Ausbildungsvorbereitung – ARRIVO Übungswerkstätten Berlin

Die ARRIVO Übungswerkstätten sind ein Berliner Modellprojekt, in dem Geflüchtete ab einem Alter von 18 Jahren in der Ausbildungsvorbereitung für einen handwerklichen Beruf unterstützt werden. Während eines zwölfwöchigen Kurses wird Sprachförderung mit Berufsorientierung und -vorbereitung verbunden. In den Übungswerkstätten werden durch praktische Arbeitsaufgaben die Kompetenzen und Erwartungen der Teilnehmenden mit den realen Anforderungen der Handwerksbetriebe abgeglichen. Es folgt ein Praktikum in einem Berliner Handwerksbetrieb, um den direkten Kontakt und Zugang zu einem deutschen Ausbildungsbetrieb zu ermöglichen. Bei einer passgenauen Vermittlung eröffnen sich die Wege in Einstiegsqualifizierung, Berufsausbildung oder Arbeit.

ARRIVO Übungswerkstätten: Modellprojekt des JugendKunst- & Kulturhauses Schlesische 27; siehe unter: http://www.schlesische27.de/s27/portfolio/arrivo-uebungswerkstaetten/ (Stand: Oktober 2017)

Die Voraussetzungen für den Zugang zu vollqualifizierenden Bildungsgängen an beruflichen Schulen sind hingegen für junge Geflüchtete in der Regel nur gegeben, wenn entweder die Anerkennung der Gleichwertigkeit ihres ausländischen Schulabschlusses mit dem mittleren Schulabschluss oder der Erwerb eines mittleren Schulabschlusses in Deutschland vorliegt (vgl. Braun / Lex 2016, S. 27).

2.2.3 Rechtlicher Zugang zu Ausbildung und Ausbildungs-förderung

Fragen zur rechtlichen Möglichkeit der Aufnahme einer Ausbildung, die je nach Aufenthaltsstatus, -dauer und Herkunftsland unterschiedlich geregelt sind, verursachen derzeit bei den Betrieben zulasten der jungen Geflüchteten eine große Unsicherheit (vgl. DIHK 2017, S. 28). Im Wesentlichen lassen sich vier Status unterscheiden (siehe Tabelle 1), wobei es weitere Untergliederungen gibt (z. B. Aufenthaltserlaubnis für Personen mit subsidiärem Schutz, Rechtsstellung als Flüchtling und Feststellung eines Abschiebungsverbotes).

Während Asylberechtigten schon immer alle Möglichkeiten der Ausbildungs- und Arbeitsmarktförderung zur Verfügung standen, ist dies erst mit den vielfältigen gesetzlichen Änderungen 2015 und 2016 auch für größere Gruppen von Asylsuchenden, Asylbewerberinnen und Asylbewerbern sowie von Geduldeten möglich geworden. Derzeit wird in der Praxis durch die Behörden der Zugang zu Maßnahmen der Ausbildungsförderung von dem Vorliegen der sog. „Bleibeperspektive" abhängig gemacht. Gemeint ist damit die Aussicht auf einen dauerhaften und rechtmäßigen Aufenthalt in Deutschland für Personengruppen, die aus bestimmten Herkunftsländern eingereist sind. Dies gilt entsprechend für den Zugang zu Integrations- und Sprachkursen. Aus der Erkenntnis heraus, dass frühe Integrationsmaßnahmen hohen Nutzen versprechen, haben vor allem Asylsuchende und Asylbewerbende „mit guter Bleibeperspektive" Anspruch auf frühe Förderung erhalten (derzeit Geflüchtete aus Syrien, Iran, Irak, Eritrea und Somalia).

Ab dem 01.07.2017 wurden die entsprechenden Maßnahmen im Zuständigkeitsbereich des BMAS bzw. der Bundesagentur für Arbeit auch für Geflüchtete aus Afghanistan geöffnet. Die Integrationskurse sowie Sprachkurse in der Zuständigkeit des BMI bleiben für Letztere jedoch weiterhin verschlossen (vgl. IQ Fachstelle Einwanderung 2017, S. 1 f.).

Status	Zugang zu Ausbildung
Asylsuchende (Ankunftsnachweis)	1.–3. Monat schulische Ausbildung möglich Praktika im Rahmen der schulischen Ausbildung ohne Zustimmung der Bundesagentur für Arbeit (BA)
Asylbewerberinnen und Asylbewerber (Aufenthaltsgestattung)	Ab dem 4. Monat alle Ausbildungen möglich (mit Arbeitserlaubnis durch Ausländerbehörde, aber ohne Zustimmung der BA) Ausgeschlossen: „sichere Herkunftsstaaten" bei Asylantragstellung nach dem 31.08.2015
Asylberechtigte (Aufenthaltserlaubnis) Zu dieser Gruppe gehören: – Asylberechtigte nach Art. 16a GG – anerkannte Flüchtlinge nach der GFK – subsidiär Schutzberechtigte – Personen, bei denen ein Abschiebehindernis festgestellt worden ist	Ab dem 1. Tag alle Ausbildungen möglich (ohne Zustimmung der BA)
Geduldete (Duldung)	Ab dem 1. Tag mit Genehmigung der Ausländerbehörde ist eine betriebliche und ohne Genehmigung eine schulische Ausbildung möglich Ausgeschlossen: Personen aus sog. „sicheren Herkunftsstaaten", wenn ihr abgelehnter Asylantrag nach dem 31.08.2015 gestellt wurde Neu: Geduldete können für die Gesamtdauer der Ausbildung von drei Jahren eine Duldung erhalten, die sog. Ausbildungsduldung. Für den Fall, dass nach erfolgreichem Abschluss der Ausbildung eine Beschäftigung im Ausbildungsberuf gefunden wird, kann eine Aufenthaltserlaubnis für zwei weitere Jahre erteilt werden (sog. „3+2-Regelung").

Tabelle 1: Rechtlicher Zugang zu Ausbildung von Geflüchteten nach Aufenthaltsstatus

(Quelle: Eigene Bearbeitung nach Pfeffer-Hoffmann 2016, S. 51 und DIHK 2017, S. 26–29)

Drei Viertel der jungen Geflüchteten hatten im Jahr 2015 eine Aufenthaltsgestattung oder Duldung. Damit werden diese Jugendlichen von den Betrieben als unsichere Ausbildungskandidaten für eine zukünftige Betriebsübernahme wahrgenommen, sodass sich die Betriebe im Allgemeinen gegen eine Anstellung von Asylsuchenden entscheiden. Die Gefahr, dass Ausbildungsinvestitionen durch eine Abschiebung verloren gehen, wird seitens der Personalverantwortlichen als zu groß empfunden (vgl. Scheiermann/Walter 2016, S. 15 ff.). Das Abarbeiten des Antragsstaus beim BAMF und die Neuregelung der sogenannten Ausbildungsduldung sollte den Betrieben ein großes Stück Rechtssicherheit in diesem Bereich geben (Tabelle 1).

Eine weitere Einschränkung besteht in der Regelung des maximalen Eintrittsalters für Geflüchtete in die Ausbildungsvorbereitung. Je nach Bundesland liegt das Eintrittsalter bei 18 bzw. 21 Jahren.[4] Angesichts des hohen Qualifizierungsbedarfes junger Geflüchteter, insbesondere der über 21-Jährigen, liegt mit dieser Altersgrenze eine massive Barriere für den Zugang zu Ausbildung vor (vgl. SVR 2017, S. 132 f., S. 136).

2.2.4 Grenzen des gesellschaftspolitischen Engagements

Als weiterer Grund für die betriebliche Zurückhaltung werden die begrenzten Möglichkeiten für sozialpolitisches Engagement von den Betrieben genannt (vgl. Scheiermann/Walter 2016, S. 14 f.). Trotz anhaltenden Diskurses über den demografischen Wandel und den wahrgenommenen Fachkräftemangel betonen die Betriebe, dass sie eigentlich nicht gewillt sind, ihren Grundsatz der Bestenauslese (bei öffentlichen Arbeitgebern) bzw. ihre Auswahlkriterien zu verändern. Der Wunsch nach dem Erhalt der traditionellen Anforderungen an ihre hochwertigen Ausbildungen ist weiterhin stark verbreitet. Wenn überhaupt Geflüchtete als Auszubildende – oft nach einer einjährigen Einstiegsqualifizierung – einen Ausbildungsvertrag unterschreiben, handelt es sich im Vergleich zu den Gesamtauszubildenden um eine überschaubare Größe (siehe Tabelle 2).

---

4 Siehe dazu ausführliche Auflistung der Länder: SVR 2017, S. 132 f.

Junge Geflüchtete konkurrieren zum einen mit einer großen Gruppe an marktbenachteiligten, in Deutschland aufgewachsenen Jugendlichen in nahezu allen Berufsfeldern um knappe Ausbildungskapazitäten und sozialpolitisches Engagement (Praktikumsplätze, Langzeitpraktika, betriebliche Fördermaßnahmen etc.).

Zum anderen sehen sie sich Bedenken der Überforderungen in der Betreuung und Begleitung von „zu vielen" Geflüchteten und der Sorge von Bevorteilungen seitens der Mitarbeiterschaft gegenüber. Die aktive Mitwirkung an der Integration von Geflüchteten durch Betriebe ist demnach häufig gekoppelt an ihr Engagement auch gegenüber anderen benachteiligten Gruppen (vgl. Scheiermann/Walter 2016, S. 14 f.).

2.3 Angebot und Nachfrage auf dem Ausbildungsmarkt im Kontext der Fluchtmigration

Im Zeitraum von Oktober 2016 bis Juni 2017 haben sich deutschlandweit knapp 489.000 Personen auf Berufsausbildungsstellen beworben. Darunter waren 21.000 Bewerbungen aus dem Kontext von Fluchtmigration, was einem Anteil von 4,3 Prozent entspricht. Die Versorgungsquote lag insgesamt bei 60,7 Prozent (192.000 unversorgte Bewerberinnen und Bewerber), unter Personen im Kontext von Fluchtmigration lediglich bei 41,2 Prozent (12.000 unversorgte Bewerberinnen und Bewerber).

Der Frauenanteil betrug insgesamt 40,6 Prozent, bei Geflüchteten nur 15,5 Prozent. Hinzu kommt, dass geflüchtete Bewerberinnen und Bewerber im Durchschnitt älter sind: Während der Anteil der unter 20-Jährigen insgesamt bei 69,5 Prozent lag, betrug dieser Anteil unter Geflüchteten lediglich 35,9 Prozent. Die Anteile der über 25-Jährigen lagen insgesamt bei 5,8 Prozent und damit auch hier bei Geflüchteten mit 25 Prozent deutlich höher (vgl. Statistik der Bundesagentur für Arbeit 2017b).

54

	Ausbildungs-bewerber/innen		darunter: im Kontext von Fluchtmigration	
	Absolut	Anteile	Absolut	Anteile
Insgesamt	488.702		20.954	
Versorgte Bewerber/innen	296.558	60,7 %	8.641	41,2 %
Unversorgte Bewerber/innen	192.144	39,3 %	12.313	58,8 %
Männer	290.359	59,4 %	17.712	84,5 %
Frauen	198.331	40,6 %	3.242	15,5 %
Unter 20 Jahre	339.473	69,5 %	7.516	35,9 %
20 bis unter 25 Jahre	120.740	24,7 %	8.195	39,1 %
25 Jahre und älter	28.470	5,8 %	5.243	25,0 %
Ohne Hauptschulabschluss	6147	1,3 %	897	4,3 %
Hauptschulabschluss	134.048	27,4 %	7.586	36,2 %
Realschulabschluss	218.538	44,7 %	3.487	16,6 %
Fachhochschulreife	51.331	10,5 %	669	3,2 %
Allgemeine Hochschulreife	58.551	12,0 %	3.919	18,7 %
Keine Angabe	20.087	4,1 %	4.396	21,0 %

Tabelle 2: Ausbildungsbewerberinnen und -bewerber insgesamt und im Fluchtkontext: Versorgung, Geschlecht, Alter und Schulabschluss
(Quelle: Eigene Darstellung nach Bundesagentur für Arbeit 2017b)

Daraus lassen sich folgende Barrieren ableiten: Erstens erhalten Geflüchtete allgemein seltener einen Platz als andere Bewerberinnen und Bewerber. Zweitens scheinen für Frauen zusätzliche Barrieren zu existieren. Der Anteil der Bewerberinnen auf Berufsausbildungsplätze liegt mit 15,5 Prozent sehr niedrig. Im Vergleich lag der Anteil der Asylbewerberinnen 2015 bei etwa 30 Prozent, 2016 und 2017 noch deutlich höher (vgl. BAMF 2016, 2017a, 2017b). Drittens sind Ausbildungsbewerberinnen und -bewerber unter Geflüchteten maßgeblich älter als andere Bewerberinnen und Bewerber, was mit rechtlichen Einschränkungen verbunden ist (siehe 2.2.3).

3 Berufsbildungspolitische Maßnahmen und Programme für Geflüchtete

Im Folgenden werden sowohl Regelinstrumente als auch spezielle Maßnahmen für Geflüchtete vorgestellt, die sich den unterschiedlichen Phasen des Bildungsweges zuordnen lassen.

3.1 Regelinstrumente zur Vorbereitung und Begleitung der Berufsausbildung

Von besonderer Bedeutung sind die Regelinstrumente für die Unterstützung und Begleitung einer Berufsausbildung. Zu diesen gehören Berufsvorbereitende Bildungsmaßnahmen (BvB, § 51 SGB III), Berufsausbildungsbeihilfe (BAB, § 56 SGB III), Einstiegsqualifizierung (EQ, § 54a SGB III), ausbildungsbegleitende Hilfe (abH, § 75 SGB III) und Assistierte Ausbildung (AsA, § 130 SGB III).[5] Sie stehen Asylberechtigten vollständig ab dem ersten Tag der Anerkennung zur Verfügung, für Asylbewerberinnen und -bewerber „mit guter Bleibeperspektive" sowie seit dem 01.07.2017 Geflüchteten aus Afghanistan nach 3 Monaten (BAB nach 15 Monaten) und für alle anderen Asylbewerbenden großteils erst nach fünf Jahren. Für Geduldete regelt das Gesetz sehr unterschiedliche Wartefristen (vgl. Pfeffer-Hoffmann 2016, S. 53).

3.2 Sondermaßnahmen speziell für Geflüchtete im Bereich Sprachförderung und Berufsorientierung

Der Bildungsweg der noch schulpflichtigen Geflüchteten zwischen 16 und 18 Jahren beginnt in den „Willkommensklassen" oder „internationalen Klassen" in allgemeinbildenden Schulen oder in Berufsschulen, die die Sprachförderung recht bald mit Berufsorientierung verbinden. Für Geflüchtete ab 18 Jahren stehen die Integrationskurse sowie die ESF-BAMF-Sprachkurse (als Programm auslaufend) und die berufsbezogene Sprachförderung des Bundes (Deutschsprachförderverordnung nach § 45a AufenthG) zur Verfügung. Allerdings besteht die Einschränkung, dass diese Kurse nicht für Asylsuchende, sondern

---

[5] Siehe dazu ausführlich Schubert/Räder 2017, S. 67–75.

lediglich für Asylberechtigte, Asylbewerberinnen und -bewerber mit „guter Bleibeperspektive" sowie teilweise Geduldeten offenstehen. Ergänzt werden sie durch eine Vielzahl an Förderprogrammen der Bundesländer, die zum Teil auch für andere Teilzielgruppen geöffnet sind (vgl. Pfeffer-Hoffmann 2016, S. 52; Deutscher Bundestag 2016).

Besonders für die Berufsorientierung und Ausbildungsvorbereitung der Geflüchteten wurden seit 2015 zusätzlich einige spezifische Fördermaßnahmen entwickelt, die meist über die Arbeitsagenturen und Jobcenter vergeben werden. Dazu zählen die Maßnahmen „PerF – Perspektiven für Flüchtlinge", „PerF-W" (für Frauen), „PerjuF – Perspektiven für junge Flüchtlinge" und „PerjuF-H" (Handwerk), in denen Sprachförderung, Orientierung auf dem Ausbildungs- und Arbeitsmarkt und Kompetenzfeststellung miteinander verbunden werden. Zudem existieren Programme wie „KompAS – Kompetenzfeststellung, frühzeitige Aktivierung und Spracherwerb", die Arbeitsmarktmaßnahmen mit laufenden Integrationskursen verzahnen. Diese Maßnahmen werden für Menschen mit „guter Bleibeperspektive" und seit dem 01.07.2017 auch für Afghanen geöffnet (vgl. BIBB 2017, S. 435; Pfeffer-Hoffmann 2016, S. 54).

3.3 Anerkennung vorhandener beruflicher Qualifikationen

Die Anerkennung vorhandener beruflicher Qualifikationen ist ein weiteres bedeutsames Instrument für den Zugang zum Arbeitsmarkt. Geflüchtete haben Anspruch auf Feststellung der Gleichwertigkeit von Berufsqualifikationen (BQFG).

3.4 Öffnung und Ausbau von Förderprogrammen

Im Zuge der Fluchtzuwanderung der letzten Jahre haben sich bestehende Förderprogramme des Bundes und der Länder für Geflüchtete geöffnet und teilweise eigene Arbeitsfelder mit der Zielgruppe Geflüchteter entwickelt. Das bundesweite Förderprogramm „Integration durch Qualifizierung (IQ)"[6] hat in den drei Handlungsschwerpunkten

---

6 Finanziert aus Mitteln des Bundesministeriums für Arbeit und Soziales (BMAS) und des Europäischen Sozialfonds (ESF).

Anerkennungs- und Qualifizierungsberatung, Qualifizierung und Interkulturelle Kompetenzförderung flächendeckend Angebote für Geflüchtete geschaffen und spezifische Bedarfe integriert. Zudem wurde das Förderprogramm „Integration von Asylbewerbern/innen und Flüchtlingen (IvAF)"[6] ausgeweitet, das schon seit Langem in der Beratung, betriebsnahen Aktivierung sowie Ausbildungs- und Arbeitsvermittlung Geduldeter und Geflüchteter tätig ist. Weitere bundesweite Programme sind u. a. die „Willkommenslotsen" und „Jobstarter Plus"[7], die bei der Integration von Geflüchteten und Ausbildungsbetrieben beraten und unterstützen, und das Sonderprogramm „Bundesfreiwilligendienst mit Flüchtlingsbezug", das 10.000 zusätzlich zur Verfügung stehende Plätze im Bundesfreiwilligendienst umfasst. Hinzu kommen eine Vielzahl von Programmen auf Länderebene (vgl. Pfeffer-Hoffmann 2016, S. 54).

4 Perspektiven für Geflüchtete auf dem Ausbildungsmarkt

In der aktuellen Diskussion um die gesellschaftliche Integration von Geflüchteten wird der Teilhabe an vollzeitschulischer und beruflicher Ausbildung eine besondere Bedeutung beigemessen.

Die geschilderten Herausforderungen, die seit 2015 auf das berufliche Bildungssystem zukommen, um eine möglichst gleichberechtige Chance der Geflüchteten auf vollzeitschulische oder berufliche Ausbildung zu schaffen, sollten nach den Ergebnissen aktueller Expertenumfragen (vgl. Scheiermann/Walter 2016; Ebbinghaus/Gei 2017) mit unterschiedlichen, sich komplementierenden Ansätzen in Angriff genommen werden. Dabei steht an erster Stelle die Erkenntnis, dass eine erfolgreiche Integration von ausbildungsinteressierten Geflüchteten eine Ressourcenfrage ist, sodass ihr Erfolg maßgeblich von der Bereitstellung zusätzlicher Sach- und Personalressourcen abhängt. Dabei werden unterschiedliche Bereiche und Bedarfe genannt:

---

[6] Finanziert aus Mitteln des Bundesministeriums für Arbeit und Soziales (BMAS) und des Europäischen Sozialfonds (ESF).

[7] Finanziert aus Mitteln des Bundesministeriums für Bildung und Forschung sowie des ESF.

- Ein erster Schritt besteht darin, einen besseren Informationstransfer für Geflüchtete über das deutsche Ausbildungssystem und seine Vorteile zu etablieren.
- Zweitens bedarf es Anreize für mehr Ausbildungsplätze. Nötig sind spezifische Unterstützungsmaßnahmen für Unternehmen, insbesondere beim Übergang in Ausbildung sowie bei der fortlaufenden Sprachförderung und Begleitung während der Orientierungsphase, Ausbildungsvorbereitung und Ausbildung (vgl. SVR 2017, S. 136; BIBB 2017, S. 451–456; Ebbinghaus/Gei 2017, S. 12–24).
- Drittens ist eine verankerte Verknüpfung von Berufsorientierungs- und Ausbildungsvorbereitungsphase mit regemäßigen Praxisphasen (Praktika) anzustreben. Erwartungen Geflüchteter und der jeweiligen Betriebe können bereits vor Ausbildungsbeginn verhandelt und Zugänge durch direkten Kontakt geschaffen werden.
- Viertens wären flexiblere Gestaltungsformen der Berufsausbildungen wie z. B. Teilzeitformen oder Ausbildungsmodule wünschenswert, um spezifischen Lebenslagen Geflüchteter zu entsprechen.
- Fünftens sollten mit öffentlichen Mitteln neue Formen außer- und überbetrieblicher Ausbildung geschaffen werden, um überhaupt der hohen Nachfrage an zusätzlichen Ausbildungsplätzen gerecht werden zu können (vgl. Autorengruppe Bildungsberichterstattung 2016, S. 202; SVR 2017, S. 137; Ebbinghaus/Gei 2017, S. 12–24).
- Zuletzt gilt es, rechtliche Barrieren für den Zugang zu Ausbildung abzubauen. Dies betrifft insbesondere Zugangsbarrieren aufgrund „schlechter oder mittlerer Bleibeperspektive" und Altersbarrieren. So wäre die Einführung eines bundesweiten Berufsschulzugangs bis zum 25. Lebensjahr wünschenswert (vgl. SVR 2017, S. 135 f.).

Bei einer möglichen Umsetzung der genannten Ansätze ist zu beachten, dass regionale Faktoren stets eine Rolle spielen. So schwankt der Bedarf an Auszubildenden stark nach Bundesländern und Regionen. In den Ländern Bremen, Berlin, Nordrhein-Westfalen, Hessen und Hamburg übersteigt die Zahl der unversorgten Bewerberinnen und Bewerber die Zahl der verfügbaren Ausbildungsplätze, während insbesondere in Thüringen, Bayern, Saarland und Mecklenburg-Vorpommern größere Schwierigkeiten bestehen, Plätze zu besetzen (vgl. Statistik der Bundesagentur für Arbeit 2017a). Auch gibt es Unterschiede in den rechtlichen Regelungen. So ist es beispielsweise in Bayern, Nordrhein-Westfalen und Sachsen in Ausnahmefällen möglich, auch im Alter bis 25 bzw. 27 Jahre noch eine Ausbildungsvorbereitung zu beginnen (vgl. SVR 2017, S. 132 f.).

In allen Phasen des beruflichen Bildungsweges können also – nach dem aktuellen Wissensstand – Bedarfe identifiziert und Ansätze benannt werden, die eine Erhöhung der Ausbildungsbeteiligung von Geflüchteten bewirken.

Literatur

Autorengruppe Bildungsberichterstattung:
Bildung in Deutschland 2016. Ein indikatorengestützter Bericht mit einer Analyse zu Bildung und Migration. Bielefeld 2016 – URL: http://www.bildungsbericht.de/de/bildungsberichte-seit-2006/bildungsbericht-2016/pdf-bildungsbericht-2016/h_ web2016.pdf (Stand: 14.07.2017)

Baethge, M./Seeber, S.:
Herausforderungen der Flüchtlingsmigration für die Strukturen beruflicher Bildung in Deutschland. Expertise im Auftrag des Sachverständigenrats deutscher Stiftungen für Integration und Migration für das Jahresgutachten. Göttingen, Berlin 2016 – URL: http://www.sofi.uni-goettingen.de/fileadmin/ Publikationen/Expertise_Baethge_Seeber_Berufliche-Bildung_ fuer-SVR-JG-2017.pdf (Stand: 14.07.2017)

Bertelsmann Stiftung (Hg):
Berufsausbildung in einer Einwanderungsgesellschaft – Praxis gestalten. Umsetzungsstrategien für die Berufsausbildung in einer Einwanderungsgesellschaft. Bielefeld 2017

Braun, F./Lex, T.:
Berufliche Qualifizierung von jungen Flüchtlingen. Eine Expertise. Deutsches Jugendinstitut. München 2016

Brücker, H./Rother, N./Schupp, J. (Hg.):
IAB-BAMF-SOEP-Befragung von Geflüchteten. Überblick und
erste Ergebnisse. Forschungsbericht 29. Nürnberg 2016

Bundesamt für Migration und Flüchtlinge (BAMF):
Aktuelle Zahlen zu Asyl. Dezember 2015. Nürnberg 2016

Bundesamt für Migration und Flüchtlinge (BAMF):
Aktuelle Zahlen zu Asyl. Dezember 2016. Nürnberg 2017a

Bundesamt für Migration und Flüchtlinge (BAMF):
Aktuelle Zahlen zu Asyl. Mai 2017. Nürnberg 2017b

Bundesamt für Migration und Flüchtlinge (BAMF):
Bericht zur Integrationskursgeschäftsstatistik für das Jahr 2016.
Nürnberg 2017c (Stand: 03.04.2017)

Bundesinstitut für Berufsbildung (BIBB) (Hg.):
Datenreport zum Berufsbildungsbericht 2017. Informationen
und Analysen zur Entwicklung der beruflichen Bildung. Bonn
2017

Bundesministerium für Bildung und Forschung (BMBF):
Berufsbildungsbericht. Bonn 2017 – URL: https://www.
bmbf.de/pub/Berufsbildungsbericht_2017.pdf (Stand:
19.07.2017)

Deutscher Bundestag:
Beschlussempfehlung und Bericht des Ausschusses für Arbeit
und Soziales (11. Ausschuss). Drucksache 18/9090. Berlin 2016
– URL: http://dip21.bundestag.de/dip21/btd/18/090/
1809090.pdf (Stand: 19.07.2017)

Deutscher Industrie- und Handelskammertag e.V. (DIHK) (Hg.):
Integration von Flüchtlingen in Ausbildung und Beschäftigung.
Leitfaden für Unternehmen. Berlin 2017

Ebbinghaus, M./Gei, J.:
Duale Berufsausbildung junger Geflüchteter. Ergebnisse aus
dem BIBB-Expertenmonitor Berufliche Bildung. In: BIBB (Hg.).
Bonn 2017 – URL: https://www.bibb.de/veroeffentlichungen/
de/publication/download/8368 (Stand: 19.07.2017)

Gag, M./Voges, F. (Hg.):
Inklusion auf Raten. Zur Teilhabe von Flüchtlingen an Ausbildung und Arbeit. Münster 2015

Hess, S./Binder, J./Moser, J. (Hg.):
No integration!? Kulturwissenschaftliche Beiträge zur Integrationsdebatte in Europa. In: Kultur und soziale Praxis. Bielefeld 2009

IQ Fachstelle Einwanderung (Hg.):
Zugang zu Arbeits- und Ausbildungsförderung für Geflüchtete. Kompakt 12/17 - URL: https://www.netzwerk-iq.de/fileadmin/Redaktion/Downloads/Fachstelle_Einwanderung/Publikationen_2017/FE_Tabelle_Ausbildungsf%C3%B6rderung_Gefl%C3%BCchtete_Stand_Dezember_2017.pdf (Stand: 12.12.2017)

Meyer, F.:
Das ist für uns schon ein Experiment. Erfahrungen mit Ausbilderinnen und Ausbildern mit jungen Flüchtlingen in der dualen Ausbildung. Hamburg 2014

Pfeffer-Hoffmann, C.:
Arbeitsmarktzugang von Geflüchteten. In: Goth, G./Severing, E. (Hg.): Asylsuchende und Flüchtlinge in Deutschland: Erfassung und Entwicklung von Qualifikationen für die Arbeitsmarktintegration. Buchreihe: Wirtschaft und Bildung, Band 73, S. 39–59. Bielefeld 2016

Sachverständigenrat deutscher Stiftungen für Integration und Migration (SVR):
Chancen der Krise: Zur Zukunft der Flüchtlingspolitik in Deutschland und Europa. Jahresgutachten 2017. Berlin 2017

Scheiermann, G./Walter, M.:
Flüchtlingsintegration durch berufliche Bildung – neue Herausforderungen und improvisierte Lösungen in einem alten Handlungsfeld. In: bwp@ Berufs- und Wirtschaftspädagogik – online, Ausgabe 30/2016, S. 1–21

Schubert, J./Räder, E.:
  Flüchtlinge in Arbeit und Ausbildung. Rechtliche Ansprüche
  und betriebliche Regelungen. Recht Aktuell. Frankfurt a. M.
  2017

Statistik der Bundesagentur für Arbeit:
  Bewerber und Berufsausbildungsstellen: Analysedaten
  (Monatszahlen). Deutschland, West/Ost, Länder, Kreise,
  Regionaldirektionen und Kreise. Nürnberg 2017a – URL:
  https://statistik.arbeitsagentur.de/Statistikdaten/Detail/
  201706/iiia5/analyse/analyse-d-0-201706-xlsx.xlsx (Stand:
  12.07.2017)

Statistik der Bundesagentur für Arbeit:
  Migrations-Monitor: Personen im Kontext von Fluchtmigration
  (Monatszahlen). Deutschland, Länder, Kreise, Agenturen für
  Arbeit und Jobcenter. Nürnberg 2017b – URL: https://
  statistik.arbeitsagentur.de/Statistikdaten/Detail/201706/
  fluchtmigration/fluchtkontext/fluchtkontext-dlkaajc-0-
  201706-xlsm.xlsm (Stand: 12.07.2017)

I/4 Wie sind Betriebe auf eine inklusive Berufsausbildung vorbereitet?

Moritz Lohe

Deutschland hat als einer der ersten Staaten die UN-Behinderten-rechtskonvention unterzeichnet und ratifiziert. Ihr Leitbild ist die Inklusion, die gleichwertige gesellschaftliche Teilhabe von Menschen mit Behinderung. Das gilt für alle Gesellschaftsbereiche und somit auch für die berufliche Bildung. Konkret bedeutet Inklusion für die Berufsausbildung, dass mehr junge Menschen mit Behinderung zusammen mit jungen Menschen ohne Behinderung eine reguläre betriebliche Ausbildung in einem Unternehmen anstelle einer über-betrieblichen Ausbildung absolvieren sollen. Die Verwirklichung die-ses Zieles bedarf der Unterstützung aller wesentlichen gesellschaft-lichen und politischen Akteure. Für die Arbeitgeber ist ein aktives Mit-wirken bei der Umsetzung des Leitbilds einer inklusiven Gesellschaft selbstverständlich. Denn eine derartige Entwicklung ist sowohl gesell-schaftspolitisch wünschenswert als auch in Anbetracht des demogra-fischen Wandels und des zunehmenden Fachkräftemangels betriebs-wirtschaftlich sinnvoll sowie volkswirtschaftlich notwendig.

Was ist unter dem Begriff „Behinderung" gemeint?

Wer die Diskussion um die Verwirklichung einer inklusiven Gesell-schaft verfolgt, dem wird aufgefallen sein, dass dieser oftmals kein gemeinsam geteiltes Verständnis von Behinderung zugrunde liegt. Dahingegen ist der Begriff „Behinderung" arbeitsrechtlich klar defi-niert. Laut § 2 Abs. 1 SGB IX sind „Menschen (…) behindert, wenn ihre körperliche Funktion, geistige Fähigkeit oder seelische Gesundheit mit hoher Wahrscheinlichkeit länger als sechs Monate von dem für das Lebensalter typischen Zustand abweichen und daher ihre Teilhabe am Leben in der Gesellschaft beeinträchtigt ist" (BMJV 2017). Nach dieser Definition leben insgesamt 12,7 Mio. Menschen mit Behinderung in

Deutschland (Bezugsjahr 2013). Das entspricht einem Anteil von 15,8 Prozent an der Gesamtbevölkerung (vgl. BMAS 2016, S. 41).

Wie viele Menschen im ausbildungsfähigen Alter haben eine Behinderung?

Beim überwiegenden Teil der Menschen mit Behinderung ist diese jedoch nicht angeboren, sondern wurde im Laufe des Lebens durch eine Erkrankung ausgelöst. Dies trifft auf 85 Prozent aller Menschen mit Behinderung zu. Dahingegen ist die Behinderung lediglich bei 4 Prozent von ihnen angeboren (vgl. BMAS 2016, S. 47). Daraus folgt, dass nur eine Minderheit der Menschen mit Behinderung der Altersgruppe zugehörig ist, für die eine berufliche Erstausbildung normalerweise relevant ist. Konkret kann davon ausgegangen werden, dass ca. 160.000 Personen mit Behinderung im Alter zwischen 15 und 25 Jahren sind (vgl. Destatis 2017, S. 8).

Warum junge Menschen mit Behinderung ausbilden?

Auch wenn die Anzahl der jungen Menschen mit Behinderung verhältnismäßig gering ist, gibt es doch gute Gründe dafür, möglichst viele von ihnen durch eine berufliche Ausbildung in einem Unternehmen in den regulären Arbeitsmarkt zu integrieren. Angesichts des demografischen Wandels und des zunehmenden Fachkräftemangels ist es wie bereits erwähnt sowohl aus gesamtwirtschaftlicher als auch unternehmerischer Sicht dringend erforderlich, alle verfügbaren Potenziale für den Arbeitsmarkt zu erschließen (vgl. Bußmann 2015, S. 47). Dies gilt selbstverständlich auch für die Potenziale von Menschen mit Behinderung. Ungeachtet des Fachkräftebedarfs gibt es gute Gründe für Unternehmen, junge Menschen mit Behinderung auszubilden. Studien belegen, dass die Unterschiedlichkeit der Beschäftigten für Unternehmen einen großen Gewinn darstellen kann, da unterschiedlich zusammengesetzte Teams innovativer arbeiten. Zudem verfügen Menschen mit Behinderung oft über eine besonders hohe Arbeitsmotivation. Entsprechend stellt dies für gut 80 Prozent der Unternehmen, die in der Ausbildung von Menschen mit Behinderung aktiv sind, ein wesentliches Motiv für ihr Ausbildungsengagement dar (vgl. Metzler u.a. 2016, S. 17 f.). Neben betriebswirtschaftlichen Abwägungen spielen bei der Bereitschaft der Unternehmen, Menschen mit Behinderung auszubilden, auch soziale Aspekte eine wichtige Rolle. Laut Metzler u.a. sind Aspekte wie soziales Engagement oder Chancengerechtigkeit für über 90 Prozent aller in der Ausbildung von Menschen mit Behinderung aktiven Arbeitgeber ein wichtiger Grund für ihr Ausbildungsengagement (ebenda). Auch Enggruber und Rützel (2014, S. 36, 44–47) kommen zu dem Schluss, dass soziale Aspekte wichtig für die Ausbildungsbereitschaft von Unternehmen sind.

Engagement der Wirtschaft – Status quo

Bereits heute engagiert sich die Wirtschaft umfangreich in der Ausbildung von Jugendlichen mit Behinderung. Wenn man einen Zeitraum von fünf Jahren betrachtet, dann bildet fast ein Viertel aller ausbildungsaktiven Unternehmen junge Menschen mit Behinderung aus (vgl. Enggruber/Rützel 2014, S. 28; Metzler u.a. 2016, S. 13). Dabei zeigen statistische Erhebungen, dass größere Unternehmen eher in der Ausbildung von Menschen mit Behinderung aktiv sind. Demnach haben über 50 Prozent der ausbildungsaktiven Großunternehmen (mindestens 250 Beschäftigte) in den letzten fünf Jahren junge Menschen mit Behinderung ausgebildet. Die Beteiligungsquote bei kleinen und mittleren Unternehmen (KMU) ist dagegen geringer: 33,5 Prozent bei mittleren Unternehmen (50 bis 249 Beschäftigte) und 22,4 Prozent bei kleinen Unternehmen (1 bis 49 Beschäftigte) (vgl. Metzler u.a. 2016, S. 13). Trotzdem spielen KMU für die Verwirklichung einer inklusiven Berufsbildung eine zentrale Rolle. Denn insgesamt werden 70 Prozent aller Auszubildenden in KMU qualifiziert (vgl. Dummert/Frei/Leber 2014, S. 3). Mit Blick auf die Aktivitäten der Wirtschaft ist es wichtig anzumerken, dass die wenigsten Unternehmen, die in der Ausbildung von Menschen mit Behinderung aktiv sind, auf Fachpraktiker- bzw. Werkerausbildungen nach § 66 BBiG bzw. § 42 HwO zurückgreifen. Laut Metzler u.a. (2016, S. 14 f.) bilden knapp 90 Prozent aller Unternehmen, die Menschen mit Behinderung qualifizieren, diese in drei- oder dreieinhalbjährigen Ausbildungsberufen aus. Im Gegensatz dazu bilden nur knapp 9 Prozent der Unternehmen in Fachpraktiker- bzw. Werkerausbildungen und 20 Prozent in zweijährigen Ausbildungsberufen aus.

Inklusive Berufsausbildung – Welche Herausforderungen müssen überwunden werden?

Bei der inklusiven Berufsausbildung ist es wichtig, die unterschiedlichen Formen von Behinderung differenziert zu betrachten. Im Wesentlichen kann zwischen folgenden Behinderungsarten unterschieden werden: geistige Behinderung, Lernbehinderung, Körperbehinderung, Hörbehinderung, Gehörlosigkeit, Sehbehinderung, Blindheit, psychische Erkrankungen, Epilepsie, Innere Erkrankungen und Suchterkrankungen (vgl. REHADAT 2017). Die meisten Unternehmen bilden junge Menschen mit einer Lernbehinderung aus; insgesamt sind das knapp 16 Prozent aller ausbildungsaktiven Unternehmen. Nur etwa halb so viele bilden Jugendliche mit einer körperlichen Behinderung ohne Sinnesbeeinträchtigung aus. Immerhin noch knapp 7 Prozent aller ausbildungsaktiven Unternehmen bieten jungen Menschen mit einer psychischen Behinderung eine Ausbildung an. Dahingegen werden in nur 3,5 Prozent aller ausbildungsaktiven Unternehmen Menschen mit einer Sinnesbehinderung ausgebildet. Hier ist auffällig, dass dieser Anteil bei ausbildungsaktiven Großunternehmen deutlich höher ausfällt – nämlich 22,7 Prozent. Die größten Herausforderungen scheinen Unternehmen bei der Ausbildung von Menschen mit geistiger Behinderung zu haben. Nur 1,3 Prozent aller ausbildungsaktiven Unternehmen und ebenfalls lediglich 5 Prozent der Großunternehmen sind hier aktiv (vgl. Metzler u. a. 2016, S. 14).

Inwieweit eine Behinderung zu einer eingeschränkten Arbeitsproduktivität führt, ist nicht nur von der Art und dem Grad der Behinderung, sondern auch vom Arbeitsbereich abhängig. Dies kann anhand des konkreten Beispiels von Frau Demir verdeutlicht werden. Aufgrund einer Erkrankung ist Frau Demir erblindet. Ihren ursprünglich gelernten Beruf als Buchhalterin konnte sie daher nicht mehr ohne Weiteres ausführen. Bei einer Frauenarztpraxis hat sie eine neue Anstellung als medizinische Tastuntersucherin gefunden. Medizinische Tastuntersucher sind ausschließlich Personen, die entweder blind oder stark sehbehindert sind. Sie unterstützen Frauenärzte bei der Diagnose von Brustkrebs. Aufgrund des überlegenen Tastsinns finden sie statistisch belegt in 50 Prozent der Fälle mehr und in 28 Prozent der Fälle kleinere Gewebeveränderungen als Gynäkologen unter den

Bedingungen einer Routineuntersuchung (vgl. Aktion Mensch 2017). Zugegebenermaßen ist der Beruf der medizinischen Tastuntersucherin ein „kleiner" Beruf, der nur begrenzt Beschäftigungsmöglichkeiten bietet. Das Beispiel von Frau Demir verdeutlicht jedoch, dass eine Behinderung nicht grundsätzlich gleichbedeutend mit einer geringeren Arbeitsproduktivität ist. Im Gegenteil: Menschen mit Behinderung können aufgrund ihrer Behinderung zum Teil eine erhöhte Arbeitsproduktivität aufweisen, wenn sie die entsprechende berufliche Tätigkeit ausüben. Mit Blick auf die Frage, wie Jugendliche mit Behinderung besser in den ersten Arbeitsmarkt integriert werden können, ist es daher entscheidend, sie bei ihrer Berufswahl qualifiziert zu unterstützen. Eine auf die Bedürfnisse dieser Jugendlichen ausgerichtete Berufsorientierung ist ein wichtiger Aspekt, um die Inklusion in der beruflichen Bildung zu stärken. Hierbei ist es nicht nur wichtig, die jungen Menschen individuell, entsprechend ihren Kompetenzen und Potenzialen zu beraten, sondern sie auch zu ermutigen, sich bei Unternehmen auf reguläre Ausbildungsplätze zu bewerben. Denn leider bewerben sich Jugendliche mit Behinderungen noch viel zu selten auf reguläre Ausbildungsplätze. Entsprechend haben bei einer repräsentativen Umfrage 80 Prozent der in der Ausbildung von Menschen mit Behinderung aktiven Unternehmen angegeben, dass fehlende Bewerbungen ein wesentliches Hemmnis bei der Einstellung von Auszubildenden mit Behinderungen sind (vgl. Enggruber/Rützel 2014, S. 21; Metzler u.a. 2016, S. 20 f.).

Eine bessere und aktivierende Berufsorientierung ist die eine Seite. Auf der anderen Seite müssen aber auch in den Betrieben zum Teil Desinformationen über Menschen mit Behinderung weiter abgebaut werden. Wissenschaftliche Studien haben aufgezeigt, dass die Bereitschaft von Unternehmen, Menschen mit Behinderung auszubilden, deutlich steigt, wenn das Unternehmen unmittelbar oder mittelbar über die Angestellten bereits Kontakt zu Menschen mit Behinderung hat. Dies gilt insbesondere für KMU (vgl. Enggruber/Rützel 2014, S. 45; Metzler u.a. 2016, S. 17, 23). Entsprechend ist die Annahme naheliegend, dass dies auf die gemachten (positiven) Erfahrungen mit Menschen mit Behinderung und dementsprechend auf den Abbau von Fehleinschätzungen ihnen gegenüber zurückzuführen ist. Vor dem Hintergrund des gesellschaftspolitischen Ziels, mehr Menschen mit

Behinderung in reguläre Beschäftigung zu bringen, muss daher auch darüber diskutiert werden, wie bestehende Vorurteile gegenüber behinderten Menschen weiter abgebaut werden können.

Ein wichtiger Aspekt, warum viele Unternehmen – insbesondere KMU – noch nicht in der Ausbildung von Menschen mit Behinderung aktiv sind, ist auch die Fülle an bestehenden arbeitsrechtlichen Vorschriften. Beim Thema Inklusion in der Berufsausbildung gibt es für Unternehmen vieles zu beachten. Es scheint daher nicht verwunderlich, dass sich die meisten Unternehmen eine Art One-Stop-Shop wünschen, also eine Informationsstelle, die bei allen organisatorischen und institutionellen Fragen ansprechbar ist (vgl. Metzler u. a. 2016, S. 26 f.). Zwar existieren bereits viele kompetente Ansprechpartner zum Thema inklusive Berufsausbildung, bspw. die Inklusionslotsen des Programms Wirtschaft Inklusiv, Ansprechpartner bei den Arbeitsagenturen (z. B. Reha-Team oder Arbeitgeberservice), den Rententrägern, den Integrationsämtern und den Integrationsfachdiensten oder die Inklusionsberater / innen der Kammern etc. Aber der große Wunsch der Unternehmen nach einer einheitlichen Informationsstelle verdeutlicht, dass diese vor Ort oftmals nicht sichtbar genug sind. Zudem macht es volkswirtschaftlich keinen Sinn, in den Regionen teilweise Parallelstrukturen zu fördern. Zu überlegen wäre, inwieweit die einzelnen Informationsstellen zumindest auf Länderebene gebündelt organisiert und „vermarktet" werden können. Wie der Austausch mit Betroffenen aus den Unternehmern immer wieder zeigt, wäre dies eine gewinnbringende Maßnahme, um mehr Unternehmen für eine inklusive Berufsausbildung zu gewinnen.

Die Schaffung von One-Stop-Shops könnte auch dazu beitragen, die Unternehmen besser über die vielfältigen und hilfreichen Unterstützungsmaßnahmen der beruflichen Rehabilitation zu informieren und damit deren Bereitschaft, junge Menschen mit Behinderung auszubilden, zu steigern. Denn wie Metzler u. a. (2016, S. 20 f.) aufzeigen, geben knapp 45 Prozent der Unternehmen an, dass fehlende Unterstützungsmaßnahmen einen wesentlichen Hinderungsgrund gegen eine mögliche Ausweitung der Ausbildung von Jugendlichen mit Behinderung darstellen. Dabei existiert bereits eine Vielzahl an Unterstützungsmaßnahmen, aber diese werden nicht im ausreichenden Umfang von den Unternehmen abgerufen. Demnach machen selbst Unternehmen, die Erfahrung in der Ausbildung von Menschen mit Behinderung haben, auffällig selten Gebrauch von den vielfältigen Unterstützungsmaßnahmen der beruflichen Rehabilitation, obwohl sie diese als hilfreich wahrnehmen (ebenda, S. 24–26). Die Gründe hierfür können vielschichtig sein. Es ist aber anzunehmen, dass die Diskrepanz zwischen Einschätzung und Nutzung auch auf einen zu hohen bürokratischen Aufwand sowie die Unkenntnis über zuständige Ansprechpartner oder ein fehlendes Angebot vor Ort zurückzuführen ist. Ein kompetenter Ansprechpartner im Sinne eines One-Stop-Shops könnte hier ein Stück weit Abhilfe leisten.

Abschließend sei darauf hingewiesen, dass auch ein gewisser Zielkonflikt zwischen Verwirklichung einer inklusiven Berufsbildung bzw. eines inklusiven Arbeitsmarktes und der Ausweitung von Sonderrechten für Menschen mit Behinderung existiert. Menschen mit Behinderung verfügen in Deutschland über diverse Sonderrechte, bspw. das Recht auf zusätzliche Urlaubstage oder einen besonderen Kündigungsschutz. Wissenschaftliche Studien haben jedoch gezeigt, dass Sonderrechte für Menschen mit Behinderung von Unternehmen als ein wesentliches Ausbildungshindernis betrachtet werden (ebenda, S. 21–23). Ohne in Abrede stellen zu wollen, dass diese Sonderrechte durchaus sinnvoll sind, muss gerade mit Blick auf künftige gesetzgeberische Regulierungen deutlich gemacht werden, dass Sonderrechte meist in einem Zielkonflikt zur Inklusion stehen.

Literatur

Aktion Mensch:
> Ich suche, was ich nicht finden will. Bonn 2017 – URL: https://
> www.aktion-mensch.de/magazin/leute/tastuntersucherin.
> html (Stand: 17.08.2017)

Bundesministerium für Arbeit und Soziales (BMAS):
> Zweiter Teilhabebericht der Bundesregierung über die Lebenslagen von Menschen mit Beeinträchtigungen. Berlin 2016

Bundesministerium für Justiz und Verbraucherschutz (BMJV):
> Rehabilitation und Teilhabe behinderter Menschen. Sozial-

gesetzbuch. Neuntes Buch. Berlin 2017 – URL: https://www.gesetze-im-internet.de/sgb9ua_ndg/SGB9ua%C3%84ndG.pdf (Stand: 17.08.2017)

Bußmann, S.:
Fachkräfteengpässe in Unternehmen. Geschlechterunterschiede in Engpassberufen. Köln 2015

Destatis:
Statistik der schwerbehinderten Menschen. Statistisches Bundesamt. Wiesbaden 2017

Dummert, S./Frei, M./Leber, U.:
Betriebe und Bewerber finden schwerer zusammen. Dafür sind Übernahmen häufiger denn je. IAB-Kurzbericht, 20/2014. Nürnberg

Enggruber, R./Rützel, J.:
Berufsausbildung junger Menschen mit Behinderungen. Eine repräsentative Befragung von Betrieben. Gütersloh 2014

Metzler, C. u. a.:
Menschen mit Behinderung in der dualen Berufsausbildung. Potenziale zur Stärkung der Inklusion. Köln 2016

REHADAT:
Behinderungsarten. 2017 – URL: https://www.talentplus.de/lexikon/Lex-Behinderungsarten/ (Stand: 02.03.2018)

II

Handlungsansätze und Fallbeispiele

II/1 Steuerung von Veränderungsprozessen

Peggy Lorenz

Die im ersten Teil dieser Publikation beschriebenen politischen, gesellschaftlichen und wirtschaftlichen Entwicklungen beinhalten für Berufsbildungswerke (BBW) als Sozialunternehmen sowohl in organisationaler als auch in kultureller Hinsicht erhebliche Veränderungsnotwendigkeiten: Verstärkt rücken Markt- und Wettbewerbsorientierung, Entwicklung und gezielte Vermarktung von Dienstleistungen und Produkten, Kunden- und Vertriebsorientierung der Mitarbeitenden sowie Optimierung und Neugestaltung von Prozessabläufen in den Fokus der Unternehmensstrategie.

Derartig weitreichende Veränderungen betreffen „sowohl die strategische Ausrichtung des Unternehmens als auch seine Organisation, seine gelebte Kultur und die eingesetzten Systeme und Technologien gleichermaßen" (Vahs 2015, S. 261). Dies impliziert eine Vielzahl möglicher Ansatzpunkte und Vorgehensweisen in unterschiedlichen Interventionsfeldern und auf verschiedenen Handlungsebenen, deren sachliches und zeitliches Ineinandergreifen zwar einerseits Synergiepotenziale birgt, andererseits aber auch Unruhe in etablierte Strukturen und Abläufe bringt und zu nicht unerheblichen Reibungsverlusten führen kann.

Zentraler Erfolgsfaktor für die effektive und effiziente Realisierung solcher umfassender Organisationsentwicklungsvorhaben ist ein konzeptionell gestütztes, strukturiertes Vorgehen, das eine systematische Steuerung sowohl des gesamten Prozesses als auch der Teilprozesse sowie deren synergetische Verzahnung sichert. Ein Steuerungsmodell hilft Unternehmen dabei, diese Prozesse sinnvoll zu strukturieren und ergebnisorientiert zu gestalten.

Der Zielentwicklungsprozess als Steuerungsinstrument

Den Ausgangspunkt jedes Entwicklungsvorhabens bildet notwendigerweise die sorgfältige Bestimmung der Ausgangssituation sowie einer grundsätzlichen Zielstellung (z. B. angelehnt an das Unternehmensleitbild).

Auf deren Grundlage erfolgen die Festlegung der Entwicklungsziele, die Feststellung des Veränderungsbedarfs, die Entwicklung des Vorgehenskonzeptes, die Gesamt- und Detailplanung der Umsetzungsschritte sowie deren Koordination und Steuerung.

Um die Veränderungsprozesse in den BBW systematisch ins Werk zu setzen, wurde im Projekt PAUA als zentrales Steuerungsinstrument das Modell des Zielentwicklungsprozesses (ZE³P) entwickelt und eingesetzt.

Als Zielentwicklungsprozess verstanden, werden organisationale Veränderungen konsequent aus der Perspektive der betrieblichen Ziele geplant, gestaltet und bewertet:

- Mit Zielsetzungen wird vorgegeben, wohin der Weg des Unternehmens führen soll.
- Ziele bilden die Orientierungsgrößen bei der Planung und Umsetzung konkreter Maßnahmen und Aktivitäten.
- Eine zielorientierte formative Evaluation zeigt prozessbegleitend einen erforderlichen Verbesserungsbedarf auf und ermöglicht rechtzeitige Korrekturen. Die summative Gesamtauswertung macht die Ergebnisse und Erkenntnisse transparent.

Der gesamte Zielentwicklungsprozess (ZE³P) umfasst somit drei zentrale Phasen, die logisch aufeinander aufbauen, chronologisch jedoch ineinandergreifen können: die Zielentwicklung, die Wege der Realisierung dieser Ziele sowie die Bewertung der Zielerreichung. Wie Abbildung 1 veranschaulicht, ist der Zielentwicklungsprozess iterativ zyklisch angelegt, also als sich wiederholender Kreislauf. Somit ist der ZE³P-Zyklus als Modell für einen in der Unternehmensstrategie zu verankernden, kontinuierlichen Weiterentwicklungsprozess zu verstehen.

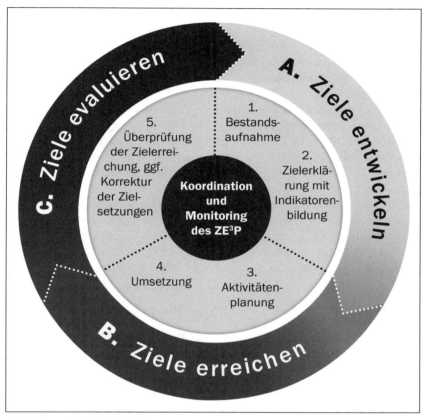

Abbildung 1: Der ZE³P-Prozess

(Quelle: Eigene Darstellung)

Um den Zielentwicklungsprozess in PAUA einrichtungsübergrei-
fend zu vereinheitlichen, orientierten sich alle Beteiligten an der folgenden Zielsystematik (siehe auch Abbildung 2):

- **Leitziele** bilden die normative Ausrichtung des Gesamtprojekts ab,
  Gesamtziele die der einzelnen BBW.
- **Strategische Ziele** beziehen sich auf die Entwicklung und Verfolgung geeigneter Strategien. Für die Entwicklung strategischer Ziele
  können die in der Organisation vorhandenen Managementinstru-

77

mente wie Visionen, Leitbilder, Leitlinien oder Balanced Scorecard genutzt werden.
- *Operative Ziele* definieren die Ergebnisse des konkreten Umsetzungshandelns. Sie bilden den Orientierungsrahmen für die Erstellung von Arbeitsplänen.

Leitziel des Projekts PAUA war es, die Kompetenzen der BBW als besondere Einrichtungen gemäß § 35 SGB IX (neu: § 51 SGB IX) zu erhalten und für neue Zielgruppen nutzbar zu machen. Basierend auf den Rahmenbedingungen vor Ort wurden Modelle entwickelt, erprobt und good-practice Beispiele für einen Transfer in weitere Einrichtungen identifiziert.

Die dafür notwendigen Personal- und Organisationsentwicklungsmaßnahmen nahmen stets Bezug auf einrichtungsspezifische Entwicklungsstände und die vereinbarten strategischen Ziele der BBW.

Auf Organisationsebene wurden diese Projektziele in **BBW-spezifische Ziele** übersetzt und einrichtungsbezogen konkretisiert.

Abbildung 2: Die Zielsystematik in PAUA
(Quelle: Eigene Darstellung)

Regelmäßige ZE³P-Workshops boten den BBW die Möglichkeit, ihre Zielsetzungen sowie den jeweiligen Verlauf und Entwicklungsstand gemeinsam mit internen und externen Experten zu reflektieren und zu diskutieren, um so größtmögliche Handlungssicherheit bei der Projektgestaltung und -evaluation zu erzielen. Weitere Instrumente des Monitorings wie Statusgespräche, Fragebögen und Interviews durch die Mitarbeiter/innen des f-bb unterstützten die Steuerung und die kontinuierliche Evaluation der Prozesse (vgl. Abbildung 3).

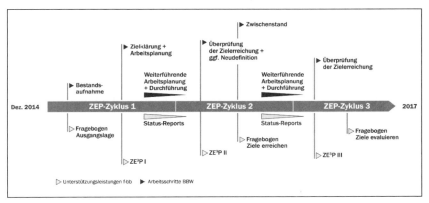

Abbildung 3: Chronologie des Zielentwicklungsprozesses PAUA

(Quelle: Eigene Darstellung)

Partizipation und Kooperation

Beschäftigte in Einrichtungen beruflicher Rehabilitation üben qualitativ hochwertige Tätigkeiten aus, die ein sehr großes Maß an Eigenverantwortlichkeit, Handlungs- und Entscheidungskompetenz sowie persönlichem Engagement erfordern. Ihre Sachkenntnis und Erfahrungen, ihre Kompetenzen und ihre Kreativität sind ein wertvolles Potenzial für die effektive Planung und Ausgestaltung organisationaler Veränderungsvorhaben.

Im Projekt PAUA wurde durch die Implementierung des ZE³P-Konzeptes sichergestellt, dass die organisationalen Veränderungsprozesse in den BBW nicht top-down „verordnet" wurden. Vielmehr wurden alle betroffenen Beschäftigtengruppen sowohl in die Entwicklung der Zielsetzungen als auch in die regelmäßige Überprüfung des Zielerreichungsgrades eingebunden.

Ein solches gemeinsames Vorgehen sichert die Relevanz und Realisierbarkeit der gesetzten Ziele, fördert die Akzeptanz und das Commitment aller Beteiligten und macht ihnen deutlich, wofür das Projekt steht, wie sich die einzelnen Maßnahmen und Aktivitäten darin verorten und wie die verschiedenen Handlungsbereiche zusammenwirken. Darüber hinaus ist es sinnvoll, auch externe projektrelevante Akteure mit einzubeziehen. Auf diese Weise können die Perspektiven sowohl verschiedener interner Funktionsinhaber (Management, Fachdienste, Sozialpädagogen/innen etc.) als auch externer Geschäfts- und Kooperationspartner (wie Jobcenter, Jugendhilfe etc.) in die Ausgestaltung des Entwicklungsprozesses einfließen (vgl. BMFSFJ 1996, S. 14).

Dieser kooperative Ansatz spiegelte sich auch in dem Verhältnis von wissenschaftlicher Begleitforschung und beforschten Organisationen wider: Durch die eigenständige Setzung und Überprüfung der Zielkriterien wurden die BBW selbst zu Akteuren der Evaluation. Die begleitenden Forscher wiederum wurden zu Mitgestaltern der Entwicklungsprozesse, indem sie auf Basis regelmäßiger gemeinsamer Reflexionen bedarfsnahe Unterstützungsleistungen entwickeln und anbieten konnten.

Die im Rahmen der individuellen Zielentwicklungsprozesse in PAUA definierten Zielstellungen und beschrittenen Entwicklungswege zeichnen sich durch eine große Bandbreite von Interventionsebenen und Aktivitäten aus. In dem folgenden Praxisbeitrag werden der gewählte Handlungsansatz und die Vorgehensweisen, die erzielten Resultate und gewonnenen Erkenntnisse vorgestellt.

Literatur

Bundesministerium für Familie, Senioren, Frauen und Jugend:
Evaluation der kulturellen Kinder- und Jugendarbeit. Materialien zur Qualitätssicherung in der Kinder- und Jugendhilfe. Nr. 1, Berlin 1996

Vahs, D.:
Organisation. Ein Lehr- und Managementbuch. 9. Aufl. Schäffer-Poeschel Verlag. Stuttgart 2015

II/2 Der Transformationsprozess in einem Berufsbildungswerk – am Beispiel des Rotkreuz-Instituts Berufsbildungswerk. Allgemeine Anforderungen, Erfahrungen und Perspektiven

Andreas Kather

1 Veränderungen der sozialpolitischen und ökonomischen Rahmenbedingungen

Schulen, Krankenhäuser und soziale Einrichtungen waren über viele Jahrzehnte Institutionen der öffentlichen Versorgung ohne grundlegende Veränderungsanforderungen. Die Berufsbildungswerke waren ein Teil dieses weiter ausdifferenzierten Gesundheits- und Sozialsystems. Alle wesentlichen Funktionen, die für die Aufrechterhaltung der Arbeits- und Funktionsfähigkeit dieser Institutionen erforderlich sind, waren unmittelbar durch ordnungspolitische Rahmenbedingungen weitgehend abgesichert. Dazu zählten die Sicherung einer kostendeckenden Finanzierung nach dem Selbstkostendeckungsprinzip und die Sicherung der Zuweisungen entsprechend den Netzkapazitäten. Seit mehr als 20 Jahren haben wir es mit strukturellen Veränderungen in der Weise zu tun, dass die staatlich regulierenden und absichernden Funktionen stärker zugunsten der Eigenverantwortung der Institutionen zurückgenommen und in Teilen völlig aufgegeben wurden. Die zunehmende Aufnahme von Marktelementen in das Sozialsystem ließ auch die Berufsbildungswerke nicht unberührt.

Berufsbildungswerke wandelten sich zu „hybriden Organisationen", integrierten also „Elemente aus unterschiedlichen Sphären [, die] miteinander kombiniert werden" (Wasel 2017, S. 11 f.). Sie enthalten sowohl Marktelemente als auch Dienstleistungen, die im Auftrag des

Staates erbracht werden, aber auch klassische gemeinwohlorientierte Funktionen, wie sie sich etwa in der Vernetzung und der Mitwirkung in Gremien niederschlagen.

Es sind jedoch im Wesentlichen drei Anforderungen, die in den letzten zehn Jahren den Veränderungsdruck auf die Berufsbildungswerke erhöht haben:

1. Die Veränderung der Nachfragesituation, die einhergeht mit demografischen Faktoren, wie u. a. den Geburtenrückgang und der wachsenden Zahl der Bildungsorganisationen, die Leistungen der beruflichen Rehabilitation anbieten.

2. Die Auseinandersetzung mit der Frage, in welcher Weise sich die Berufsbildungswerke im Sinne des Paradigmas „Inklusion" neu aufstellen können.

3. Die Ausrichtung der Leistungen auf eng definierte Erfolgsindikatoren und Nachweise, womit insgesamt eine stärkere Transparentmachung der Leistungserbringung gegenüber den Kostenträgern einhergeht.

2 Veränderungsprozesse in einem BBW – besondere Anforderungen

Die mangelnde Veränderungsbereitschaft in sozialen Institutionen und Unternehmungen hat viele Gründe. Die einseitige Fokussierung auf die veränderungsresistenten Mitarbeitenden greift jedoch als Personalisierung eines Strukturproblems zu kurz. Es gibt auch Gründe, die in dem Auftrag sozialer Institutionen im Allgemeinen und in der Organisationsstruktur von BBW im Besonderen liegen:

- Soziale Institutionen haben einen sozialpolitischen Auftrag zu realisieren und verstehen sich primär als an dieser Aufgabenstellung orientierte Organisationen. Die Agentur für Arbeit war lange Zeit der relevante und entscheidende Nachfrager. Damit war die Entwicklung eines proaktiven, auf die Zukunft und den Markt ausgerichteten Agierens weder erwünscht noch gefordert, sondern führte eher zu ablehnenden Reaktionen.

- Soziale Institutionen sind, anders als Wirtschaftsunternehmen, aufgrund ihres Auftrags, soziale Dienstleistungen zu erbringen, in besonderer Weise auf Stabilität ausgerichtet, also auf die Vermeidung von Veränderungen und Störungen. Sowohl die Haltung der Mitarbeitenden, die in einem sozialen Beruf tätig sind, als auch die persönlichen Bedürfnisse der Rehabilitanden nach einer längeren psychischen Erkrankung konvergieren darin, dass die Anforderungen einer auf Leistung, Erfolg, Veränderung und Entwicklung ausgerichteten Unternehmung zurückgenommen werden.

- Soziale Organisationen sind oftmals hybride Organisationen (vgl. Wasel 2017, S. 11 f.), was nicht selten dazu führt, dass die Unternehmensleitung sehr stark die marktwirtschaftliche, unternehmerische Ausrichtung betont. Das Handeln auf der operativen Ebene, das sehr stark auf altruistischen und intrinsischen Motivationen basiert, wird dadurch grundlegend erschwert; strategische Neuausrichtungen erzeugen Spannungen.

- Nicht selten entsteht in dieser Konstellation auch eine Familialisierung der betrieblichen Strukturen. Das heißt, die Mitarbeitenden in sozialen Einrichtungen haben verstärkt „die Neigung, Gruppen und Organisationen aus einer Perspektive der Familie wahrzunehmen": Während bei einer Familie die gemeinsame Sorge um das Wohl des anderen im Vordergrund steht und die Ansprüche weitgehend auf der Beziehungsebene verhandelt werden, haben Organisationen Aufträge und Erwartungen von unterschiedlichen Anspruchsgruppen abzuarbeiten, deren Organisationsmitglieder, also Mitarbeitende, einem Leistungsauftrag unterliegen. „Die ausgeprägte Präferenz für das Familienmodell lässt sich darüber hinaus auch als Abwehr des zunehmenden wirtschaftlichen Druckes verstehen, die im BBW wie im gesamten sozialen Bereich spürbar ist" (Taubner 2016, S. 164).

- Die Mitarbeitenden sehen sich vor allem dem konkreten Teilnehmenden verpflichtet. Das Engagement richtet sich prioritär auf die Beziehung, die Betreuung, die Befähigung für bestimmte Tätigkeiten. Diese stark intrinsisch orientierte Arbeitsmotivation findet ihre Erfüllung primär in sich selbst. Das Eingehen auf Erfordernisse einer veränderten Ausrichtung und die Aufnahme veränderter Bedingungen reflektieren und in die eigene Arbeitsweise werden dadurch eher erschwert.

- Ein nicht unerheblicher Teil der Mitarbeitenden in den Berufs- bildungswerken weist eine sehr lange Beschäftigungszeit auf, in der Karrierepfade meist nicht strukturell verankert waren. Bei nicht wenigen von ihnen stellte sich irgendwann eine resignative Arbeitszufriedenheit ein, ohne ausreichende Entwicklungsperspek- tive.

- Die Organisationsstruktur von Berufsbildungswerken weist in ihrem Aufbau eine ausgeprägte Säulenstruktur auf (Ausbildung, Berufsschule, Dienste, Wohnbereich etc.), die eine stärkere Akzen- tuierung der Bereichsinteressen zugunsten der Unternehmensinter- essen ermöglicht und damit Veränderungen auf der Unternehmens- ebene eher erschwert.

- Bemerkenswert ist, dass die Ausrichtung auf den Integrations- erfolg, der Einbau der verzahnten Ausbildung mit Berufsbildungs- werken, der Wegfall der Steuerungsfunktion des Regionalen Ein- kaufszentrums, das Auftreten von vergleichbaren Einrichtungen als neuer Mitbewerber sowie die spürbaren Folgen des demo- grafischen Wandels schon seit Mitte der Nullerjahre veränderte Rahmenbedingungen hervorgebracht haben. Diese leiteten eine Abkehr von der exklusiven Rolle der Institution Berufsbildungs- werk ein. Allerdings konnten daraus jedoch nur teilweise weiter gehende Veränderungserfordernisse im Sinne einer Unterneh- mensentwicklung abgeleitet werden.

Die hier skizzierten Phänomene begünstigen Entwicklungs- hemmnisse, die mit dem sozialwissenschaftlichen Erklärungsansatz der „Pfadabhängigkeit" zutreffend bezeichnet wird. Entsprechend dieses theoretischen Ansatzes suchen Organisationen nicht nach neuen (Aus)richtungen, die sich aus den veränderten Bedingungen ergeben, sondern bleiben trotz Irritationen auf dem einmal eingeschlagenen Pfad. Dazu gehören nach Schreyögg, Sydow und Koch (2003, S. 257 f.) auch bestehende Denkweisen und Routinen, die gegenwärtige Zu- stände festschreiben und damit nicht zu effizienteren Lösungen für neue Rahmenanforderungen und nicht zur Umsetzung von Hand- lungsalternativen führen. In Krisen werden dann selbstverstärkende Tendenzen zu „Mehr vom Gleichen" ausgelöst.

3   Das Veränderungsprojekt im RKI BBW

Ausgangssituation

Das Rotkreuz-Institut Berufsbildungswerk (RKI BBW) wurde 1973 gegründet und hat bis zur Mitte der Nullerjahre jährlich rund dreihundert Rehabilitanden betreut. Die Qualifizierung des Personenkreises der jungen Erwachsenen mit psychischen Beeinträchtigungen zählte lange Jahre als überregionales Alleinstellungsmerkmal der Einrichtung.

Vor dem Hintergrund haben viele Agenturen aus dem Bundesgebiet Rehabilitanden auch in den Südwesten Berlins entsandt, um sich dort in einer abgeschiedenen Randlage, nahe der ehemaligen bundesdeutschen Grenze in einer sehr attraktiven Wohngegend auf eine Ausbildung vorzubereiten oder diese dort in einem der 16 Berufe in fünf Berufsfeldern zu absolvieren. Zum damaligen Zeitpunkt gab es nur wenige Berufsbildungswerke, die mit dem Personenkreis der Menschen mit psychischen Beeinträchtigungen über entsprechend fundierte Erfahrungen verfügten.

Mitte der Nullerjahre wurden erste Veränderungen in der Belegung in der Weise deutlich, dass eine volle Auslastung des Wohnbereiches nicht mehr aufrechterhalten werden konnte und erstmalig Arbeitsplätze in den sozialpädagogischen Bereich verlagert wurden.

Ein Teil der betroffenen Mitarbeitenden hat mit dieser Veränderung über Jahre hinweg gehadert, da – im Gegensatz zur unbestimmten und gestaltungsoffenen Tätigkeit im Wohnbereich – die sozialpädagogische Betreuung in einem erheblichen Umfang Tätigkeiten enthielt, die prägnanten normativen Erwartungen ausgesetzt waren: das Schreiben von Berichten, die Beratung in allen sozialversicherungsrechtlichen Angelegenheiten, die Unterstützung bei Bewerbungen etc. Abgesehen von dieser Umgestaltung hatte das RKI BBW in seiner über 40-jährigen Geschichte kaum gravierende Veränderungserfahrungen machen müssen. Seit 2010 folgten dann erhebliche Belegungseinbrüche von über 30 Prozent, sowohl im Bildungs- wie auch im Wohnbereich. Damit war ein grundlegender Veränderungsbedarf angezeigt.

1. Phase: Zurückhaltendes Engagement, Orientierungsversuche – Wie tief greifend müssen die Veränderungen sein und was ist den verschiedenen Anspruchsgruppen zumutbar?

In einer ersten Phase wurde auf den in den Jahren 2010–2011 einsetzenden Belegungsrückgang mit Einsparungen im Bereich des Personals und mit der Zurückhaltung in Investitionen reagiert. Diese Vorgehensweise war unter finanziellen Gesichtspunkten auch in den Jahren 2010 bis 2012/13 weitgehend erfolgreich. Zunehmend wurde jedoch deutlich, dass eine Optimierung der Kostenstruktur die negative Belegungsentwicklung nicht kompensieren kann. Eine erste Analyse verwies auf sehr grundlegende Strukturfragen (Standort, Leistungsangebote, Zielgruppen, etc.). Im Zuge dieser Diskussion wurde auch deutlich, welche Art von Veränderung den relevanten Akteuren, Mitarbeitenden, Gremien und Gesellschaftern zugemutet werden kann. Innerhalb des BBW gab es auf der sozialpsychologischen Ebene das Phänomen, dass die Veränderungsbemühungen in den verschiedenen Bereichen als nicht erforderlich, als eine Entwertung der bisherigen engagierten Arbeit und als einen Verlust an Orientierung wahrgenommen wurden.

2. Phase: Revitalisierungsversuche, punktuelle Veränderungen

In einer zweiten Phase wurde damit begonnen, die Aktivitäten im Bereich der Öffentlichkeitsarbeit zu erhöhen, den Standortnachteil zu kompensieren und durch die Teilnahme an Ausschreibungen den strukturellen Rückgang in der Belegung auszugleichen. Diese Veränderungsbewegung folgte auch der vorfindlichen internen Verfassung, die sehr stark geprägt war von der Vorstellung, dass grundlegende Veränderungen nicht notwendig wären, sondern es lediglich einer Revitalisierung der durch die Einsparungserfordernisse zurückgeschraubten Funktionen bedürfe. Die Mitwirkung an erforderlichen Veränderungsprozessen wurde von einigen Mitarbeitenden grundsätzlich infrage gestellt und lediglich als eine Aufgabe der Geschäftsführung angesehen, getreu dem Motto: „Die da oben sollen dafür sorgen, dass die Belegung sich wieder verbessert." In dieser Phase wurde das Phänomen der Pfadabhängigkeit evident.

3. Phase: Grundlegende Analyse der Situation, Umfeld- und Marktanalyse – Planung von Strukturveränderungen

In den Jahren 2014/15 wurde nach einer sehr grundlegenden Analyse deutlich, dass mit den kleinen Schritten kein Weiterkommen möglich ist. Vor diesem Hintergrund wurde ein Masterplan entwickelt, der eine strategische Neuausrichtung mit den drei wesentlichen Elementen zum Ergebnis hatte: Modernisierung des Kernbereiches des BBW, die Erweiterung der Geschäftsfelder und die Entwicklung einer differenzierten Standortpolitik. Im Zuge dessen wurde eine Umfeld- und Marktanalyse bestehender Berufsbildungswerke in Deutschland erstellt, die vier Modelltypen konstruierte, mit deren Hilfe versucht wurde, eine Einordnung der bisherigen RKI-BBW-Struktur vorzunehmen und Alternativen für eine veränderte Ausrichtung zu benennen.

Diese vier Typen sind:

- **Modell A – „der modernisierte Klassiker":** Diese Berufsbildungswerke sind zum größten Teil weiterhin in ihrem Kerngeschäft tätig und erzielen dadurch noch immer ausreichende Erlöse. Zwecks der Kompensation der Erlösausfälle wurden Kosten eingespart und teilweise an der Qualitätsverbesserung gearbeitet. Zusätzlich wurden die Rekrutierungsaktivitäten insbesondere im Bereich der Schulen durch sogenannte berufsorientierende Maßnahmen (BOP) weiter ausgebaut. Diese Berufsbildungswerke haben wegen der Anzahl der Bildungsplätze und ihres breiten Ausbildungsangebotes und der traditionell besonders guten Vernetzung sehr gute Chancen, erfolgreich die nächsten Jahre am Markt zu bestehen. Sie befinden sich meistens in Ballungsgebieten und sind nicht selten mehr oder weniger eng mit größeren „Komplexeinrichtungen" assoziiert.

- **Modell B – „der rechtskreisübergreifende Gemischtwarenladen":** Diese Berufsbildungswerke haben in den letzten Jahren ihren Fokus auf ausgeschriebene Maßnahmen und Angebote für die Jugendhilfe erweitert und kompensieren damit heute ca. 30 Prozent ihrer nicht mehr durch das Kerngeschäft der BBW erzielten Erlöse. Sie sind meist im ländlichen Bereich beheimatet. In diesen Feldern konkurrieren die Berufsbildungswerke mit anderen Bildungsträgern und müssen insbesondere im Bereich der Finanzierung der Personalkosten getrennte Wege gehen: auf der einen Seite die auf der Basis

des TVöD bezahlten Mitarbeitenden im BBW und dort die frei ver-
handelten Mitarbeitenden von beruflichen Maßnahmen.

- **Modell C – „der Bildungsträger":** Diese Berufsbildungswerke
  haben ihre Marktposition mit ihrer infrastrukturellen Ausstattung
  strategisch genutzt, um neue Geschäftsfelder im Bereich der beruflichen Bildung am Markt zu platzieren. Das Geschäftsfeld BBW
  deckt heute nur noch ca. 40–50 Prozent der Umsatzerlöse ab. Neben
  dem BBW sind neue Geschäftsfelder im Bereich der beruflichen Bildung entstanden: Akademie für Wirtschaft (Seminare für Wirtschaftsunternehmen), Ausbildungsangebote für Selbstzahler u. a.
- **Modell D – das „regionale Reha-Zentrum":** Diese Berufsbildungswerke haben damit begonnen, die Angebote im Bereich der beruflichen Rehabilitation zu erweitern. Konkret bedeutet dies, dass dort
  Trainingsmaßnahmen und Maßnahmen zur Umschulung für den
  Personenkreis der Rehabilitanden angeboten werden.

Das RKI BBW orientierte sich sehr stark an das Modell D, allerdings
erweitert um eine wesentliche Komponente, nämlich die der Inklusion.
Der Bereich Rehabilitation mit all seinen Elementen und Instrumenten
wird als ein Bausteinsystem, eine Toolbox verstanden, und gleichzeitig
sollen die strukturell immobilen Bereiche wie die Ausbildungsbetriebe,
die Berufsschulen und ggf. andere Bereiche geöffnet werden, um die
Brücke aus einer Sondereinheit in eine im Gemeinwesen verankerte
Einrichtung zu bauen.

4. Phase: Strategieentwicklung und Umsetzung: Inklusion als doppelte Anforderung

2009 wurde durch die von der Bundesregierung verabschiedete
UN-Behindertenrechtskonvention eine Zäsur eingeleitet. „Damit
bekennt sich Deutschland zur umfassenden Inklusion von Menschen
mit Behinderungen. Inklusion bedeutet, dass alle Menschen gleich-
berechtigt an der Gesellschaft teilhaben" (vdek 2017).

Im Jahr 2011 wurde der Nationale Aktionsplan aufgelegt. Infolge-
dessen formulierten auch die Berufsbildungswerke eigene Aktions-
pläne „Inklusion". Die Einführung von ICF-Förderbedarf-Ermittlungs-
instrumenten, der Ausbau der Partizipation der Teilnehmenden, die

Erhöhung der Anzahl der Teilnehmenden an Praktika und dem Modul „Verzahnte Ausbildung mit Berufsbildungswerken" sind einige der Elemente, die sich in den Aktionsplänen der Berufsbildungswerke wiederfinden. Wenig bis kaum reflektiert wurden die Auswirkungen auf die Unternehmensentwicklung, Organisationsstruktur und Prozessstruktur und die damit einhergehenden Veränderungserfordernisse. Inklusion basiert auf einer Zurücknahme der Hierarchie, einer Relativierung von institutionellen Begrenzungen und damit auf einer deutlich stärkeren Berücksichtigung von Interessen und Perspektiven von Rehabilitanden, Kostenträgern und anderen an dem Prozess Beteiligten.

Daraus resultieren grundlegende Anforderungen an die Berufsbildungswerke:
• Strukturelle Verzahnung mit Wirtschaftsunternehmen
• Starke Verzahnung mit dem Gemeinwesen
• Schaffung von flexiblen, auf die individuellen Bedarfe eingehenden Funktionen
• Relativierung der institutionellen Vorgaben zugunsten von Kooperationen mit lebensweltnahen Angeboten

Das RKI BBW hat im Rahmen seines Masterplanes diese Anforderungen aufgenommen. Die Anforderung der Inklusion bildet die wesentliche Klammer für die Neuausrichtung des BBW. Als zukünftig stärker ausgerichtetes Dienstleistungsunternehmen müssen die Teilhabemöglichkeiten für die Personenkreise erweitert werden, denen der direkte Zugang zu den Qualifizierungs- und Arbeitsmöglichkeiten auf dem ersten Arbeitsmarkt verwehrt bleibt. Hierzu zählen Jugendliche, Migranten und Menschen nach einer längeren Erkrankung, die einen besonderen Förderbedarf haben. Gleichzeitig müssen die Kooperationen mit Wirtschaftsunternehmen im Hinblick auf Praktika und Dienstleistungen so erweitert werden, dass sie in die Strukturveränderungen von kleineren oder größeren Sozialräumen hineinwirken.

Konkret bedeutet dies, dass unter anderem die Ausbildungsbereiche eine marktnähere Ausrichtung entwickeln sollen. Beispielhaft hierfür sind der Aufbau des Fahrradladens im Zentrum von Berlin-Kladow und der Ausbildungsbereich Wirtschaft und Verwaltung in einer eigenen kleinen Unternehmung „Berlin Beta Work" mit Dienstleistungsangeboten für kleine und mittelständische Unternehmen an dem neuen Standort in Berlin Prenzlauer Berg zu nennen. Im Jahr 2016 wurde damit begonnen, die Geschäftsfelder zu erweitern. Die Jugendhilfeeinrichtung Munita mit zunächst 20, mittlerweile 30 Plätzen wurde eröffnet. Mit den Vorbereitungen für die Etablierung von Angeboten der Jugendberufshilfe und eines Beruflichen Trainingszentrums wurde begonnen: Beide Leistungsbereiche werden im Jahr 2018 neue Zielgruppen in das RKI BBW einführen.

Für die Anpassung des RKI BBW ergeben sich mit der strategischen Ausrichtung in Richtung „Inklusionsunternehmen" die folgenden in der Synopse (siehe Abbildung) dargestellten Veränderungen:

Elemente	Integration	Inklusion	Change-Anforderungen
Rehabilitand/in	Anpassung der Person an die Umwelt	Aktivierung der Ressourcen, Analyse der Barrieren, passende Platzierung	Ressourcen-Manager
Förderung	Nur auf das Individuum bezogen	Einbeziehung des gesamten Systems	Systemische Kompetenz
Führung	Steuerung von Anpassungs-vorgängen/Überwachung	Aktivierung der Selbstverantwortung/Mediation von Interessen	Aktivierung und Förderung des Kontextes
Ausrichtung des BBW	Fokussierung auf interne Strukturen und Prozesse, Steuerung des/der Teilnehmenden	Beachtung der Wechselwirkung von in- und externen Prozessen und Strukturen, Einbeziehung aller Anspruchsgruppen	Markt (Unternehmen), Gemeinwesen, externe Kontexte
Aufbauorganisation des BBW	Versäulte Struktur – Schule/Wohnen etc.	Verzahnte Lernorte, in denen die Case-Manager eine entscheidende Funktion übernehmen	Bildung von Teams, in denen der/die Rehabilitand/in im Zentrum steht, Prozess- und Vermittlungskompetenz

Abbildung: Synopse der strategischen Neuausrichtung

(Quelle: Eigene Darstellung)

4 Untersetzung, Unterstützung und Verankerung der vollzogenen Veränderungen

Im Rahmen der Beteiligung beim Projekt PAUA ist es gelungen, Organisationsentwicklung in zwei Richtungen weiter zu forcieren. Zum einen konnten die bisher stark top-down vollzogenen Veränderungsprozesse stärker in Richtung Partizipation der Mitarbeitenden entwickelt werden. Zum anderen wurde die strategische Ausrichtung noch deutlicher mit dem Inklusionsparadigma verbunden. Darüber hinaus wurden die eingeleiteten Veränderungsprozesse, wie die Neuausrichtung des Ausbildungsbereiches Wirtschaft und Verwaltung im Rahmen von Berlin Beta Work, weiter inhaltlich untersetzt. Externe Beratung und Unterstützung war und ist insbesondere für Sozialunternehmen im Kontext von Transformationsprozessen von besonderer Bedeutung, weil das Ausmaß an erforderlicher Kommunikation, an Portionierung angemessener Umsetzungsschritte und vor allem an kommunikativen Vermittlungsleistungen zwischen den Treibern von Veränderungsprozessen und den Bewahrern des Bestehenden häufig unterschätzt wird. Deutlich wurde auch, dass diese Veränderungserfahrungen in der Organisation und Kultur nachhaltig verankert werden müssen. Vorrangig waren nur die an den Projekten Beteiligten involviert, ohne dass damit eine ausreichende Ausstrahlung in andere Bereiche erfolgte. Zu diesem Zweck wurde ein neues Kommunikationsformat gegründet, in dem Mitarbeitende, die Neues auf den Weg gebracht haben, anderen Mitarbeitenden darüber berichten: „Von Mitarbeitern, für Mitarbeiter".

Es werden in der Organisation im Jahr 2018 Funktionen aufgebaut werden, die diesen Prozess in der Transformation weiter absichern. Dennoch: Bei allen dynamischen Momenten braucht es auch kulturelle Formen der Selbstvergewisserung, in denen der Sinn der Unternehmensentwicklung für alle Anspruchsgruppen stets nachvollziehbar bleibt.

Literatur

Schreyögg, G./Sydow J./ Koch, J.:
Organisatorische Pfade – Von der Pfadabhängigkeit zur Pfad-kreation? In: Schreyögg, G./Sydow, J. (Hg.): Management-forschung 13 – Strategische Prozesse und Pfade. Wiesbaden 2003, S. 257–294

Taubner, S.:
Konzept Mentalisieren – Eine Einführung in Forschung und Praxis. Gießen 2016, S. 164

vdek:
Inklusion – aber wie? – URL: https://www.vdek.com/magazin/ausgaben/2017-0910/titel-Inklusion.html (Stand: 24.11.2017)

Wasel, W.:
Die Entwicklung des Sozialstaats – Hybride Gouvernancelogik. In: Kerbe – Forum für soziale Psychiatrie, 4/2017, S. 11–12

II/3 Von den Füßen in den Kopf – Organisationsentwicklung von unten im Berufsbildungswerk Hamburg

Wolfgang Lerche und Sibylle Zagel

Vorab

Die Berufsbildungswerk Hamburg GmbH (BBW) ist ein gemeinnütziges Unternehmen für die berufliche Integration junger Menschen mit besonderem Förderbedarf. Das Unternehmen erbringt Leistungen der beruflichen Rehabilitation gemäß § 51 SGB IX und § 117 SGB III. Darüber hinaus werden auch durch die Agentur für Arbeit ausgeschriebene Reha-Maßnahmen der sogenannten Kategorie II durchgeführt.

Ein weiteres Geschäftsfeld ist die Wahrnehmung von Aufgaben im Hamburger Übergangssystem von der Schule in den Beruf und in der Berufsorientierung von Schülerinnen und Schülern der allgemeinbildenden Schulen.

Das dritte wichtige Handlungsfeld sind Leistungen gemäß SGB VIII (Kinder- und Jugendhilfe). Hierbei handelt es sich um Leistungen zur Entwicklung sozialer und beruflicher Perspektiven von jungen Menschen.

Das BBW ist außerdem Träger von Projekten zur Weiterentwicklung und Erprobung von Konzeptionen und Handlungsansätzen für die berufliche Integration junger Menschen.

2015 startete im BBW Hamburg auf Initiative der Führungskräfte ein Prozess der Organisationsentwicklung, der u. a. die Stärkung der Entscheidungskompetenzen und Selbststeuerungsmechanismen der Mitarbeitenden zum Ziel hat. Der Prozess ist noch nicht abgeschlossen. Dies ist ein Zwischenbericht, sozusagen aus dem fahrenden Zug.

Was bisher geschah

Schlaraffenland ist abgebrannt

Das BBW Hamburg blickt auf eine mehr als 35-jährige Tradition der beruflichen Bildung und der Begleitung junger Menschen in das Arbeitsleben zurück. Die Zeit von der Gründung (1980) bis ca. 1998 war geprägt von einer hohen Kontinuität bei Anforderungen, Zielgruppen und internen Abläufen sowie von (erfolgsunabhängiger) finanzieller Sicherheit auf höchstem Niveau.

Dies änderte sich zur Jahrtausendwende dramatisch. Die Kostenträger, weit überwiegend die Agentur für Arbeit, zahlen seitdem nur noch für tatsächlich erbrachte Leistungen bzw. zugewiesene Teilnehmende und legen zunehmend Wert auf den Nachweis von Erfolgen. Als Erfolg wird nicht der Abschluss einer Ausbildung, sondern die nachhaltige Einmündung in den Arbeitsmarkt definiert. Zudem forciert die Agentur für Arbeit einen regen Wettbewerb der Konzepte, Erfolge und Preise, indem sie auch anderen Bildungsträgern durch Ausschreibungen Zugang zum angestammten Markt des BBW ermöglicht.

Von der Einrichtung zum Unternehmen

Erfolgsorientierung und Wirtschaftlichkeit wurden seitdem die entscheidenden Überlebensparameter für das BBW. Die Jahre nach diesem Paradigmenwechsel waren geprägt durch die Transformation des Berufsbildungswerks Hamburg von einer Einrichtung für die Ausbildung junger Menschen mit Behinderungen hin zum Unternehmen für die berufliche und soziale Integration von jungen Menschen mit besonderem Förderbedarf.

Alle Aktivitäten wurden seinerzeit hinsichtlich ihres Nutzens für die erfolgreiche Integration überprüft. Galt bis dahin, dass der/die Mitarbeiter/in und sein/ihr individuelles Können das Maß der Dinge waren, stehen nun abgestimmte Konzepte und vor allem Standards der Umsetzung im Vordergrund. Durch die Einführung eines zertifizierten Qualitätsmanagementsystems wird eine gleichbleibende und verlässliche Qualität gesichert. Nicht mehr der gute Wille und das Engagement, sondern der nachweisbare Erfolg steht seitdem im Mittelpunkt.

Markt und Kunden

Zugleich veränderte das Unternehmen BBW Hamburg seine Wahrnehmung des eigenen Umfeldes. Aus Kostenträgern wurden Auftraggeber, deren Anforderungen zu erfüllen waren. Aus lästigen Konkurrenten wurden Mitbewerber mit Kompetenzen und zum Teil besseren Lösungen und Ergebnissen. Aus Teilnehmenden und Betreuten wurden Anspruchsberechtigte, die bei der Stärkung ihrer Kompetenzen zum Bestehen in der beruflichen Wirklichkeit Unterstützung auf Augenhöhe erhalten.

Unter dem Titel „Individualisierung und Selbststeuerung in Ausbildung und Berufsvorbereitung" (ISAB) startete ein sechsjähriges internes Entwicklungsprojekt. Alle Aktivitäten in der Arbeit mit den Teilnehmenden wurden neu justiert. Der Fürsorgegedanke wurde mehr und mehr von Methoden und Instrumenten abgelöst, die die Rehabilitanden und Rehabilitandinnen zu einer selbstständigen Lebensführung befähigen. Die Mitarbeitenden definierten neue Lerninhalte, die sich an den Anforderungen des Arbeitsmarktes orientieren. Neben der Vermittlung der berufstypischen Fertigkeiten und Kenntnisse haben nun die Unterstützung bei der Entwicklung sozialer und kommunikativer Fähigkeiten, die Entdeckung der Lust am Lernen und das Entwickeln von Anstrengungsbereitschaft die zentrale Aufmerksamkeit der Mitarbeitenden. Dem Lernort Betrieb kommt in diesem Setting eine herausragende Bedeutung zu. Kommunikationsformate und das Methodenrepertoire wurden auf den Prüfstand gestellt und an die neuen Herausforderungen angepasst. Sichtweisen und Haltungen der Mitarbeitenden änderten sich. Dies wird beispielsweise an der Bewertung des in der Berufsausbildung nach wie vor häufigen Abbruchgrunds „fehlende Motivation" deutlich.

In der internen Bewertung solcher Abbrüche hieß es früher: „Dem/der Teilnehmenden fehlt es an Motivation, Durchhaltevermögen und Lernbereitschaft." Heute kommen wir zunehmend zu der Einsicht, dass es uns nicht gelungen ist, bei dem/der Teilnehmenden Motivation, Durchhaltevermögen und Lernbereitschaft zu wecken; und wir fragen uns, wie uns dies künftig besser gelingen kann.

Zudem wurden weitere Handlungsfelder und Zielgruppen identifiziert, für die unsere Kernkompetenzen Nutzen erzeugen können. Es gelingt immer besser, im Wettbewerb zu bestehen und Leistungen in den für das BBW neuen Märkten zu etablieren.

Alles von oben nach unten

Die gesamte Transformation wurde bisher top-down organisiert, getrieben von wenigen Promotoren. Die Unternehmensleitung und wenige Mitarbeiter/innen mit Stabsfunktionen waren die entscheidenden Treiber.

Für die Führungskräfte der mittleren Ebene und die Fachkräfte war dieser Prozess mit großen Umstellungen der Arbeitsinhalte und anstrengenden Veränderungen bei Haltungen und Selbstverständnis verbunden. Die Sehnsucht nach der vermeintlich guten alten Zeit war lange stark. Entsprechend zögerlich und eher der Not als der Einsicht geschuldet war zunächst die Unterstützung für den eingeleiteten Wandel auf allen Ebenen.

Die Mitarbeiter/innen in allen Bereichen haben inzwischen in diesem Prozess ein hohes Maß an Konzept- und Prozessdisziplin entwickelt und die Herausforderung angenommen, dass es im Berufsbildungswerk nicht mehr vorrangig um Berufsbildung, sondern um die erfolgreiche Einmündung in die Welt der entlohnten Arbeit geht.

Die Führungskräfte der mittleren Ebene des Unternehmens sind zu Garanten für die Erfolgsorientierung, den wirtschaftlichen Umgang mit Ressourcen und die Sicherung der hohen Qualität der Arbeit geworden.

Diese Veränderungen zeigen positive Wirkungen. Die Integrationsquoten des BBW sind gestiegen, die Zahl der Abbrüche hat sich deutlich verringert. Neben der beruflichen Ersteingliederung von jungen Menschen mit Behinderungen ist das Berufsbildungswerk ein gefragter Partner im neu ausgerichteten Hamburger Übergangssystem von der Schule in den Beruf und bei der Aktivierung junger Menschen und der Hinführung zur Arbeitswelt im Rahmen der Jugendhilfe. Das BBW Hamburg gilt als kompetent, zuverlässig und erfolgreich.

Die Kehrseite der Medaille

Alles was nicht erlaubt ist, scheint verboten

Die konsequente Ausrichtung des Unternehmens auf einheitliche Ziele, abgestimmte Konzepte, standardisierte Prozesse und wirtschaftliches Handeln hat jedoch auch unerwünschte Nebenwirkungen erzeugt.

Es gibt äußerst komplexe und verzahnte Abläufe, die durch eine Vielzahl von Dokumenten, Checklisten und Verfahrensanweisungen gesichert werden. Die Regelungsdichte ist hoch und wird von etlichen Mitarbeitenden kaum noch überblickt. Entsprechend steigen im Alltag das Unbehagen und die Sorge, etwas falsch gemacht zu haben. Dies deuten viele Anwender/innen als Regelungslücken um, die möglichst geschlossen werden sollen. Dadurch steigt jedoch die Komplexität der Vorgaben weiter.

Eine Befragung der Mitarbeiter und Mitarbeiterinnen hat ergeben, dass der Arbeitsdruck und die psychischen Belastungen am Arbeitsplatz als sehr hoch empfunden werden. Nicht zuletzt besteht die Gefahr, dass die Mitarbeitenden sozusagen blind den vermeintlich Sicherheit gebenden Regeln folgen und darüber hinausgehende oder abweichende sinnvolle und Erfolg sichernde Aktivitäten unterbleiben.

Die Unsicherheit in der Anwendung des Regelsystems verbunden mit einer klaren Zuweisung von Aufgaben und Kompetenzen lässt zudem viele Mechanismen der Selbststeuerung und Selbstorganisation in den Teams und die pädagogische Kreativität ungenutzt oder gar verkümmern. Entsprechend hoch ist die Inanspruchnahme der Bereichsleitenden, wenn es um Ausnahmen oder auch die bereichsübergreifende Kommunikation geht.

Die Katze beißt sich in den Schwanz

Das BBW droht, in einen Teufelskreis zu geraten. Um die Qualität der komplexen Abläufe zu sichern, wurde ein differenziertes System von Regelungen und Arbeitsmitteln entwickelt, dessen Anwendung den Wunsch nach weiterer Perfektionierung entstehen lässt. Mit zunehmender Komplexität wird das System zugleich anfälliger für

Störungen und Fehler, mit der Folge, dass die Bereichsleiter/innen mit Aufgaben des Krisenmanagements und der Organisation des Alltages hoch belastet sind. Diese Zeit fehlt ihnen dann u. a. für die Beobachtung des Marktgeschehens, die Entwicklung und Implementierung von Innovationen, die systematische Personalentwicklung und die Mitwirkung beim Erschließen neuer Leistungen und Maßnahmen.

Eher aus Notwehr denn aus Unlust werden Impulse für Innovationen und neue Leistungen abgewehrt statt neugierig aufgegriffen. Der Wunsch nach schneller Entlastung wächst und wird mit der Erwartung verbunden, dass die Unternehmensleitung zusätzliche Ressourcen für Führung oder Assistenz bereitstellt. Dies wiederum kollidiert mit den wirtschaftlichen Rahmenbedingungen und dem zunehmenden Kostendruck und verspricht auch keinen Erfolg bei der Bearbeitung von Stressfaktoren auf allen Ebenen, dem Beherrschen der komplexen bzw. komplizierten Abläufe und der Reduzierung von Naht- und Übergabestellen.

Organisationsentwicklung von unten

Die Münchhausen-Strategie

Bei den Führungskräften wuchs die Erkenntnis, dass die bislang bewährten Strategien zur Bearbeitung von Problemen an ihre Grenzen stoßen. Allein durch Denken und Wirken der Führungsmannschaft kann die Herausforderung nicht gut bewältigt werden. Bei der Suche nach Alternativen fanden wir etwas, was sozusagen direkt vor unseren Füßen lag: unsere Ziele und Grundprinzipien in der pädagogischen Arbeit mit unseren Teilnehmenden. Da geht es um:
* transparente Ziele,
* die Befähigung zur eigenständigen Planung und Handlung,
* die Übergabe von Verantwortung,
* die Befähigung zur Selbststeuerung,
* die Verzahnung von Lernorten und
* die konsequente Beteiligung.

Diese Prinzipien haben wir u. a. deshalb entwickelt, weil wir uns davon bei unseren Teilnehmenden die Entwicklung der Fähigkeit zur Selbstrettung in einer immer unübersichtlicheren Umwelt versprechen. Die Fähigkeit zu entwickeln, sich wie der legendäre Baron von Münchhausen mit eigener Kraft aus dem Sumpf der Unübersichtlichkeit zu befreien, kann auch für die Führungskräfte und Mitarbeitenden des BBW eine attraktive Perspektive sein. Wenn wir an unsere eigenen Ziele und Prämissen glauben, kann das, was für Teilnehmende richtig und wichtig ist, auch für uns Wirkung erzeugen.

Die pädagogischen Ziele und Prämissen wurden übersetzt in Eckpunkte für den weiteren Prozess der Organisationsentwicklung unter Beteiligung möglichst vieler Mitarbeiter und Mitarbeiterinnen:
* transparente, messbare Ziele
* viel Gestaltungsraum für Teams eröffnen
* produktive Verzahnung zwischen den Organisationsteilen
* Einladung zur Beteiligung als generelles Entwicklungsprinzip

Labore für die gute Zukunft des BBW

Unter dem Motto „Organisationsentwicklung von unten" wurde auf dieser Grundlage 2016 der Prozess neu gestartet und modelliert. Jede Mitarbeiterin und jeder Mitarbeiter ist auf freiwilliger Basis aufgefordert, Beiträge für die Bewältigung der aktuellen Herausforderungen zu erbringen. Anders als beim im BBW eingeführten (und durchaus bewährten) Projektmanagement suchen sich die Mitarbeitenden ihre Aktionsfelder selbst aus. Es kann experimentiert und getestet werden; Irrtum und Scheitern sind keine Makel, sondern wertvolle Erfahrungen, die uns zeigen, wie es nicht geht, und uns damit Anlass zum Weitersuchen geben.

Die Mitarbeitenden sind eingeladen, sich in sogenannten Laborgruppen zusammenzufinden und ihrer Kreativität freien Lauf zu lassen, selbstorganisiert und nur mit wenigen Regeln belastet. Sie
* entscheiden, wie sich die Laborgruppe zusammensetzt und ob Vorgesetzte dabei sind,
* entwickeln innovative Verfahren,
* können Vorgaben (QMS) befristet außer Kraft setzen,
* geben sich ihren eigenen Zeitplan,

- können externe Unterstützung erhalten und
- können alle Themen des OE-Prozesses bearbeiten und für ihren Alltag Lösungen erproben, soweit diese nicht andere Ziele des Prozesses negativ beeinflussen.

Ziele in drei Zielfeldern und jede Menge Freiraum

Der Organisationsprozess soll sich an den folgenden Oberzielen orientieren:
- Selbststeuerungskompetenz der Teams stärken
- Stressfaktoren reduzieren
- Kreativität für neue Lösungen freisetzen
- Führungskräften Zeit für Teamcoaching und strategische Aufgaben verschaffen
- Fähigkeit zur beständigen Entwicklung und Anpassung stärken

Hierzu stehen drei gleichberechtigte Zielfelder bereit, in denen die Laborgruppen experimentieren und erproben können:
- *Fachlicher Erfolg* (mehr erfolgreiche Übergänge in den Arbeitsmarkt, weniger Abbrüche, erfolgreiche Beendigung von Maßnahmen und Betreuungsleistungen, Ausbau von Methodenkenntnissen, ziel- und ergebnisorientierte Weiterentwicklung methodischer Ansätze, schnelle Anpassung an sich ändernde Kundenwünsche usw.)
- *Wirtschaftlicher Erfolg* (mehr Prämien für erfolgreiche Integration, Identifikation zusätzlicher Erlösquellen, Reduzierung des Aufwands und der Kosten z. B. durch Automatisierung und Workflows, Entbürokratisierung, bessere Auslastung von Räumen und Flächen, Energieeinsparung, schnelle Anpassung an sich ändernde Umfeldbedingungen usw.)
- *Gute Arbeit* (Reduzierung von Stressfaktoren, Vergrößerung von Gestaltungs- und Entscheidungsräumen, Abbau von Überregulierung, Teamentwicklung, Führungskräfteentwicklung, Vermeidung dauerhafter Überlastung usw.)

In welchem Zielfeld und an welchen Themen gearbeitet wird, entscheiden ausschließlich die Laborgruppen.

(Fast) Alles darf auf den Prüfstand

Thematisch gibt es für die Laborgruppen kaum Einschränkungen. Experimentiert und Neues erprobt werden kann zum Beispiel in folgenden Themenfeldern:

* Arbeitsweisen
* kollegiales Miteinander
* Führungskonzepte
* Entwicklungskonzepte
* Kompetenzen und Verantwortung
* Entscheidungswege
* Gremien und Rituale
* Ablauforganisation
* Aufbauorganisation
* Qualitätsmanagement

Einschränkungen gibt es nur dort, wo bestimmte Regelungen und Verfahren nicht durch uns entschieden, sondern diese als Bestandteil von Verträgen durch Auftraggeber bestimmt wurden.

Das Experiment beginnt

Im Dezember 2015 fand die Auftaktveranstaltung zur Bildung der ersten Gruppen statt. Etwa ein Drittel der Belegschaft kam der Einladung nach. Nach Erläuterung der oben genannten Ziele und Prinzipien wurden in einem großen Brainstorming Themen zu folgenden Überschriften gesammelt, die in Laborgruppen bearbeitbar waren:

* Ergebnisqualität verbessern
* Stressfrei im Alltag
* Anders führen versus Selbstführung
* Einfache Prozesse – gute Prozesse
* Was uns verbindet

Die Begeisterung war nach anfänglicher Skepsis groß, und es entstanden 20 Laborgruppen. Große und kleine Gruppen zu den unterschiedlichsten Themen fanden sich zusammen und gaben sich selbstorganisiert Zeit- und Arbeitspläne. Hier einige Beispiele:

- Gut zu wissen 2.0: die Hausregeln für die Teilnehmenden wurden überarbeitet (Aktualisierung und einfachere Sprache)
- Film: „Was uns verbindet": ein Film über das BBW, an dem ca. 25 Mitarbeiter/innen beteiligt waren
- Integration auf dem Prüfstand: Klarheit über die Erhebungsinstrumente herstellen, Unterlagen des Bewerbungstrainings sichten, vereinheitlichen, aktualisieren
- Sicherheit am Arbeitsplatz: Diese Gruppe beschäftigte sich mit Ängsten der Mitarbeitenden; sie initiierte eine Fortbildung für 20 Personen zum Konflikt- und Krisenmanagement.
- Tiergestützte Pädagogik: Welche Möglichkeiten gibt es, durch den Einbezug von Tieren bessere Erfolge mit Rehabilitanden/innen zu erzielen?
- Gremien im BBW: Wie wirksam ist unsere Gremienstruktur? Bringen die Formate die gewünschten Ergebnisse?
- DUK (digitale Unternehmenskultur): Was ist, was soll, was muss digital sein und wohin geht das BBW 4.0?
- Mensa und Umwelt: Einwegbecher durch Glasflaschen und Porzellanbecher ersetzen

Teilweise sind die Themen sehr komplex, und es müssen zunächst handhabbare Arbeitsschritte formuliert werden. Den Verlauf und die Ergebnisse der Laborgruppen betrachten wir an den zweimal jährlich stattfindenden Labortagen.

Hier gibt es auch die Möglichkeit, Mitstreitende für weitere Laborgruppen zu finden oder neue Themen zu platzieren. Insofern ist ein Labortag auch immer ein internes Marketing und ein kreativer Thinktank für die Organisationsentwicklung insgesamt. Inspirierend waren beim letzten Labortag auch Argumente von Mitgliedern aus Laborgruppen, die formulierten, warum eine Teilnahme eine Bereicherung sei, z. B.:

- Laborgruppenarbeit macht Spaß.
- Man kommt mit Kollegen und Kolleginnen in den Austausch, mit denen man sonst nichts zu tun hat.
- Es ist sehr viel Wissen im BBW vorhanden (man muss es nur finden).
- Laborgruppen geben die Möglichkeit, eigene Ideen zu verwirklichen und den Horizont zu erweitern.

Und als weitere Gelingensfaktoren wurden benannt:
- Es braucht ein „Zugpferd", jemanden in der Gruppe, der für das Thema brennt.
- Angenehme Besprechungsorte außerhalb der alltäglichen Sitzungsräume im BBW
- Thema eingrenzen/Schwerpunkte setzen

Einen weiteren wichtigen Impuls gab uns eine Veranstaltung im Februar 2017 mit den Initiatorinnen von „Augenhöhe". Diese etwas andere Unternehmensberatung hat mehrere Filme gedreht, in denen Firmen vorgestellt werden, die den Weg für eine neue Kultur der Zusammenarbeit gegangen sind, die menschlich und ökonomisch erfolgreich ist. Die Filmvorführung mit anschließender Diskussion war mit ca. 40 Mitarbeitern und Mitarbeiterinnen sehr gut besucht und war für unsere Idee „OE bottom-up" sehr inspirierend.

Neue Mitarbeitende oder solche, die sich über den Prozess informieren möchten, haben dazu auf der Intranetplattform „Sharepoint" die Möglichkeit. Fotoprotokolle, aktuelle und vergangene Laborgruppen und die Themen, mit denen sich diese beschäftigen, sind dort veröffentlich. Im Intranet finden die Mitarbeitenden auch alle Managementletter, in denen regelmäßig über die Organisationsentwicklung berichtet wird.

Das f-bb: Anschieber, Zeitwächter, Berater

Während sich andere Unternehmen Unternehmensberater leisten, gehen wir davon aus, dass die 160 Mitarbeitenden des BBW Experten in eigener Sache sind und es mit dem vorhandenen Wissen möglich sein wird, die Organisation sinnvoll und erfolgreich weiterzuentwickeln. Sehr entgegen kam dem BBW die Teilnahme am Projekt „PAUA" des f-bb. Eines der Ziele dieses Projektes war es, Berufsbildungswerke dabei zu unterstützen, zukunftsfähig zu werden. Konkret unterstützte uns das f-bb mit Beratungs-, Fortbildungs- und Moderationsleistungen. Der Blick von außen und die Erfahrung aus vielen anderen Unternehmen der Bildungsbranche waren für unseren Prozess wertvoll. Die Begleitung des f-bb bewährte sich auch durch dessen erbrachte Serviceleistungen im Projekt wie notwendige Statusberichte oder Dokumentationen der Veranstaltungen.

Erfolgreich in die Zukunft

Das Projekt PAUA geht zu Ende, nicht aber die Weiterentwicklung des Berufsbildungswerkes. Die Ziele und damit verbundenen Aufgaben, um das Unternehmen zukunftsfähig zu erhalten, erfordern in der heutigen schnelllebigen Zeit permanente Aufmerksamkeit für die Organisation.

Noch ist die Zeit nicht reif, den Erfolg der Organisationsentwicklung durch Laborgruppen zu bewerten. Die Beteiligung könnte größer sein, aber gerade Mitarbeitende, die noch nicht so lange im Unternehmen waren, konnten wir für die Beteiligungsprozesse begeistern. Sie sind aufgeschlossen und versprechen sich von der Mitgestaltung bessere und schnellere Verfahren und Abläufe. Die Identifikation mit dem Unternehmen wächst, auch wenn das schwer messbar ist. Klar geworden ist, dass sich zwar die Arbeitsmenge nicht reduzieren lässt, dass aber dennoch Wege gefunden werden können, den Stress zu reduzieren, und dadurch mehr Arbeitszufriedenheit erreicht werden kann.

Den Führungskräften und allen voran der Unternehmensleitung ist bewusst, dass es viele Promotoren im Unternehmen braucht, um das Rädchen weiterzudrehen. Die Überlegungen, wie dies systematisch erreicht werden kann, fließen in den Wirtschaftsplan 2018 ein. Nachdem uns das f-bb als Dienstleister nicht mehr zur Verfügung steht, greifen wir auf das im BBW bewährte Projektmanagement zurück: In einem Projektauftrag werden die Ziele wie folgt beschrieben:

- Mitarbeitende nehmen aktiv Einfluss auf die Entwicklung von Verfahren und Arbeitsbedingungen.
- Teams sind in der Lage, sich weitestgehend selbst zu steuern und dürfen zur Sicherung von Erfolgen im Einzelfall begründet von vorgegebenen Verfahren abzuweichen.
- Die vorgegebenen Prozessbeschreibungen und Verfahrensanweisungen des Qualitätsmanagements sind anwenderfreundlich, vermeiden unnötigen Aufwand und sichern gleichbleibend gute Ergebnisse.
- Die Verfahren und Arbeitsweisen sind wirtschaftlich. Für Innovationen und die Einführung neuer Produkte wird ausreichend Überschuss erwirtschaftet.

- Die Arbeitsbedingungen für die Mitarbeitenden sind so gestaltet, dass unnötige Belastungen vermieden werden und eine Konzentration auf das Wesentliche möglich ist.
- Die fachlichen Erfolge sind besser als bei vergleichbaren Produkten anderer Anbieter.

Projekte helfen, die Zeit und die Fortschritte im Blick zu behalten, und so ist gewährleistet, dass Labortage durchgeführt werden, Laborgruppen Ansprechpartner/innen haben und die Führungsmannschaft auf dem aktuellen Stand gehalten wird. Zuständig für den Rückmelde- und Begleitprozess ist die monatliche Projektkonferenz.

In die Projektkonferenz und in den Gesamtprozess eingebunden ist von Beginn an auch die Mitarbeitervertretung des BBW. Diese hat gemeinsam mit der Unternehmensleitung den Prozess „Gefährdungsbeurteilung psychische Belastung am Arbeitsplatz" angestoßen und eine große Befragung bei den Mitarbeitern/innen initiiert. Die Auswertung unterstreicht die Notwendigkeit organisationsentwicklerischer Maßnahmen, die in den Laborgruppen aufgegriffen werden können.

In der letzten Projektkonferenz im Jahr im Dezember wird darüber beraten und entschieden, ob die Organisationsentwicklung in der hier beschriebenen Form erfolgreich zu bewerten ist und ob und welche Veränderungen in Projektstruktur oder -inhalten angezeigt sind.

II/4 Kooperation mit Unternehmen

Wolfgang Wittig

Die Realisierung einer inklusiven Berufsbildung, bei der die Einrichtungen der beruflichen Rehabilitation eine Schlüsselrolle als Kompetenzzentren zur Erbringung vielfältiger Unterstützungsleistungen spielen (vgl. Kapitel I/1 dieses Bandes), setzt eine enge Anbindung an das Regelsystem beruflicher Bildung und damit eine Kooperation mit ausbildenden Unternehmen voraus. Die Bedingungen und Herausforderungen einer solchen Kooperation werden anhand zweier Praxisbeispiele illustriert. Das erste dieser Beispiele behandelt die Ausbildung junger Flüchtlinge bei EDEKA, die durch das Berufsbildungswerk Hamburg unterstützt wird; das zweite hat die Kooperation des Berufsbildungswerkes Josefsheim Bigge mit Betrieben im Rahmen seiner eigenen Ausbildungsaktivitäten zum Gegenstand.

Die Zusammenarbeit zwischen Berufsbildungswerken und Betrieben ist nicht per se eine neue Entwicklung, die erst mit dem Paradigmenwechsel hin zum Inklusionsprinzip ihren Anfang genommen hat. Vielmehr ist eine solche Kooperation bereits im Kerngeschäft der Berufsbildungswerke angelegt, da § 51 Abs. 2 SGB IX für den Fall der Durchführung von Leistungen zur beruflichen Ausbildung in Einrichtungen der beruflichen Rehabilitation ausdrücklich bestimmt, dass Teile der Ausbildung bei entsprechender Eignung der Auszubildenden auch in Betrieben und Dienststellen durchgeführt werden sollen. Die Berufsbildungswerke haben insoweit den Auftrag, auf eine solche betriebliche Ausbildung hinzuwirken und Arbeitgeber bei der Betreuung der Auszubildenden zu unterstützen. In der Praxis wird dieser gesetzliche Auftrag durch die sogenannte verzahnte Ausbildung (vgl. Seyd 2015, S. 103 f.) realisiert, bei der die Auszubildenden sechs bis zwölf Monate ihrer Ausbildungszeit in Betrieben des allgemeinen Arbeitsmarktes zubringen und in dieser Zeit durch das Berufsbildungswerk betreut werden. Mit dieser Form der Kooperation kann die Arbeitsmarktnähe innerhalb der Ausbildung gesteigert werden, wodurch die Arbeit der Berufsbildungswerke in ihrem Kernbereich eine qualitative Verbesserung erfährt.

Eine andere Form der Kooperation mit Unternehmen hat sich mit der zunehmenden Heterogenität der Zielgruppen im Regelsystem der beruflichen Bildung entwickelt. Der Anspruch, Auszubildende mit unterschiedlichen kulturellen Hintergründen oder verschiedenen Arten von Behinderung gemeinsam auszubilden und ihren jeweiligen Voraussetzungen durch flexible Anpassung an den jeweiligen Einzelfall gerecht zu werden, zieht einen besonderen Unterstützungsbedarf für die Ausbildungsbetriebe nach sich. So bestehen beispielsweise im Fall der Ausbildung junger Flüchtlinge neben Fragen der Ansprache der Zielgruppe und des besonderen Betreuungsbedarfes auch aufenthalts- und arbeitsrechtliche Besonderheiten, deren Bearbeitung die zeitlichen und zum Teil die fachlichen Kapazitäten der betrieblichen Personalverantwortlichen übersteigt. An dieser Stelle kann die spezifische Expertise der Berufsbildungswerke im Umgang mit nicht traditionellen Zielgruppen eingesetzt werden, um ausbildenden oder ausbildungswilligen Unternehmen dabei zu helfen, diese Jugendlichen während der Ausbildung zu unterstützen, gegebenenfalls auch dabei, sie überhaupt für eine betriebliche Ausbildung zu erreichen. Aus der Sicht von Unternehmen sind Berufsbildungswerke wegen ihrer Erfahrung bei der Betreuung benachteiligter Jugendlicher und ihrer vielfältigen Kontakte zu anderen Trägern der Jugendhilfe geeignet, den Unterstützungs- und Beratungsbedarf von Ausbildungsbetrieben zu decken und diesen hierdurch die Durchführung der Ausbildung zu erleichtern oder sie überhaupt zu ermöglichen.

Es lassen sich mithin zwei Grundformen der Zusammenarbeit zwischen Berufsbildungswerken und Unternehmen unterscheiden. Einerseits greifen Berufsbildungswerke im Rahmen der von ihnen selbst durchgeführten Ausbildung auf die Kooperation mit Betrieben zurück, um auf dem Wege der verzahnten Ausbildung die Arbeitsmarktnähe ihrer Ausbildungsleistungen zu steigern. Andererseits können Unternehmen bei der Durchführung ihrer eigenen Ausbildung mit Berufsbildungswerken zusammenarbeiten, um fehlende Kapazitäten für die passgenaue Betreuung von Auszubildenden mit unterschiedlichen Benachteiligungen auszugleichen und somit einem breiteren Personenkreis die Chance auf eine vollwertige berufliche Qualifizierung zu eröffnen. Die nachfolgenden Praxisbeispiele stehen jeweils für eine dieser Grundformen. Im ersten Beitrag schildern *Ula Braun* und *Olaf*

Stieper die Kooperation der EDEKA AG mit dem BBW Hamburg mit dem Ziel, jungen Flüchtlingen eine Berufsausbildung in dem Handelsunternehmen zu ermöglichen. Die Unterstützungsaktivitäten des BBW Hamburg erstreckten sich sowohl auf die Akquise und Auswahl der Bewerber als auch auf ergänzende Beratungs- und Betreuungsangebote in den ersten Monaten der Ausbildung. Im zweiten Beitrag beschreiben *Martin Hünemeyer* und *Antje Frese* am Beispiel des BBW Josefsheim Bigge die Weiterentwicklung des Kerngeschäftes von Berufsbildungswerken durch die Zusammenarbeit mit Unternehmen im Rahmen der eigenen Ausbildungsleistungen des BBW. Anhand der landwirtschaftlichen Ausbildung wird beschrieben, wie externe Kooperationsbetriebe im Rahmen eines umfassenden Case-Management-Konzeptes für die bedarfsgerechte Ausbildung und Betreuung von Auszubildenden des BBW gewonnen und bei dieser unterstützt werden.

Literatur

Seyd, W.:
Die Rolle des Lernorts Betrieb in der rehaspezifischen Ausbildung. In: Goth, G./Severing, E. (Hg.): Berufliche Ausbildung junger Menschen mit Behinderung. Bielefeld 2015, S. 101–125

II/4 Kooperation mit Unternehmen – Erfahrungen aus der Praxis
Integration junger Geflüchteter in die duale Berufsausbildung – Kooperationsprojekt von EDEKA und
Berufsbildungswerk Hamburg

II/4 Kooperation mit Unternehmen
Erfahrungen aus der Praxis

Integration junger Geflüchteter in die duale Berufsausbildung – Kooperationsprojekt von EDEKA und Berufsbildungswerk Hamburg

Ula Braun und Olaf Stieper

An einem Nachmittag im Juli 2016 strahlen sieben zukünftige Auszubildende vor der EDEKA-Zentrale in die Kamera. Mit im Bild sind Mitarbeiter von EDEKA und zwei Vertreterinnen des Berufsbildungswerks Hamburg (BBW). Die sieben jungen Erwachsenen kommen aus sechs verschiedenen Ländern und leben erst seit wenigen Jahren in Deutschland. An dem Tag, an dem das Foto entsteht, ist das erste Teilziel des Hamburger Kooperationsprojektes „Geflüchtete junge Menschen in Ausbildung bei EDEKA" erreicht. Alle Praktika sind durchlaufen, alle Entscheidungsprozesse vollzogen, alle Ausbildungsverträge besiegelt, alle notwendigen Formalitäten erledigt, die wichtigsten Fragen – fürs Erste – geklärt. Der Ausbildungsbeginn steht kurz bevor. Die Phasen der Suche und der Bürokratie sind abgeschlossen.

Auf der Suche waren nicht nur die jungen Geflüchteten. Auf der Suche waren auch die an dem Projekt beteiligten Kaufleute, Personalverantwortlichen und Ausbilder/innen von EDEKA – die EDEKAner, wie sie sich selbst nennen – aus der Zentrale und der Region Nord. Die einen hatten eine hohe Motivation im Angebot, die anderen attraktive Ausbildungsplätze. Als Mittler und Dienstleister zwischen den Suchenden fungierte das BBW Hamburg.

Dieser Beitrag beschreibt das Hamburger Kooperationsprojekt „Geflüchtete junge Menschen in Ausbildung bei EDEKA" und seine Umsetzung. Der Fokus liegt dabei weniger auf der detaillierten Darstellung des Projektes als vielmehr auf der Art und Weise der Kooperationsbeziehung, den Rollen beider Partner und den wichtigen Entscheidungen im Projekt. In den Beitrag fließen die Erfahrungen aus dem Pilotprojekt (01.01. bis 31.12.2016) und dem Folgeprojekt 2017 ein.

Ausgangssituation

Projektidee

Im Herbst 2015 sind die Bundesarbeitsgemeinschaft der Berufsbildungswerke (BAG BBW) und die EDEKA AG (zentrales Bildungswesen) mit der Anfrage an das BBW Hamburg herangetreten, ob es sich ein Kooperationsprojekt unter dem Arbeitstitel „Geflüchtete junge Menschen in Ausbildung bei EDEKA" in Hamburg vorstellen könne. Die Hintergründe der Anfrage von EDEKA waren folgende:

- die hohe Anzahl Geflüchteter im Sommer und Herbst 2015
- das Interesse, aus der Gruppe der jungen Geflüchteten zukünftige Fachkräfte zu gewinnen
- das Bekenntnis, als großes Unternehmen bei der Integration von Flüchtlingen gesellschaftspolitisch mitwirken zu wollen
- in Hamburg, dem Sitz der EDEKA AG, ein Pilotprojekt zu starten und die Erfahrungen bundesweit für die anderen EDEKA-Regionen in Zusammenarbeit mit den ortsnahen Berufsbildungswerken zu nutzen
- das Wissen, dass Kaufleute und Personalverantwortliche hinsichtlich der Fragen und Formalitäten bei der Einstellung von jungen Geflüchteten als Auszubildende zeitlich und inhaltlich Unterstützung brauchen
- die guten Erfahrungen in der Zusammenarbeit von BAG BBW und EDEKA in der Vergangenheit

Unterstützungsbedarf

EDEKA verfügt als großer, bundesweit agierender Unternehmensverbund über zahlreiche Ausbildungsplätze und eine hohe Ausbildungskompetenz. In der Absicht, sich bewusst einer neuen Zielgruppe von potenziellen Auszubildenden zu öffnen, haben die Initiatoren im Unternehmen frühzeitig die Notwendigkeit von professioneller Hilfe für beteiligte Personaler, Kaufleute und Ausbilder formuliert. Die zentrale Frage war: „Wie erreichen wir junge Geflüchtete und wie sprechen wir sie an?" Außerdem wurde deutlich, dass insbesondere die selbstständigen Kaufleute für die Koordination neuer Wege der Bewerberakquise,

II/4 Kooperation mit Unternehmen – Erfahrungen aus der Praxis
Integration junger Geflüchteter in die duale Berufsausbildung – Kooperationsprojekt von EDEKA und
Berufsbildungswerk Hamburg

für umfassende Formalitäten und rechtliche Fragestellungen keine Zeit haben und auch nicht über das notwendige Know-how verfügen.

Unterstützungsbedarf wurde deshalb für folgende Bereiche benannt:

- Zugang zur Zielgruppe der jungen Geflüchteten
- Arbeits- und Aufenthaltsrecht
- Bewerberakquise, Auswahlprozesse und Matching
- Krisenbewältigung, Formalitäten und Vernetzung rund um die einzelnen Bewerber

Die bürokratische Mehrbelastung der Personalverantwortlichen und der Kaufleute sollte auf ein Minimum reduziert werden, zumal sich tendenziell ohnehin schon ein gewisser Mehraufwand an Betreuung bei der Zielgruppe der jungen Geflüchteten abzeichnete.

Vor diesem Hintergrund ging die Initiative, eine Kooperation mit einem Dienstleister einzugehen, der die genannten Ressourcen und Kompetenzen einbringt, von EDEKA AG (zentrales Bildungswesen und regionale Ausbildungsleitung Nord) aus.

Das BBW Hamburg als Kooperationspartner

Schon lange bestehen Kooperationsbeziehungen zwischen dem BBW Hamburg und einzelnen Kaufleuten und Ausbildern der EDEKA-Zentrale & Nord im Rahmen öffentlich geförderter Maßnahmen: der BBW-internen Ausbildung für Rehabilitanden/innen (Auftraggeber: Agentur für Arbeit) und der dualisierten Ausbildungsvorbereitung (Auftraggeber: Hamburger Institut für Berufliche Bildung). Im Unterschied zu dem Projektauftrag „Geflüchtete junge Menschen in Ausbildung bei EDEKA" gingen bei diesen Kooperationen die Anfragen an EDEKA stets von Mitarbeitenden des BBW Hamburg aus.

Durch diese Verbindungen kannte das Bildungswesen in der EDEKA-Zentrale die hohe Expertise des BBW Hamburg in der Zusammenarbeit mit und in der Ausbildungsbegleitung von benachteiligten jungen Menschen. Außerdem hat das BBW Hamburg in langjähriger, vor allem über Mittel des Europäischen Sozialfonds finanzierter Projektarbeit und als Träger von Hilfen zur Erziehung (§ 30 SGB VIII) ein breites und tragfähiges Netz an Kontakten zu Schulen, Fachbehörden und zur Jugendhilfe aufgebaut. Diese Kontakte konnten als Türöffner zu den jungen Geflüchteten und weiteren hilfreichen Stakeholdern dienen.

Für EDEKA war außerdem von großer Bedeutung, dass das BBW Hamburg über die BAG BBW mit den bundesweit 52 Berufsbildungswerken in ganz Deutschland vernetzt ist. Hier eröffnete sich die Möglichkeit, die Erfahrungen aus dem Hamburger Pilotprojekt bundesweit zur Verfügung zu stellen und Kooperationen zwischen Berufsbildungswerken und EDEKA in anderen Regionen zu initiieren.

Pilotprojekt

Projektziel und Projektdesign

Das Pilotprojekt „Geflüchtete junge Menschen in Ausbildung bei EDEKA" hatte die Laufzeit vom 01.01. bis 31.12.2016. Ziel war es, 10–15 junge Geflüchtete zum 01.08.2016 in Ausbildung zu bringen und sie mit Lernpaten zu vernetzen. Die Zielzahl orientierte sich an den im Projekt zur Verfügung gestellten Praktikums- und Ausbildungsplätzen. Projektbeteiligte waren die EDEKA-Zentrale mit den Ausbildungsberufen Fachlagerist/in, Fachkraft im Gastgewerbe und Kaufmann/frau für Büromanagement sowie drei selbstständige EDEKA-Kaufleute aus der Region Nord mit dem Ausbildungsberuf Verkäufer/in. Finanziert wurde das Pilotprojekt – wie auch das Folgeprojekt 2017 – aus zentralen Mitteln der EDEKA-Juniorengruppe. Die Ausbildungsplätze, die sich aus dem Projekt nach erfolgreichem Praktikumseinsatz ergeben, sind weder durch Gelder der öffentlichen Hand subventioniert noch von anderer Seite bezuschusst.

Der Projektzeitraum wurde bewusst über den Ausbildungsbeginn hinaus bis zum Jahresende 2016 bzw. 2017 festgesetzt, um sicherzustellen, dass möglichen Schwierigkeiten, Konflikten und Unsicherheiten beim Ausbildungsstart in Betrieb und Berufsschule mit Unterstützung durch das BBW erfolgreich begegnet werden kann.

Im aktuellen Folgeprojekt (Laufzeit: 01.01.2017 bis 31.12.2017) sind neben der EDEKA-Zentrale fünf Hamburger Kaufleute vertreten (davon drei neue Kaufleute). Als weiterer Ausbildungsberuf ist

II/4 Kooperation mit Unternehmen – Erfahrungen aus der Praxis
Integration junger Geflüchteter in die duale Berufsausbildung – Kooperationsprojekt von EDEKA und
Berufsbildungswerk Hamburg

der/die Fachinformatiker/in für Systemintegration hinzugekommen. Die Zielzahl wurde auf 15–20 Auszubildende erhöht.

Der Auftrag an das BBW

Mit dem Kooperationsvertrag hat das BBW Hamburg die neue Rolle des Dienstleisters im Auftrag eines Unternehmens der freien Wirtschaft eingenommen. Der konkrete Dienstleistungsauftrag ergab sich aus dem Unterstützungsbedarf der Personaler, Kaufleute und Ausbilder im Projekt und wurde in den Verhandlungen über den Kooperationsvertrag formuliert. Er umfasst:

- Akquise und Vorauswahl geeigneter Bewerber/innen
- Koordination von Praktika
- Feststellen des individuellen Unterstützungsbedarfes
- Unterstützung bei den Formalitäten (Aufenthalts- und Arbeitserlaubnis, Sicherung des Lebensunterhaltes, ausbildungsbegleitende Hilfen u. a.)
- Organisieren des Erfahrungsaustauschs der Projektbeteiligten
- Klären von offenen Fragen aller Art
- Begleiten des Berufsschulstarts
- Lotsenfunktion im ersten Halbjahr der Ausbildung (Krisen- und Konfliktmanagement, Vernetzen der Auszubildenden mit Lernpaten etc.)

Auch für das BBW Hamburg stellten im Herbst 2015 junge Geflüchtete noch eine neue Zielgruppe dar. Deshalb wurde der Auftrag von EDEKA in ein BBW-eigenes Projekt integriert. Auf diese Weise konnten die Beratungskompetenz, insbesondere zu aufenthalts- und arbeitsrechtlichen Fragen, sowie die notwendigen Kontakte zu zielgruppenspezifischen Netzwerken aufgebaut und sichergestellt werden.

Praktische Umsetzung: Zusammenwirken der Kooperationspartner

Das Projektjahr gliedert sich in vier relevante Phasen, in denen sich unterschiedliche Aufgaben für den Dienstleister BBW ergeben.

Akquise und Matching

Die Projektbeteiligten von EDEKA waren neugierig auf die zukünftigen Auszubildenden. Sie wollten so schnell wie möglich junge Menschen aus dem Kreis der potenziellen Bewerber kennenlernen und konkrete Bewerbungen einsehen. Die Akquisestrategie, die das BBW Hamburg im ersten Projektjahr verfolgte, gleicht dem Schneeballprinzip. Ausgangspunkt waren die zahlreichen Kontakte, die das BBW zu Hamburger (Berufs-)Schulen hat. Durch diese Kontakte konnte sehr bald ein erstes Treffen zwischen EDEKAnern und zwei Klassen der dualisierten Ausbildungsvorbereitung für Migranten/innen (Alter 16–18 Jahre) stattfinden. An weiteren Schulen stellte die Projektmitarbeiterin des BBW das Ausbildungsplatzangebot vor. Einen zusätzlichen Anknüpfungspunkt für die Akquise von Teilnehmenden bot der „Markt der Möglichkeiten", eine Bewerbermesse für Menschen mit Fluchthintergrund der Handelskammer Hamburg. Als deutlich effektiver und nachhaltiger haben sich jedoch persönliche Kontakte zu ersten Bewerbern/innen und deren sozialem Umfeld sowie zu Trägern der Jugend- und Flüchtlingshilfe erwiesen. Aus diesen Kontakten wurde der Bewerberpool generiert.

Die Projektmitarbeiterin des BBW führte mit 40 Bewerbern/innen Erstgespräche. Diese bildeten die Grundlage für die Auswahl der Kandidaten/innen für das vorgeschaltete Erprobungspraktikum. Zugangskriterien waren Sprachkenntnisse von mindestens Level B1, Motivation, schulische und praktische Erfahrungen im Herkunftsland, eine erste stabile Orientierung in Hamburg, Zuverlässigkeit und persönliche Erwartungen in Abgleich mit den Anforderungen des Ausbildungsberufes (z.B. Umgang mit Schweinefleisch). Die persönliche Eignung eines/r Bewerbers/in sollte vor einer definierten guten Bleibeperspektive und einem abgeschlossenen Asylverfahren liegen.

Das Matching fand in engem Austausch zwischen der Projektmitarbeiterin des BBW und den Personalverantwortlichen statt. Zentrale Kriterien waren der Anfahrtsweg zwischen Wohnort und Betrieb, die Größe der einzelnen Märkte sowie ihre Personal- und Kundenstruktur, eine offene Großküche im Bereich Gastronomie und die Dimension des zentralen Warenlagers (Lagerlogistik).

II/4 Kooperation mit Unternehmen – Erfahrungen aus der Praxis
Integration junger Geflüchteter in die duale Berufsausbildung – Kooperationsprojekt von EDEKA und
Berufsbildungswerk Hamburg

Die Projektmitarbeiterin des BBW suchte zu Beginn der Zusammenarbeit alle beteiligten Märkte und die Ausbildungsorte der Zentrale auf. Wichtig war dabei nicht nur das Kennenlernen von Personen, Orten und Betriebskultur, sondern auch die Klärung der Anforderungen und Erwartungen sowie der speziellen Gegebenheiten an den einzelnen Ausbildungsplätzen. Hierbei wurden die Haltung gegenüber Bewerbern/innen und die Herangehensweise an das Matching abgeglichen. Auf diese Weise konnte die Projektmitarbeiterin des BBW in den Erstgesprächen mit den Bewerbern/innen ein realistisches Bild der Anforderungen in den Ausbildungsbetrieben zeichnen.

Dienstleistungen des BBW

- Bewerberakquise (Strategien, Kontakte, Öffentlichkeitsarbeit)
- Bewerberauswahl (Sichten der Bewerbungen, Erstgespräche mit den Bewerbern/innen, Lesen und Interpretieren der Zeugnisse und Lebensläufe, Einschätzung des Lernverhaltens)
- Matching (Weiterleiten passender Bewerbungen, Beratung der Personaler/innen)
- Bewerbungstraining (Vorbereiten der Bewerbungsgespräche im Betrieb)
- Unterstützung bei notwendigen Formalitäten (Praktikumsvertrag, Arbeitserlaubnis)
- Kontakte zu und Absprache mit Lehrpersonen/Mentoren/innen und Betreuenden, ggf. Eltern

---

Praktikum

Auf einen Eignungstest oder das Durchführen eines Assessmentcenters wurde im Pilotprojekt verzichtet. Zentrale Voraussetzung für den Eintritt in die Ausbildung war ein erfolgreiches Praktikum. Im Zentrum des Interesses stand dabei das wechselseitige Kennenlernen im betrieblichen Ausbildungsalltag, im Kontext der Arbeitsabläufe und -anforderungen.

Die Betriebspraktika sowie strukturierte Zwischen- und Abschlussgespräche waren zu Projektbeginn als die wesentlichen Instrumente der Entscheidungsfindung festgelegt worden. Die Projektmitarbeiterin des

BBW koordinierte die Praktika, band alle Beteiligten in die Informations- und Entscheidungsprozesse ein und vermittelte in Konflikten. Die Praktikumsbegleitung erfolgte durch das Lehrpersonal bzw. der/die Mentoren/innen der Bewerber/innen oder durch die Projektmitarbeiterin des BBW. Für die Zwischen- und Abschlussgespräche entwickelte das BBW einen Reflexionsbogen (Fremd- und Selbsteinschätzung) und einen Gesprächsleitfaden. Im Rahmen der Zwischengespräche wurden – wenn notwendig – konkrete Lernvereinbarungen für die weitere Praktikumszeit getroffen oder zusätzliche „Kompaktwochen" vereinbart. Dabei ging es zum Beispiel darum, die Verständigungsfähigkeit (Verstehen von Arbeitsanweisungen, Kommunikation mit Kunden), die Auffassungsgabe, die Motivation und Zuverlässigkeit sowie die Selbstständigkeit beim Umsetzen von Arbeitsaufträgen zu überprüfen.

Die Beobachtungen in der Praxis stellen eine wichtige Ergänzung zu den Zeugnissen und Lebensläufen der jungen Geflüchteten dar. Den Bewerbern selbst verhilft die betriebliche Praxis zu einem unmittelbaren Eindruck von ihrem möglichen zukünftigen Arbeitsort.

Die Projektmitarbeiterin des BBW war während der Praktika Ansprechpartnerin für alle Fragen. Sie stand in engem Kontakt zu den Mitarbeitern/innen von EDEKA, den Bewerbern/innen, deren Betreuenden, zu Lehrpersonen bzw. zu den Mentoren/innen und ggf. zu den Eltern. Sie war Mittlerin zwischen allen Beteiligten und begleitete die Entscheidungsprozesse.

Dienstleistungen des BBW

- Zentrale Steuerung und Begleitung der Praktika (Praktikumszeiträume, Praktikumsbesuche, Zwischen- und Abschlussgespräche, Reflexionsbogen)
- Einbeziehen aller Beteiligten (Lehrpersonen/Mentoren/innen, Betreuende, ggf. Eltern, Ausbilder/innen)
- Konfliktmanagement und Krisengespräche
- Vermitteln von Systemkenntnis (Berufsbilder, duales Ausbildungssystem)
- Begleiten von Entscheidungsprozessen
- Nachbesetzung bei Praktikumsabbrüchen
- Beurteilung des Lernverhaltens und des Lernzuwachses

II/4 Kooperation mit Unternehmen – Erfahrungen aus der Praxis
Integration junger Geflüchteter in die duale Berufsausbildung – Kooperationsprojekt von EDEKA und
Berufsbildungswerk Hamburg

Übergang in Ausbildung

Die wichtigste Aufgabe des BBW war in dieser Phase das Sicherstellen von gültigen Aufenthaltsdokumenten inklusive der Arbeitserlaubnis für jede/n Bewerber/in und das Einholen der notwendigen Bescheinigungen und Unterlagen für den Personalbogen. Ein weiterer Punkt war die Sicherung des Lebensunterhalts der Auszubildenden – dies in engem Zusammenspiel mit den Betreuenden und Mentoren/innen der jungen Geflüchteten und je nach Lebenssituation des Einzelnen.

Für die Gruppe der Auszubildenden zum/zur Verkäufer/in konnte mit der zuständigen Fachbehörde die inklusive Beschulung an der Berufsschule des BBW erreicht werden. Dadurch haben die angehenden Verkäufer/innen besonders günstige Lernbedingungen in der Berufsschule: kleine Klassen von maximal 15 Teilnehmenden, Doppelbesetzung des Lehrpersonals in einzelnen Unterrichtseinheiten und ein zusätzliches Angebot von Deutsch als Zweitsprache.

Die Auszubildenden aus den Bereichen Büromanagement, Gastronomie und Lagerlogistik besuchen die entsprechenden Fachberufsschulen.

Dienstleistungen des BBW

- Beratung und Unterstützung bei den notwendigen Formalitäten (Aufenthalts- und Arbeitserlaubnis, Ausbildungsvertrag, Personalbogen, Sichern des Lebensunterhaltes)
- Erstellen von Checklisten und Handouts (Arbeitserlaubnis, Einstiegsqualifizierung, Assistierte Ausbildung)
- Abklären von ausbildungsbegleitender Förderung (Assistierte Ausbildung, Lernpaten)
- Vermitteln von Systemkenntnis (Behörden, Antragswege, Sozialversicherung)
- Klären der Beschulung während der Ausbildung, inkl. zusätzlicher Sprachförderung

Stabilisieren und Vernetzen

Ziel und Aufgabe nach dem Ausbildungsbeginn war es, die Auszubildenden mit Lernpaten/innen aus Assistierter Ausbildung oder

Ehrenamt zu vernetzen und, falls notwendig, zu stabilisieren. Der Start in der Berufsschule war für viele junge Geflüchtete verunsichernd und überfordernd. Auch hier war die Projektmitarbeiterin des BBW wieder Mittlerin: Gemeinsam mit allen Beteiligten wurden Lösungen gesucht und Vereinbarungen getroffen.

Dienstleistungen des BBW
- Koordination und Begleiten der Kontaktaufnahme mit den Lernpaten/innen
- Koordination des berufsschulbegleitenden Lernens für die Verkäufer/innen
- Konfliktmanagement und Krisengespräche, auch in der Berufsschule

Prozessbegleitend waren und sind der Austausch unter den Projektpartnern während des gesamten Projektzeitraumes und das Ausbauen des Kompetenznetzwerks von großer Bedeutung für die Kooperation.

Austausch unter den Kooperationspartnern und im Kompetenznetzwerk

Im Rahmen des Pilotprojektes trafen sich die beteiligten EDEKAner und die beiden Projektverantwortlichen des BBW im Schnitt alle sechs Wochen zum Austausch. Aufgetretene Schwierigkeiten und Fragen wurden besprochen und das weitere Vorgehen abgestimmt, Erfahrungen diskutiert und über rechtliche Bestimmungen informiert. Themen waren u. a. die Einschätzung der Bewerbenden, die Erfahrungen aus den Praktika, Praktikumsabbrüche und Nachbesetzungen, der Umgang mit Verständigungsschwierigkeiten und Konfliktsituationen, rechtliche Fragen, die Lebenssituation der jungen Geflüchteten sowie notwendige Unterstützungsleistungen für das erfolgreiche Lernen in der Berufsschule.

In diesen Austauschprozessen wurde zu einer gemeinsamen Haltung gefunden, mit der den jungen Geflüchteten fördernd und fordernd begegnet werden kann und sie in ihrer Leistung und ihren Kompetenzen, auch mit Blick auf die Anforderungen in der Berufsschule, einge-

II/4 Kooperation mit Unternehmen – Erfahrungen aus der Praxis
Integration junger Geflüchteter in die duale Berufsausbildung – Kooperationsprojekt von EDEKA und
Berufsbildungswerk Hamburg

schätzt werden können. Eine gemeinsame Fortbildung aller Projektpartner zum Thema Interkulturelle Kompetenz unterstützte diesen Prozess.

Das BBW übernahm dabei die Aufgabe, diesen Austausch unter den Projektpartnern zu koordinieren, zu strukturieren und zu protokollieren.

Im aktuellen Folgeprojekt 2017 finden die Austauschtreffen in größeren Abständen statt.

Zur Qualifizierung der Kooperationspartner wird seit Projektbeginn stetig ein Kompetenznetzwerk ausgebaut, zu dem die Bundesagentur für Arbeit, Hamburger Berufsschulen und Fachbehörden, Träger der Flüchtlingshilfe, Jugendhilfeträger sowie Beratungsstellen und kundige Ehrenamtliche zählen.

Im September 2016 lud die BAG BBW unter dem Titel „Ausbildungskooperation mit EDEKA" zu einem Fachtag ein. Im BBW Hamburg kamen EDEKAner und Mitarbeitende verschiedener Berufsbildungswerke zum Austausch zusammen. Im November 2016 wurde das Projekt im Rahmen der PAUA-Transfer-Fachtagung der BAG BBW „Berufliche Integration von jungen Menschen mit Fluchthintergrund – Was gelingt jetzt? Wo geht es hin?" vorgestellt.

Erfolgsfaktoren einer guten Kooperation

Das Besondere an dem Projekt „Geflüchtete junge Menschen in Ausbildung bei EDEKA" ist, dass es für beide Kooperationspartner im ersten Jahr Pilotcharakter hatte. Die Zielgruppe der jungen Geflüchteten war für beide Seiten neu. Im Projekt wurden sowohl neue Dienstleistungsangebote als auch neue Kooperationsbeziehungen zwischen einem Unternehmen der freien Wirtschaft und einem BBW entwickelt und erprobt.

Wesentlich getragen wurde und wird diese Kooperation von dem Wissen, dass beide Partner Ressourcen und Bedarfe in die Zusammenarbeit einbringen. Der gemeinsame Nutzen entsteht dadurch, dass sich diese in der qualifizierten Zusammenarbeit ausgleichen. Das Bewusstsein hierfür schafft Partner, die sich auf Augenhöhe kompetent ergänzen.

In diesem Kooperationsprojekt stand von Anfang an der/die einzelne Bewerber/in im Mittelpunkt. Durch die Ressource Zeit, die das

BBW Hamburg durch den Auftrag in die Kooperation einbringt, können alle Beteiligten rund um den/die einzelne/n Bewerber/in in die Prozesse von Entscheidung und Stabilisierung einbezogen werden. Dies hat zu einer offenen Atmosphäre und zu Transparenz unter den Kooperationspartnern geführt, die auch in Phasen trägt, in denen Zeit knapp ist, Entscheidungen zügig fallen müssen, Missverständnisse vorliegen oder Rückschläge wie Praktikumsabbrüche verarbeitet werden müssen.

Fazit

Für das BBW Hamburg war die Anfrage von EDEKA AG (zentrales Bildungswesen und regionale Ausbildungsleitung Nord) eine Chance, sich der neuen Zielgruppe der jungen Geflüchteten zu nähern und sich als kompetenter und verlässlicher Dienstleister für die freie Wirtschaft zu zeigen.

EDEKA-Zentrale & Nord haben für sich eine neue Gruppe von Auszubildenden erschlossen. Unter den EDEKAnern sind Wissen und Erfahrung im Umgang mit jungen Geflüchteten und im interkulturellen Zusammenspiel gewachsen.

In der Mitte des zweiten Projektjahres sind sich beide Kooperationspartner einig, dass der fraglos größte Erfolg darin liegt, wie sich die Auszubildenden aus dem Pilotprojekt in die Betriebe integriert haben, dass sie erfolgreich lernen und dass die Zusammenarbeit für alle Beteiligten eine große Bereicherung ist.

Im August 2017 werden 16 junge Menschen aus dem Projekt ihre Ausbildung aufnehmen.

Ansprechpartner

Ula Braun (BBW Hamburg), braun@bbw-hamburg.de
Olaf Stieper (EDEKA Bildungswesen), olaf.stieper@edeka.de
Anna Al-Rayess (EDEKA Bildungswesen), anna.al-rayess@edeka.de

II/4 Kooperation mit Unternehmen

Erfahrungen aus der Praxis

Herausforderungen in der Zusammenarbeit mit Betrieben meistern – Das Beispiel BBW Josefsheim Bigge

Martin Hünemeyer und Antje Frese

> *„Zusammenkommen ist ein Beginn,*
> *Zusammenbleiben ist ein Fortschritt,*
> *Zusammenarbeiten ist ein Erfolg."*
>
> **Henry Ford**

Das Berufsbildungswerk Josefsheim Bigge

In unserem Berufsbildungswerk bilden wir junge Menschen mit Behinderung in mehr als 30 Berufen für den ersten Arbeitsmarkt aus. In der Ausbildung geht es dabei um mehr als das Erlernen eines Berufes. Die Auszubildenden profitieren von sozialpädagogischer, psychologischer und medizinischer Unterstützung. Sie haben die Möglichkeit, in unserem Internat oder in kleinen Wohngruppen im Ort mit differenzierter, individueller Begleitung zu leben. Unser Integrationsdienst unterstützt die Auszubildenden bei Kontakten mit möglichen Arbeitgebern oder der Arbeitsagentur. Zur Beschulung steht unser hauseigenes Heinrich-Sommer-Berufskolleg zur Verfügung. Um eine tragfähige Berufswahlentscheidung zu treffen, bieten wir zudem berufsvorbereitende Maßnahmen an.

Das Berufsbildungswerk ist Teil des Josefsheim Bigge, eines Dienstleisters für Menschen mit Körper-, Lern-, Sinnes- und komplexen Behinderungen sowie für Menschen, die kurzfristig oder dauerhaft einen Unterstützungsbedarf haben. Hier bieten wir Menschen jeden Alters vom heilpädagogischen Kindergarten über verschiedene Wohnmöglichkeiten, einen ambulanten Dienst, eine Werkstatt für Menschen

123

mit Behinderung bis hin zu einer Integrationsfirma eine Fülle von Chancen und Möglichkeiten zur persönlichen Lebensgestaltung.

Als Unternehmen der JG-Gruppe mit Sitz in Köln ist das Josefsheim Bigge Mitglied einer deutschlandweit agierenden Holding mit dem Schwerpunkt Rehabilitation körperbehinderter Menschen und einem christlich geprägten Leitbild.

Entwicklungen und Zielrichtung

Wir beteiligen uns seit dem November 2015 an dem Projekt PAUA „Anfänge, Übergänge und Anschlüsse gestalten – inklusive Dienstleistungen von Berufsbildungswerken".

Berufsausbildung war für uns nie eine „Trockenübung". Immer schon haben wir praxisorientiert ausgebildet und mit Betrieben der näheren und weiteren Umgebung zusammengearbeitet. Unser Ausbildungsangebot passen wir dabei stetig an die Bedarfe des Arbeitsmarktes an.

Politische oder gesellschaftliche Entwicklungsprozesse wie Vorgaben aus Rahmenverträgen oder Leistungsbeschreibungen und die UN-Behindertenrechtskonvention erfordern nicht nur einen weiteren Ausbau der Zusammenarbeit mit Betrieben, sondern auch ein Umdenken in Bezug auf unser Leistungsangebot.

Im Projekt PAUA wurde in einem ersten Workshop zunächst an der zukünftigen Gesamtzielrichtung des Berufsbildungswerkes gearbeitet. Als Gesamtziel wurde formuliert, das Berufsbildungswerk zu einem modernen Dienstleister für berufliche Bildung zu entwickeln.

Hieraus wurde als ein strategisches Ziel die Sicherung des Kerngeschäftes abgeleitet. Somit sehen wir unser Hauptaufgabengebiet weiterhin in der beruflichen Erstausbildung für junge Menschen mit Behinderung mit dem Ziel der Integration in den ersten Arbeitsmarkt.

Daneben möchten wir verstärkt neue Geschäftsfelder erschließen und hier zum einen unsere Ausbildungsangebote für weitere Zielgruppen öffnen. Dies erfolgt zum Beispiel durch eine Beteiligung an öffentlich ausgeschriebenen Arbeitsmarktdienstleistungen im Bereich der Ausbildung für Menschen, die zwar auf eine den Bedürfnissen der behinderten Menschen ausgerichtete Maßnahme angewiesen sind, nicht aber auf die besonderen Leistungen einer Einrichtung für behinderte Menschen. Hierzu zählt beispielsweise die Durchführung der Maßnahme „Reha-Ausbildung integratives Modell".

Zum anderen werden zunehmend neue Angebote außerhalb des Kerngeschäftes für neue Zielgruppen erschlossen. Beispiele hierfür sind die Beteiligung am Projekt „Chance Zukunft" für arbeitsmarktferne junge Menschen im Bereich des SGB II oder die Durchführung einer Kompetenzfeststellung und Balanceanalyse für Arbeitslose im Langzeitbezug. Beide Angebote führen wir im Auftrag der regionalen Jobcenter durch.

Auswirkungen dieser Entwicklungen auf die Zusammenarbeit mit Betrieben

Diese Entwicklungen führen zu
- einem Ausbau der Zusammenarbeit mit Betrieben,
- Veränderungen der Bedingungen der Zusammenarbeit mit Betrieben und
- erweiterten Unterstützungs- und Beratungsangeboten für Betriebe.

Ausbau der Zusammenarbeit mit Betrieben

Unsere verstärkte Zusammenarbeit mit Betrieben drückt sich folgendermaßen aus:

Um die Ausbildung so inklusiv und arbeitsmarktnah wie möglich zu gestalten und die Integrationschancen unserer Auszubildenden zu verbessern, bilden wir zunehmend in Kooperation mit Betrieben aus. Hiermit kommen wir dem gesetzlichen Auftrag des § 35 SGB IX – ab 2018 § 51 SGB IX – nach, wonach „bei Eignung der behinderten Menschen darauf hingewirkt werden soll, dass Teile dieser Ausbildung auch in Betrieben und Dienststellen durchgeführt werden". Die Umsetzung dieser Forderung spiegelt sich in einer steigenden Anzahl sogenannter VAmB-Phasen wider, sprich Phasen einer verzahnten Ausbildung mit Berufsbildungswerken. Mindestens sechs Monate ihrer Ausbildungszeit verbringen die Auszubildenden in Betrieben auf dem allgemeinen Arbeitsmarkt und werden in dieser Zeit vom Berufsbildungswerk betreut.

Kooperationen mit Betrieben spielen auch bei der Aktion „100 zusätzliche Ausbildungsplätze für behinderte Jugendliche und junge

Erwachsene in NRW" oder den Verbundausbildungen eine Rolle. Auch in der ausgeschriebenen Maßnahmen „Reha-Ausbildung integratives Modell" werden Zielgrößen zum Übergang in betriebliche bzw. kooperative Ausbildung vorgegeben. Auszubildende, für die eine kooperative Ausbildung nicht infrage kommt, führen verpflichtende betriebliche Ausbildungsphasen durch. In der Leistungsbeschreibung der Berufsbildungswerke ist die Durchführung von Praktika bzw. betrieblichen Ausbildungsphasen zur Anwendung des Gelernten und zum Erwerb außerfachlicher personaler und sozialer Kompetenzen fest verankert. Bei einer dreijährigen Ausbildungsdauer sind unter Berücksichtigung der individuellen Möglichkeiten der Auszubildenden in der Regel 26 Wochen für Praktika veranschlagt. Mindestens zwei Praktika müssen während der Ausbildungszeit absolviert werden, davon ein dreimonatiges Praktikum in einem externen, trägerunabhängigen Betrieb.

Auch in anderen Projekten wie „Chance Zukunft" oder in ausgeschriebenen Maßnahmen spielen Betriebspraktika eine zunehmende Rolle und werden in ihrer Mindestdauer teils fest vorgeschrieben.

Daneben können Betriebe bzw. deren Auszubildende von unserem Know-how profitieren. Unser Ziel ist es, Angebote für Auszubildende der Betriebe wie beispielsweise eine gemeinsame Prüfungsvorbereitung, Vermittlung von Ausbildungsinhalten, Zusatzqualifikationen oder Schlüsselqualifikationen weiter auszubauen.

Künftig angedacht sind weiterhin Angebote an Mitarbeitende der Betriebe, wie Qualifizierungsmöglichkeiten über Bildungsgutscheine.

Veränderte Anforderungen der Zusammenarbeit mit Betrieben

Die Zielgruppen, mit denen wir zusammenarbeiten, weiten sich stetig aus. Waren es bisher die klassischen jungen Rehabilitanden/innen mit unterschiedlichen Behinderungen, so sind es jetzt auch Menschen mit und ohne Behinderung verschiedenen Alters, junge arbeitsmarktferne Arbeitslose oder Langzeitarbeitslose.

Je nach Angebot reichen die Zielsetzungen unserer Arbeit von der klassischen Ausbildung mit Abschlussprüfung und Integration in den Arbeitsmarkt über Aktivierungsmaßnahmen, Kompetenzfeststellungen bis hin zu einzelnen Bildungs- oder Unterstützungsangeboten.

Zunehmend gewinnt auch die Stabilisierung und Nachbetreuung der Teilnehmenden an Bedeutung. Wir brauchen hierzu Betriebe, die zur Orientierung, Erprobung und Kompetenzfeststellung, Anwendung des Gelernten, Qualifizierung oder Übernahme der Teilnehmenden bereit sind.

Sowohl im Kerngeschäft als auch in den neuen Geschäftsfeldern müssen wir uns zunehmend auf eine „herausfordernde" Klientel einstellen. Der Personenkreis zeichnet sich beispielsweise durch multiple Beeinträchtigungen und Problemlagen, vermehrt auch durch psychische Einschränkungen aus. Nicht selten haben wir es auch mit Suchtproblematiken zu tun.

In diesen Entwicklungsprozess müssen wir die Betriebe, mit denen wir zusammenarbeiten, einbinden. Hier gilt es zu sensibilisieren, zu überzeugen und nicht zuletzt passende Unterstützungs- und Beratungsangebote bereitzustellen.

Angepasste Unterstützungs- und Beratungsleistungen für Betriebe

Die verstärkte Zusammenarbeit mit den Betrieben und sich ändernde Anforderungen an diese erfordern eine systematische und kompetente Begleitung der Betriebe bzw. unserer Teilnehmenden vor Ort.

Zunehmend ist eine Entwicklung hin zu einer Gehstruktur festzustellen, in der Betriebe und Teilnehmende vor Ort gecoacht werden, aber auch aufsuchende Sozialarbeit bzw. sozialraumorientierte Arbeit eine wachsende Rolle spielen.

Wir bieten den Betrieben Beratungen vor Ort oder die Möglichkeit der Teilnahme an Schulungen oder Tagungen in unserem Haus. Die Themen sind je nach Bedarf unterschiedlich und reichen vom Umgang mit „herausfordernder" Klientel oder einzelnen Behinderungen über die Gestaltung von Ausbildungen sowie den Übergang von Ausbildung in Arbeit und den Austausch mit Netzwerkpartnern bis hin zu Themen wie Arbeitssicherheit oder Fördermöglichkeiten.

Insbesondere durch die Erschließung neuer Geschäftskreise und eine zunehmende rechtskreisübergreifende Arbeit bauen wir unsere Kontakte zu den relevanten externen Akteuren zunehmend aus. Unsere internen und externen Kontakte stellen wir auch den Betrieben je nach Bedarf zur Verfügung bzw. stellen notwendige Kontakte her. Es kann sich hierbei um den Kontakt zu einer Kammer zur Anerkennung als Ausbildungsbetrieb, zur Berufsschule zur Abstimmung von Ausbildungsinhalten oder zum Kostenträger zur Klärung finanzieller Fragen handeln.

Gerade eine systematische Netzwerkbildung unterstützt die Ziele einer möglichst inklusiven Berufsausbildung und Arbeitsmarktintegration wesentlich. Im EU-Projekt „INDIVERSO – Inclusive diverse solutions for VET" haben wir uns hierzu unter anderem damit beschäftigt, wie in Bezug auf Menschen mit psychischen Beeinträchtigungen ein regionales Netzwerk mit Beteiligten unterschiedlicher Institutionen und Professionen systematisch aufgebaut, die Zusammenarbeit konkretisiert und regelmäßige Netzwerktreffen gestaltet werden können.

Um diese skizzierten Unterstützungs- und Beratungsleistungen erbringen zu können, bedarf es neben einer Organisationsentwicklung auch einer Personalentwicklung. Angebote an das Personal rund um betriebswirtschaftliches Denken, Vertriebsorientierung oder Netzwerkarbeit sollen die Mitarbeitenden in der Zusammenarbeit mit den Betrieben genauso stärken wie Möglichkeiten der Supervision oder der kollegialen Fallberatung.

Vor dem Hintergrund dieser skizzierten Entwicklungen in unserem Haus werden nachfolgend an einem konkreten Beispiel anonymisiert die Möglichkeiten und Herausforderungen in der Zusammenarbeit mit Betrieben dargestellt.

Praxisbeispiel: Landwirtschaftliche Ausbildung im Berufsbildungswerk Josefsheim Bigge

Das Berufsbildungswerk Josefsheim Bigge bildet seit rund 30 Jahren Berufe in der Landwirtschaft aus. Aktuell stehen 20 Ausbildungsplätze zur Verfügung. Die praktische Ausbildung findet überwiegend in einem der 16 durch Kooperationsverträge an uns gebundenen Landwirtschaftsbetriebe statt.

Mit unserem Franziskushof als Eigenbetrieb und den Kooperationsbetrieben stellen wir ein umfassendes Ausbildungsangebot in folgenden Bereichen zur Verfügung:

- Schaftzucht und -haltung
- Milchviehhaltung
- Bullenmast
- Kälberaufzucht
- Sauenhaltung
- Ferkelmast
- Ackerbau
- Grünlandbearbeitung
- Hähnchenmast
- Pferdehaltung

Wir bilden sowohl Landwirte/innen gemäß § 25 BBiG als auch Landwirtschaftsfachwerker/innen gemäß § 66 BBiG (Ausbildungsregelungen der zuständigen Stellen für Menschen mit Behinderungen) aus. Die Ausbildungen schließen mit einer Prüfung vor der Landwirtschaftskammer ab. Kostenträger ist in vielen Fällen die Agentur für Arbeit, die auch den Förderstatus festlegt.

Unsere Kooperationsbetriebe sind von der Landwirtschaftskammer als Ausbildungsbetriebe anerkannt. Soweit diese Betriebe Landwirtschaftsfachwerker/innen ausbilden, müssen diese eine rehabilitationspädagogische Fortbildung besitzen oder die Zusammenarbeit mit einer geeigneten Bildungseinrichtung nachweisen.

Die in den behindertenspezifisch geregelten Ausbildungsgängen geforderte rehabilitationspädagogische Begleitung wird durch uns sichergestellt.

Beschult werden die Auszubildenden an festen Wochentagen in den Fachklassen unseres Heinrich-Sommer-Berufskollegs. Der Unterricht ist an den Förderbedarf der Teilnehmenden angepasst und findet in kleinen Klassen von bis zu zehn Schülerinnen und Schülern statt. Zudem erhalten diese je nach Bedarf Förder- und Stützunterricht, um die Unterrichtsinhalte nachzuarbeiten und zu vertiefen.

Lange Zeit war unser Berufskolleg der einzige Berufsschulstandort für Landwirtschaftsfachwerker/innen in NRW. Dem Wunsch folgend, den Unterricht näher an die Wohnorte der Schüler/innen zu bringen, ist eine Beschulung nun auch an anderen Standorten wie den Berufskollegs in Bielefeld, Münster oder Kleve möglich.

Soweit die Auszubildenden nicht zu Hause wohnen, leben sie in unserem Internat oder in einer betreuten Außenwohngruppe. Weitere

Fachdienste wie psychologischer Dienst, medizinischer Dienst, Sozialdienst oder Integrationsdienst stehen zur Verfügung.

Qualitätsmerkmal Case Management

Bei der Durchführung der Ausbildung hat es sich als Vorteil erwiesen, dass in unserem Haus vor einigen Jahren das Case Management als pädagogisches Steuerungsinstrument für die individuelle Teilhabeplanung und zudem als ein zentrales Qualitätsmerkmal installiert wurde.

Case Manager sind zentrale Ansprechpartner/innen für alle am Ausbildungsprozess beteiligten Akteure und steuern diesen.

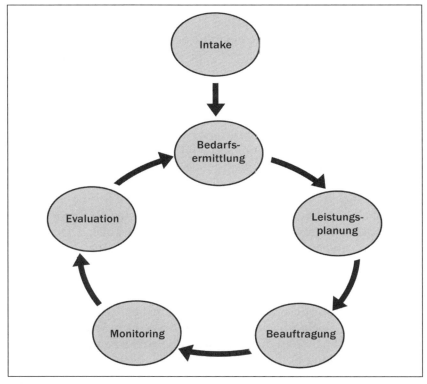

Abbildung: Der Case-Management-Regelkreis der Josefs-Gesellschaft

Quelle: Eigene Darstellung

Der Ausbildungsprozess beginnt mit der Aufnahmeanfrage der Agentur für Arbeit an das Berufsbildungswerk. Diese Anfrage stößt ein Assessment an, in dem alle für die Ausbildung erforderlichen Informationen und Daten erhoben werden. Diese bilden die Grundlage für die sich anschließende individuelle Leistungsplanung. Dem Case Manager obliegt nun die Aufgabe, die definierten Leistungen und Maßnahmen an die in der Planung benannten internen und externen Akteure weiterzugeben, diese bestmöglich zu vernetzen und den vorgegebenen Kostenrahmen im Auge zu behalten. Die Leistungserbringung wird durch diesen überwacht, regelmäßig reflektiert und der Plan bei Bedarf angepasst. Die abschließende Ergebnisüberprüfung bzw. Evaluation steht am Ende dieses Prozesses (siehe Abbildung).

Um diese Arbeit zu leisten, ist nicht nur Wissen rund um das Case Management und eine teilnehmerbezogene Leistungserbringung erforderlich, sondern auch sozial- sowie rehabilitationspädagogisches Know-how, Kenntnisse rund um die Ausbildung in der Landwirtschaft und nicht zuletzt Wissen um betriebswirtschaftliche Sichtweisen oder Vertriebstechniken.

Der Ausbildungsverlauf am Beispiel eines Landwirtschaftsfachwerkers

Anfänge gestalten

Vor einiger Zeit wurde uns von der Agentur für Arbeit ein junger Mann für die Ausbildung zum Landwirtschaftsfachpraktiker benannt. Dieser zeigte eine starke Ausprägung des Asperger-Syndroms mit begleitenden Verhaltensanomalien. Zu einer sozialen Interaktion war er nur bedingt in der Lage. In für ihn ausweglosen Situationen neigte er zu aggressivem Verhalten. Die schulischen Leistungen lagen auf dem Niveau der zehnten Klasse Hauptschule im Bereich 1–2. Im Fach Mathematik zeigte er aber überdurchschnittliche Fähigkeiten. Vorkenntnisse und ein Interesse an der Landwirtschaft waren gegeben. Der junge Mann hatte das Ziel, den elterlichen landwirtschaftlichen Betrieb zu übernehmen. Einer Berufsausbildung zum Landwirtschaftsfachpraktiker standen die Eltern zu Beginn jedoch skeptisch gegenüber.

Herausforderung: Den passenden Kooperationsbetrieb finden

Für die Durchführung der praktischen Ausbildung musste ein Ausbildungsbetrieb gefunden werden, der den gewünschten betrieblichen Schwerpunkt der Schweinemast bot und zugleich über hinreichende Fachkompetenz im Umgang mit Menschen mit Asperger-Syndrom verfügte.

Der Arbeitsplatz selbst musste klar strukturiert sein und eine reizarme Umgebung bieten. Die einfachste Möglichkeit wäre gewesen, den jungen Mann auf unserem Franziskushof auszubilden. Hier verfügen wir über Personal, das hinsichtlich des Behinderungsbildes geschult ist. Allerdings konnten wir hier den gewünschten Schwerpunkt der Schweinemast nicht bieten.

In unserem Kooperationsverbund an landwirtschaftlichen Ausbildungsbetrieben verfügen vier Betriebe über den gewünschten Schwerpunkt. Einer dieser Betriebe erklärte sich bereit, den jungen Mann im ersten Ausbildungsjahr auszubilden. Asperger-Autismus war dem betrieblichen Ausbilder durch seinen Freundeskreis bekannt.

Der Auszubildende wurde dem Betrieb vorgestellt und Besonderheiten bei vorliegender Schweigepflichterklärung wurden besprochen. Ein Kooperationsvertrag wurde mit der Zusage geschlossen, die Ausbildung fachlich eng zu begleiten und bei Problemen Unterstützung zu leisten. Weitere Informationen über die Behinderungsform und ihre Auswirkungen wurden durch uns zur Verfügung gestellt. Als hilfreich hat sich beispielsweise das Informationsblatt „Asperger-Autisten verstehen lernen" herausgestellt, das im Internet unter autismus-mfr.de abgerufen werden kann.

Letztlich geht es bei der Suche nach einem passenden Kooperationsbetrieb immer darum, eine Win-win-Situation herzustellen: Wir gewinnen durch die Zusammenarbeit mit den Betrieben Ausbildungsplätze für unsere Auszubildenden; die Kooperationsbetriebe erhalten Mitarbeitende, die von uns begleitet werden.

Netzwerkpartner einbinden und Kontakte pflegen

Um die Ausbildung des jungen Mannes erfolgreich zu gestalten, oblag es dem Case Manager, zur Durchführung der geplanten Angebote sowohl die erforderlichen internen als auch externen Netzwerkpartner einzubinden.

Im Falle des beschriebenen Auszubildenden wurde beispielsweise der zuständige Lehrer unseres Berufskollegs informiert und ein Einzelzimmer in einer ruhigen Wohngruppe unseres Internats zur Verfügung gestellt. Der psychologische Dienst erhielt ebenfalls eine Information über die anstehende Ausbildung. Ein Fahrdienst zum Ausbildungsbetrieb wurde organisiert.

Zugleich ist auch die Einbindung externer Akteure entscheidend für den Ausbildungserfolg. Hierzu zählen neben den Kooperationsbetrieben die Agentur für Arbeit, die Landwirtschaftskammer, die überbetrieblichen Ausbildungseinrichtungen und insbesondere auch die Eltern.

In Bezug auf die vorliegende Behinderung galt es, auch die Kontaktaufnahme zur Autismus-Ambulanz von Beginn an aktiv voranzutreiben.

Wichtiger Partner sind auch Fahrschulen. Insbesondere durch den Erwerb des Führerscheins Klasse D „Schlepper und Landmaschinen" erhöhen sich die Integrationschancen der Auszubildenden.

Neben der Einbindung der Netzwerkpartner bedarf es einer regelmäßigen Pflege der bestehenden Kontakte zu unseren Partnern. Diese Kontaktpflege erfolgt beispielsweise durch Einladungen zu Veranstaltungen in unserem Haus. So werden die an der landwirtschaftlichen Ausbildung beteiligten Akteure beispielsweise jährlich zu einem Sommerfest eingeladen. Dieses Zusammentreffen stellt sich immer wieder auch als vorteilhaft für die landwirtschaftlichen Betriebe dar, haben sie doch hier die Möglichkeit, wichtige Partner persönlich kennenzulernen.

Intensive Begleitung und Krisenintervention

Im vorliegenden Fall wurde mit dem Kooperationsbetrieb eine sehr hohe Kontaktdichte vereinbart. Zum wöchentlichen telefonischen Austausch kamen regelmäßige Betriebsbesuche vor Ort.

Dieser enge Austausch mit dem Kooperationsbetrieb ermöglicht uns auch Rückschlüsse auf die Kundenzufriedenheit. Gleichzeitig können wir so Wertschätzung und Interesse an deren Ausbildungsleistung zeigen.

Im Beispielfall verlief die betriebliche Ausbildung in den ersten Monaten fast störungsfrei. Der junge Mann fühlte sich auf dem Hof wohl und interessierte sich für die Abläufe vor Ort. Nach fünf Monaten Ausbildung verstarb unerwartet die Mutter des Ausbilders. Der betriebliche Ausbilder war mit der neuen Situation überfordert, und dem Auszubildenden fehlte eine wichtige Bezugsperson. Ein Hofwechsel stand an. Im Ausbildungsnetzwerk konnte jedoch schnell ein Betrieb gefunden werden. Hier kamen uns der gute Kontakt und die Vernetzung der Höfe untereinander entgegen. Es hatte sich inzwischen herumgesprochen, dass der Auszubildende zuverlässig und genau arbeitet. Der Auszubildende wurde auf dem Hof überwiegend im Bereich der Sauenhaltung eingesetzt, was seinen Wünschen entgegenkam.

Übergänge gestalten

Ausgebildete Fachwerker übernehmen im späteren Beruf Routinearbeiten in landwirtschaftlichen Betrieben. Die Jobaussichten für Landwirtschaftsfachwerker sind sehr gut: Fast alle Auszubildenden finden im Anschluss an ihre Ausbildung eine Beschäftigung – oft auch im vor- und nachgelagerten Bereich. Vorbereitet und unterstützt werden die Auszubildenden bei der Jobsuche durch unseren Integrationsdienst.

Inzwischen hat der beschriebene Auszubildende seine Ausbildung zum Landwirtschaftsfachwerker erfolgreich abgeschlossen. Er hat einen Ausbildungsplatz für eine Vollausbildung zum Landwirt in der Nähe seines Heimatortes aufgenommen und möchte nach dieser Ausbildung auf den elterlichen Hof zurückkehren.

Bereitstellung von Fach- und Spezialwissen

Zweimal jährlich laden wir zu einer Ausbildertagung mit rehabilitationspädagogischen und ausbildungsbezogenen Themen ein. Weitere Punkte sind Arbeitssicherheit und Unfallverhütung. Als Referenten stehen neben eigenen Mitarbeitenden aus unterschiedlichen Fachbereichen auch immer wieder externe Referenten/innen z. B. der Landwirtschaftskammer, der Berufsgenossenschaft oder der Agentur für Arbeit zur Verfügung.

Zugleich stehen wir mit einem Team aus Psychologen/innen und Sozialpädagogen/innen den Ausbildenden und den Auszubildenden mit professioneller Hilfe zur Seite.

Hinweis

Ein weiteres Beispiel aus der landwirtschaftlichen Ausbildung findet sich in der Ausgabe des Wochenblatts für Landwirtschaft & Landleben vom 06.07.2017, Ausgabe 27.[1]
Hier wird die Ausbildung einer jungen Landwirtschaftsfachwerkerin mit einer Lese- und Rechtschreibschwäche in Kooperation mit einem Milchviehbetrieb beschrieben.

Literatur

Hofmann, H./Lorenz, S./Poltermann, A.:
Förderung der Ausbildungsfähigkeit benachteiligter Jugendlicher. Handreichung zur Unterstützung von Einrichtungen der beruflichen Rehabilitation. Projekt PAUA, f-bb. Nürnberg 2017 – URL: https://www.f-bb.de/fileadmin/PAUA_Materialien/ 3_PAUA__Ausbildung_benachteiligter_Jugendlicher.pdf (Stand: 26.10.2017)

Josefs-Gesellschaft:
Individuelle Teilhabeplanung, Case Management. Olsberg 2015

Richter, Norbert:
Facharbeit zum Thema Case Management in der beruflichen Rehabilitation junger Menschen in der Landwirtschaft am Beispiel einer Autismus-Spektrum-Störung. 2015

Wochenblatt für Landwirtschaft & Landleben:
Ausgabe 27 vom 6. Juli 2017, S. 68–69

---

[1] Erhältlich unter https://www.zzol.de/objekt/1372/20170027 (Stand: 27.07.2017).

II/5 Ausbildungspotenziale erschließen – Benachteiligte Jugendliche

Susan Rathke und Ulrike Stumpf

Ausgangslage seitens der Wirtschaft: Mangel an geeigneten Auszubildenden

Der Statistik-Service Ost der Agentur für Arbeit schreibt im Monatsbericht Juni 2017, dass es im Berichtsjahr im Bundesland Sachsen-Anhalt 10.736 Bewerber/innen für Ausbildungsstellen gibt. Davon bleiben 4.253 unversorgt beziehungsweise nicht vermittelt. Gleichzeitig gibt es 11.178 Ausbildungsstellen, wobei 5.356 unbesetzt sind. Das bedeutet, dass bis Juni 2017 auf 5.356 unbesetzte Ausbildungsstellen 4.253 nicht vermittelte Auszubildende kommen (vgl. Agentur für Arbeit 2017). Bis zum Ausbildungsbeginn wird die große Differenz tendenziell nicht mehr gefüllt werden können. Diese Darstellung des Statistik-Service Ost der Agentur für Arbeit verdeutlicht einerseits, dass es nicht genug „geeignete" Auszubildende gibt, um den Ausbildungsmarkt abzudecken. Auf der anderen Seite zeigt diese Statistik auch bestehende Diskrepanzen und Passungsprobleme auf: Die Erwartungen des Ausbildungsmarktes stimmen nicht mit den Voraussetzungen der Bewerbenden überein. Eine bessere Anpassung des Ausbildungs- und Arbeitsmarkts an die Voraussetzungen des Bewerberpotenzials wäre somit sowohl für die Wirtschaft als auch für Ausbildungsplatzsuchende von Vorteil. So könnte die Vermittlungsquote erhöht und mehr Ausbildungsstellen besetzt werden.

Ausgangslage der Zielgruppe: Unzureichende Ausbildungsfähigkeit

Benachteiligte junge Menschen sind Bewerber/innen mit höherem Förderbedarf, die gezielte Unterstützungsmaßnahmen und sozial-

137

pädagogische Übergangshilfen benötigen, um den Eintritt ins Erwerbsleben zu meistern.

Die Ausgangslage dieser Zielgruppe hinsichtlich ihrer Ausbildungsfähigkeit ist differenziert zu betrachten. Zum einen verfügen benachteiligte Jugendliche oft weder über einen vollwertigen Schulabschluss noch über die nötigen schulischen Basiskompetenzen, um eine Berufsausbildung aufzunehmen und erfolgreich zu absolvieren. Versagensangst, entwickelt aus über lange Jahre erlebten und erlittenen schulischen Misserfolgen, lässt viele Jugendliche erst gar nicht den Versuch starten, einen Schulabschluss nachzuholen.

Zum anderen gibt es neben den Jugendlichen ohne Abschluss auch diejenigen mit einem Schulabschluss, die aufgrund ihrer psychischen und/oder körperlichen Verfassung eine verminderte Ausbildungsfähigkeit aufweisen. Diese kann auf ganz verschiedene Weise zum Tragen kommen. So haben beispielsweise junge Menschen mit einer sehr niedrigen Frustrationstoleranz und geringer Kritik- und Kommunikationsfähigkeit Schwierigkeiten, sich in ein Team einzufinden; mangelndes Selbstvertrauen und eine negative Selbstwirksamkeitserwartung auf diese Weise für eine/n Jugendliche/n können zur unüberwindlichen Hürde dafür werden, Aufgaben selbstständig zu erledigen und Verantwortung zu übernehmen.

Die Probleme benachteiligter Jugendlicher, die sich negativ auf ihre Ausbildungsfähigkeit niederschlagen, können ihren Ursprung in schwierigen sozialen Lebenslagen haben oder auch einer unzureichenden Förderung in der Kindheit geschuldet sein. Oftmals ist ihre primäre Sozialisation nicht optimal oder auch kontraproduktiv verlaufen. Nicht selten leiden Jugendliche mit Benachteiligung an traumatischen Erlebnissen aus ihrer Kindheit. Dazu zählen seelische und körperliche Vernachlässigung durch die Eltern bis hin zu Missbrauch und Misshandlung. Manche der Jugendlichen berichten von alkohol- und drogenabhängigen Eltern, die ihren Konsum nicht vor ihren Kindern verbergen konnten oder sie ebenfalls zum Konsum anregten. Nicht selten leiden die Jugendlichen auch am Verlust eines oder beider Elternteile durch Suchtmittelmissbrauch und einem daraus resultierten Aufbrechen der Familie.

Solche prägenden biografischen Erlebnisse können psychische Störungen und Verhaltensauffälligkeiten bei Jugendlichen hervorrufen, die auch ihre Ausbildungsfähigkeit beeinträchtigen. Hinzu kommt, dass sozial benachteiligte junge Menschen oft wenig Gelegenheit hatten, soziale und personale Kompetenzen wie Kooperationsfähigkeit, Durchhaltevermögen, Zielorientiertheit und Vertrauensfähigkeit zu entwickeln. Die Fokussierung auf vorhandene Kompetenzdefizite verhindert oftmals das Erkennen der Potenziale und Ressourcen dieser jungen Menschen, die es zu fördern und zu stärken gilt.

Unterstützungsbedarf und zentrale Interventionsfelder

Um ihre Potenziale entfalten und nutzen zu können, sind die Jugendlichen auf professionelle Hilfe durch soziale Institutionen angewiesen, soweit ihr Umfeld das nicht leisten kann. Von zentraler Bedeutung dabei sind eine ressourcenorientierte Herangehensweise sowie intensive Motivations- und Beziehungsarbeit. Durch Gesprächsmöglichkeiten mit Vertrauenspersonen werden die jungen Menschen entlastet und ihre Motivation und ihr Selbstvertrauen gestärkt. Durch die Beseitigung schulischer Defizite und eine schrittweise Heranführung an die Anforderungen des Berufslebens wird ihre Ausbildungsfähigkeit entwickelt.

Sehr häufig bezieht sich der individuelle Unterstützungsbedarf auch auf grundlegende Aspekte der praktischen Lebensbewältigung. Finanzielle Schwierigkeiten, teilweise gepaart mit mangelnder Fähigkeit im Umgang mit den eigenen Finanzen, führen nicht selten zu existenziellen Problemen: Oftmals fehlt das Geld, um sich mit Nahrung zu versorgen oder die Miete zu bezahlen, und es häufen sich Schulden. Es gibt Jugendliche innerhalb der Zielgruppe, die keinen festen Wohnsitz haben, bei Freunden oder Bekannten Unterschlupf finden oder auch obdachlos sind. Hier steht an erster Stelle die Aufgabe der Jugendsozialarbeit, Lösungen zu finden.

Gerade junge Eltern innerhalb der Zielgruppe der Benachteiligten befinden sich meist in einer brisanten Situation. Neben finanziellen Sorgen sind es oft soziale Probleme, mit denen die jungen Eltern zu kämpfen haben. Haben sie keinen Rückhalt aus ihrem eigenen sozialen und familiären Umfeld, können leicht Überforderungsmomente – auch zulasten der Kleinkinder – auftreten.

Häufig suchen sie sich Peergroups, die meist keine positive Vorbild-funktion einnehmen, die aber den einzigen sozialen Rückhalt bieten, den die Jugendlichen haben und auch annehmen wollen. Darüber geraten sie in eine soziale – und teilweise auch materielle – Abhängig-keit dieser Freunde, die den Übergang in ein geregeltes Leben zusätz-lich erschwert. Es erfordert eine hohe Motivation und großes Selbst-vertrauen, sich von der Peergroup abzugrenzen und sich in ein neues Umfeld zu begeben. Unterstützung durch professionelle Betreuungs-personen kann ihnen diesen Schritt erleichtern.

Auch Drogenabhängigkeit stellt in diesem Zusammenhang ein zen-trales Interventionsfeld dar. Viele benachteiligte junge Menschen haben Erfahrungen mit Konsum von Cannabis und auch chemischen Rauschmitteln, wie LSD und Crystal Meth. Die Einnahme von Rausch-mitteln wirkt sich fast immer auf das Sozialverhalten der Konsumen-ten aus (beispielsweise durch erhöhte Aggressivität). Zudem kann es als Folge der Abhängigkeit und der damit verbundenen Kosten passie-ren, dass sie in die Beschaffungskriminalität abrutschen.

Junge Menschen mit schwierigen (Bildungs-)Biografien haben somit vielfältige Förderbedarfe. Die Erfahrung zeigt, dass es nicht für jede Problemlage die gleichen Lösungsmöglichkeiten gibt. Vielmehr sind stark personenzentrierte Lösungsansätze und multikomplexe Unterstützungsarrangements erforderlich. An die damit betrauten sozialen Einrichtungen und ihre Fachkräfte stellt dies hohe Anforde-rungen.

Erforderliche Rahmenbedingungen

Um den oben skizzierten Bedarfen benachteiligter Jugendlicher gerecht zu werden, ist eine intensive Betreuung unerlässlich. Dies erfordert auch eine enge Zusammenarbeit in multiprofessionellen Teams, bestehend aus Berufs- und Sozialpädagogen sowie, je nach Bedarf, weiteren Fachkräften (wie Psychologen/innen, Mediziner/innen, Sporttherapeuten/innen etc.). Der Praxisanleiter ist für die berufsbezogene Förderung der Teilnehmenden zuständig, während die sozialpädagogischen Fachkräfte die persönlichen Gespräche und Einzelfallhilfen übernehmen.

Erfahrungswerte zeigen, dass die Erfolgschancen stark davon abhängen, inwieweit es dem Betreuungspersonal gelingt, eine Vertrauensbasis zu den jungen Erwachsenen herzustellen. Diese Vertrauensbasis ist eine wichtige Grundlage für eine erfolgreiche Teilnahme an Fördermaßnahmen und das Annehmen von angebotenen Hilfestellungen.

Für die Betreuenden bedeutet das zum einen, dass sie einen ausreichenden zeitlichen Rahmen benötigen, um eine vertrauensbasierte Arbeitsbeziehung zu den Jugendlichen aufzubauen. Zum anderen müssen sie eine sehr offene Haltung gegenüber schwer erreichbaren Jugendlichen einnehmen, bei gleichzeitiger Wahrung der professionellen Distanz. Nicht selten reagieren die Jugendlichen beispielsweise auf Belastungssituationen mit sehr unangemessenen Verhaltensweisen. Hier benötigen die Betreuungskräfte sowohl eine hohe Resilienz und Frustrationstoleranz als auch die Fähigkeit, die Jugendlichen auch nach Extremsituationen wieder aufzufangen und ihnen Halt zu geben. Für die Arbeit mit dieser sehr unterstützungsbedürftigen Zielgruppe ist daher ein enger Betreuungsschlüssel (ca. 1 : 4 bis 1 : 6) erforderlich, um auf ihre Belange ausreichend eingehen zu können.

Oftmals ist für die Jugendlichen eine regelmäßige Maßnahmenteilnahme sehr schwierig, sei es aus familiären oder alltagspraktischen Gründen oder auch weil sie es nicht gewohnt sind, die nötige Disziplin aufzubringen. In solchen Fällen kann es einerseits notwendig sein, im Rahmen aufsuchender Sozialarbeit die Jugendlichen zu Hause abzuholen oder Gespräche in ihr gewohntes Umfeld zu verlegen (vgl. Dölker 2013, S. 19). Andererseits gilt es, die Teilnehmenden sukzessive an eine sinnvolle Tagesstrukturierung heranzuführen. Zentrales Element dabei ist die Entwicklung eines festen Zeitplans, der ihnen jedoch auch genügend Freiräume für eigene Gestaltungselemente lässt.

Auch die räumlichen Strukturen stellen wichtige Rahmenbedingungen dar. Sie sollten ausreichend Möglichkeiten sowohl für individuelle Gespräche und Gruppenarbeit mit den Jugendlichen als auch für berufspraktisches Arbeiten bieten. Nicht zuletzt ist es auch wichtig, dass die Jugendlichen in Krisen- oder Belastungssituationen auch räumliche Rückzugsmöglichkeiten haben.

Ausbildungspotenzial für Betriebe

Die dargestellten Herausforderungen und Anforderungen in der Arbeit mit Jugendlichen in schwierigen sozialen Situationen sind vor dem Hintergrund ihrer vielfältigen Ressourcen als lohnenswert zu betrachten. Wie eingangs dargestellt, ist es für unsere Gesellschaft von zentraler Bedeutung, neue Arbeits- und Fachkräfte zu gewinnen. Viele der benachteiligten jungen Menschen tragen ein hohes Potenzial in sich, um diesen Bedarf zu decken. Gelingt es durch professionelle Unterstützung, diese Ressourcen zu festigen und in den Fokus zu rücken, verlieren die bestehenden Hindernisse an Bedeutung.

Um auch Betriebe für diese Sichtweise zu öffnen, spielen betriebliche Realerfahrungen, besonders im Rahmen von Praktika der Jugendlichen in Unternehmen, eine große Rolle. Gelingt es, den Jugendlichen vor Ort die Chance zu geben, ihre Fähigkeiten zu beweisen und Verständnis für vorhandene Besonderheiten bei den Arbeitgebern aufzubauen, kann der Übergang in die Unternehmen erfolgen. Bei diesem Prozess ist es von großer Bedeutung, dass sowohl die Betriebe als auch die Jugendlichen durch die professionellen Betreuer/innen begleitet werden und diese als zentrale Ansprechpartner in der Region zur Verfügung stehen.

Praxisbeispiel – die PAUA-Maßnahme

Auf Basis der oben skizzierten Ausgangslage und Voraussetzungen wurde im Berufsbildungswerk Stendal ein Maßnahmekonzept zur Förderung der Ausbildungsfähigkeit junger Menschen mit Benachteiligung entwickelt.

Das Konzept

Aufbauend auf den bereits vorhandenen Erfahrungen in der Förderung von Jugendlichen und jungen Erwachsenen wurde dieses Konzept in zwei zentrale Durchführungsphasen aufgeteilt, jeweils untergliedert in zwei Teilphasen: die Motivations- und Projektphase sowie die Vertiefungs- und Übergangsphase (siehe Abbildung).

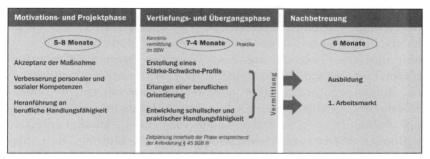

Abbildung: Gliederung des Maßnahmekonzeptes zur Förderung der Ausbildungsfähigkeit junger Menschen mit Benachteiligung im BBW Stendal

Quelle: Konzept „Anfänge, Übergänge und Anschlüsse gestalten" BBW Stendal (2014, S. 22)

Die Motivationsphase diente in erster Linie dem Vertrauens- und Beziehungsaufbau. Dabei standen die Akzeptanz der Maßnahme bei den Jugendlichen sowie ihre Heranführung an geregelte Tagesstrukturen im Mittelpunkt. In der Projektphase war vorgesehen, die Teilnehmenden in ersten Schritten durch praktische Tätigkeiten in den Gewerken des BBW, aber auch bei Betriebsbesichtigungen beruflich zu orientieren. Erste berufliche Erprobungen in verschiedenen Berufsrichtungen in Form von kleinen, überschaubaren Projekten sollten sie durch „schnelle" Erfolgserlebnisse zusätzlich motivieren.

In der Vertiefungsphase ging es um die Festigung der berufsbezogenen Kenntnisse und Fähigkeiten. Dazu sollten die Teilnehmenden die Möglichkeit erhalten, größere Gruppenprojekte zu bearbeiten, gegebenenfalls auch einzelne Qualifizierungsbausteine zu absolvieren. Schulische Übungen ergänzten das Angebot. In der Übergangsphase standen die weitere Förderung und Festigung der beruflichen und sozialen Handlungskompetenzen sowie die Aufrechterhaltung der Motivation unter realen Arbeitsbedingungen im Fokus. Diese letzte Phase stand im Zeichen der vertiefenden Vorbereitung auf eine Ausbildung oder alternativ der Integration in den ersten Arbeitsmarkt.

143

Beschreibung der Zielgruppe und Zielsetzung

Die konkrete Zielgruppe wurde wie folgt definiert:

„Am Projekt teilnehmen können Jugendliche und junge Erwachsene zwischen 18 und 25 Jahren, die ihre Schulpflicht bereits erfüllt haben, aufgrund massiver Motivations- und Verhaltensdefizite (bzw. aufgrund einer Behinderung) noch nicht die Eignung für eine BvB (Berufsvorbereitende Bildungsmaßnahme) oder sonstige Maßnahmen der Bundesagentur für Arbeit besitzen, aber die mit entsprechender sozialpädagogischer Unterstützung eine regelmäßige Teilnahme an der Maßnahme erwarten lassen, sowie Abbrecher (gekündigt aufgrund fehlender Mitwirkung) betrieblicher Berufsausbildung, BvB oder anderer durch die BA geförderter Maßnahmen" (Konzept PAUA BBW, Stendal 2014). Das Hauptziel der Pilotmaßnahme war die Entwicklung der Fähigkeit der Teilnehmenden, sich in die Arbeitswelt zu integrieren. Dieses Ziel wurde teilnehmerbezogen in zwei Schwerpunktrichtungen unterteilt: die Aufnahme einer Berufsausbildung oder, falls das nicht möglich sein sollte, die Integration in den ersten Arbeitsmarkt. Die Teilnehmenden sollten die notwendigen Grundkenntnisse und die personalen und sozialen Kompetenzen erlangen, um durch eine Ausbildung oder auch durch den direkten Schritt in die Erwerbstätigkeit die Grundlagen dafür zu schaffen, ihr Leben trotz Benachteiligung oder Behinderung dauerhaft selbstbestimmt gestalten zu können.

Um dies zu erreichen, wurden für die Maßnahme folgende Teilziele festgelegt:

- Entdeckung eigener Ressourcen, Entwicklung eigener Lebensziele und Perspektiven
- Aneignung einer festen Tagesstruktur
- Aufbau von Gruppen- und Kommunikationsfähigkeit und einem „gesunden" Selbstvertrauen
- Entwicklung von Kritikfähigkeit und Aneignung von Problemlösungsstrategien
- Verbesserung der sozialen Situation der Teilnehmenden

Diese Ziele bezogen sich auf den besonderen Förderbedarf verhaltensauffälliger und motivationsarmer junger Menschen. Sie greifen ineinander und beeinflussen sich gegenseitig.

Eine weitere Zielsetzung der Pilotmaßnahme war es, Berührungsängste von Unternehmen gegenüber benachteiligten Jugendlichen abzubauen und den Betrieben durch geeignete Kooperations- und Unterstützungsangebote die Möglichkeit zu gegeben, die Potenziale und Ressourcen dieser Zielgruppe zu erkennen und zu nutzen.

Maßnahmeplanung und Umsetzung

Organisatorisch wurde die Maßnahme im BBW der Abteilung „Projekte und Maßnahmen" zugeordnet. Neben der Projektleitung und den direkten Projektmitarbeitern – einem Praxisanleiter, einer Sozialpädagogin und stundenweise einem Psychologen – arbeiteten eine Verwaltungskraft sowie punktuell verschiedene Fachdienstmitarbeiter des BBW mit. Die Strukturen sowie die sächlichen und räumlichen Ressourcen des Berufsbildungswerkes (Werkstätten, Lehrküchen, Sporthalle etc.) konnten vollumfänglich genutzt werden.

Bei der Durchführung wurde zunehmend deutlich, dass eine stringente Orientierung an dem konzeptionellen Phasenmodell praktisch kaum umsetzbar war, da die Entwicklungen der meisten Teilnehmenden nicht linear verliefen, sondern sowohl durch zahlreiche Fort-, aber auch Rückschritte geprägt waren. Um dem gerecht zu werden und den beschriebenen Zielstellungen näher zu kommen, war eine höhere Durchlässigkeit sowie eine personenbezogen sehr flexible Ausgestaltung der einzelnen Phasen erforderlich. Handlungsleitend dabei war die bedarfsnah am individuellen Entwicklungsstand orientierte Realisierung der folgenden zentralen Förderelemente:
1. Förderung der Tagesstruktur der Teilnehmenden
2. Sozialpädagogische Förderung und Betreuung
3. Berufliche Erprobungsmöglichkeiten
4. Flankierende Unterstützungsangebote

1. Förderung der Tagesstruktur der Teilnehmenden

Einen wichtigen Ankerpunkt im Projektverlauf stellte der feste Tagesablauf mit den Mahlzeiten, insbesondere dem Frühstück, dar. Beim Frühstück konnten aktuelle Stimmungen aufgenommen werden, die Jugendlichen öffneten sich im Gespräch, und der Tagesplan konnte besprochen werden. Zudem wurde erkennbar, dass viele Teil-nehmenden zu Hause nie oder nur sporadisch frühstückten. Das gemeinsame ausgewogene und gesunde Frühstück war stets wichtig für die Teilnehmenden, wie sie selbst immer wieder betonten. Im Verlauf der Maßnahme konnte beobachtet werden, wie die Teilnehmenden auch ihre Einkaufs- und Tischgewohnheiten veränderten. Sie besorgten zunehmend aus eigenem Antrieb gesunde Lebensmittel, probierten Neues aus und begannen, den Tisch gewissenhaft zu decken.

2. Sozialpädagogische Förderung und Betreuung

Innerhalb der sozialpädagogischen Arbeit war die aufsuchende Sozialarbeit ein fester Bestandteil. Fehlten Teilnehmende längere Zeit, wurden Hausbesuche genutzt, um sie in die Maßnahme „zurück-zuholen". Die aufsuchende Arbeit fand entweder im häuslichen Umfeld der Teilnehmenden oder auch an neutralen Orten des Sozial-raums (Café, Park) statt. Des Weiteren dienten Hausbesuche dazu, um durch Familiengespräche oder durch die Planung der häuslichen Abläufe die Teilnehmenden im persönlichen Umfeld zu unterstüt-zen.

Ein wichtiges sozialpädagogisches Element stellten individuelle Reflexionsgespräche dar. Es wurden Ziele besprochen, die bisherige Entwicklung der Teilnehmenden reflektiert, Konflikte bearbeitet und vieles mehr. Diese Gespräche hatten für die Teilnehmenden oftmals eine entlastende Funktion.

Die sozialpädagogische Gruppenarbeit zielte vor allem auf Teambildung, die Förderung der Kommunikations- und Kooperations-fähigkeit sowie die Motivierung der Jugendlichen ab. Hier bildeten die tägliche Morgenabsprache und die abschließende Blitzlichtrunde einen festen Rahmen. Inhaltlich reichte die breite Angebotspalette von verschiedenen Workshops, beispielsweise zur interkulturellen Kom-petenz und Suchtprävention, über Übungen zur Selbst- und Fremd-wahrnehmung und Gruppenarbeiten mit heilpädagogischen und maltherapeutischen Elementen bis hin zu erlebnispädagogischen Aktionen.

3. Berufliche Erprobungsmöglichkeiten

Im berufspraktischen Bereich wurde meist in der projekteigenen Werkstatt mittels der Projektmethode gearbeitet, um die Motivation sowie die Belastbarkeit und das Durchhaltevermögen der Teilnehmenden zu steigern. Hierbei wurden in den Bereichen Holz, Büro, Metall, Gartenbau, Farbtechnik und Verkauf Grundlagenkenntnisse vermittelt und verschiedene Arbeitsprojekte durchgeführt, wie die Aufarbeitung eines alten Strandkorbes, die farbliche Gestaltung der Gruppenräume, das Herstellen von Kinderspielzeug aus Holz oder die Restauration eines Bauwagens. Durch die Arbeit an Praxisprojekten konnten die Jugendlichen verschiedene berufliche Richtungen kennenlernen und eigene Neigungen und Fähigkeiten erkunden.

Berufsfelderkundungen in Form von Praktika innerhalb der Werkstätten des BBW und ergänzende berufsfeldspezifische Exkursionen in Betriebe der Region ermöglichten es den Teilnehmenden, ihre Berufswünsche praktisch und realitätsnah zu überprüfen und gegebenenfalls zu korrigieren oder zu festigen.

4. Flankierende Unterstützungsangebote

Schulische Angebote: Zu Beginn der Maßnahme wurde mit den Teilnehmenden eine Deutsch- und Mathematik-Testung vorgenommen, um belastbare, aktuelle Aussagen zu vorhandenen Grundkompetenzen treffen zu können. Die Ergebnisse wurden anschließend zusammen mit den Teilnehmenden ausgewertet und flossen in die weitere Förderplanung ein.

Die Jugendlichen nahmen regelmäßig an schulischen Fördereinheiten teil. Damit sollten vorhandene Kenntnisse aufgefrischt und die Teilnehmenden auf spätere Ausbildungsanforderungen vorbereitet werden.

Psychologische Betreuung: Bei Bedarf durchliefen die Teilnehmenden eine psychologische Testdiagnostik. Je nach Schwerpunktsetzung konnten hierbei Aussagen unter anderem zur psychischen Stabilität und Selbstwirksamkeitserwartung, zur Stressbewältigungskompetenz, zur Intelligenz und zu schulischen Basiskompetenzen getroffen werden. Die psychologische Testdiagnostik wurde ergänzt durch die hamet2-Testung zur Ermittlung berufspraktischer, handlungsbezogener und sozialer Kompetenzen.

Bewerbungstraining: Mit allen Teilnehmenden, die die gesamte Maßnahme durchlaufen hatten, wurden Bewerbungstrainings durchgeführt. Dabei wurden Strategien der Stellensuche kennengelernt, Bewerbungsunterlagen erstellt und in Rollenspielen Vorstellungsgespräche trainiert.

Sport: Zweimal wöchentlich gab es sport- und bewegungsfördernde Angebote, z. B. Volleyball, Basketball, Fußball, Rückentraining, Tischtennis, Krafttraining, Federball oder auch Spaziergänge. Neben der Verbesserung der körperlichen Verfassung sollten diese auch zum psychischen Ausgleich und zur Stressbewältigung beitragen.

Zusammenarbeit mit Netzwerkpartnern

Für den Erfolg des Vorhabens spielte die Zusammenarbeit mit Netzwerkpartnern der Region eine große Rolle. Hierzu zählten einerseits Wirtschaftsunternehmen, aber auch Institutionen und Akteure des Sozial- und Gesundheitssektors.

Mit den Betrieben der Region wurde auf mehreren Ebenen zusammengearbeitet. Einerseits gab es eine enge Kooperation der Teilnehmenden im Rahmen von Praktika. Andererseits wurde die Möglichkeit von Betriebsbesichtigungen genutzt, um weitere regionale Unternehmen und, damit verknüpft, verschiedene Berufsfelder kennenzulernen. Darüber hinaus konnte ein Unternehmer aus Stendal gefunden werden, der im Rahmen des Bewerbungstrainings exemplarische Vorstellungsgespräche mit den Teilnehmenden durchführte.

Vielfältige Kontakte und Kooperationsbeziehungen zu Partnern aus dem sozialen und dem Gesundheitssektor sind erforderlich, um benachteiligten jungen Menschen in ihren besonderen individuellen Belangen die bestmögliche Unterstützung zu bieten. Da das Berufsbildungswerk gut in regionale Netzwerkstrukturen eingebunden ist, konnte auf vorhandene Beziehungen aufgebaut werden. Unter anderem wurde mit Beratungsstellen, psychiatrischen Einrichtungen, Jugendclubs und Streetworkern der Stadt, dem Jugend-, Gesundheits- und Sozialamt sowie mit anderen Bildungsträgern und auch Wohnungsbaugesellschaften zusammengearbeitet.

Ergebnisse der PAUA-Maßnahme in Stendal

Quantitativ betrachtet wurden im Rahmen des Projekts in 29 Monaten Maßnahmelaufzeit insgesamt 44 Teilnehmende betreut. Für 22 von diesen konnten zum Projektaustritt positive Übergänge erzielt werden. Ein positiver Übergang wird definiert durch eine Entwicklung, die die selbstständige Lebensbewältigung und -gestaltung des jungen Menschen befördert und zu seiner persönlichen und sozialen Stabilisierung beiträgt. Hierzu zählen vor allem die Aufnahme einer Ausbildung im Berufsbildungswerk oder einem Unternehmen und die Arbeitsaufnahme. Aber auch der Übergang in eine weiterführende Maßnahme der Bundesagentur für Arbeit oder die Aufnahme einer psychotherapeutischen Behandlung können im Einzelfall als ein entscheidender Schritt auf dem Lebensweg eines besonders förderbedürftigen Jugendlichen gewertet werden.

Qualitativ betrachtet waren bei allen Teilnehmenden, die die Maßnahme nicht abgebrochen hatten, deutliche Fortschritte hinsichtlich ihrer Persönlichkeits- und Kompetenzentwicklung feststellbar. Diese Fortschritte manifestierten sich – je nach individueller Ausgangssituation der Teilnehmenden – auf vielfältige Weise: in einem verbesserten Umgang mit Aggressionen, in einem gewachsenen Selbstbewusstsein und erhöhter Anpassungsfähigkeit und in der Entwicklung einer realistischen Zielperspektive, verbunden mit dem Willen, dafür zu arbeiten. Weitere nachhaltige Resultate aus der Arbeit mit den Jugendlichen bestanden in der Verbesserung ihrer sozialen Umstände. So konnte beispielsweise Wohnungslosigkeit beendet, Schuldenregulierungen eingeleitet oder auf gerichtlichem Weg die Bestellung von Betreuern/innen erwirkt werden.

Die Projektmitarbeitenden stießen jedoch im Maßnahmeverlauf auch auf für sie neue, zielgruppenspezifische Besonderheiten. Die Teilnehmenden verfügten zwar durchaus über spezifische, sehr gute Ressourcen in Gebieten, die ihren Interessen und Neigungen entsprachen. Dennoch hatten viele von ihnen nur wenig konkrete Zukunftsvorstellungen und waren nur schwer dafür zu gewinnen, sich auf die Erarbeitung einer verbindlichen Zukunftsplanung einzulassen. Mit dieser Perspektiv- und Ziellosigkeit umzugehen stellte eine besondere Herausforderung für das Betreuungspersonal dar. Andererseits hatten einige der Teilnehmenden wiederum sehr unrealistische Ziele, von denen sie nur schwer abzubringen waren, was den Entwicklungsprozess ebenfalls erschwerte.

Zudem wurde deutlich, dass es bei vielen der benachteiligten Jugendlichen noch schwieriger als erwartet war, sie zu aktivieren und zu motivieren. Dies jedoch einer bloßen Lustlosigkeit zuzuschreiben würde zu kurz greifen. Die Ursachen hierfür liegen vielmehr darin, dass diese jungen Menschen mit sehr vielfältigen und vielschichtigen Problemen belastet sind. Wie die Erfahrung zeigt, kann hier psychosoziale Entlastung zu einer deutlichen Motivationssteigerung beitragen. Besonders problematisch stellte sich dies jedoch bei denjenigen Jugendlichen dar, die mit Substanzmittelmissbrauch oder Drogenabhängigkeit zu kämpfen haben. Bei ihnen war es mit den vorhandenen Mitteln im Rahmen der Pilotmaßnahme oft nicht möglich, eine nachhaltige Situationsverbesserung oder Verhaltensänderung zu bewirken.

Fazit und Ausblick

Zusammenfassend ist diese Pilotmaßnahme als ein gut gelungener Einstieg in die Arbeit mit benachteiligten Jugendlichen zu bewerten. Über die im Rahmen des Projekts PAUA eingeleiteten organisationalen Veränderungsprozesse konnten zudem interne Strukturen angepasst und optimiert sowie Kontakte zu neuen Auftraggebern hergestellt werden. Durch die Pilotmaßnahme wurden die Mitarbeitenden für die Arbeit mit neuen Zielgruppen sensibilisiert und befähigt. Das BBW Stendal wird heute mehr als früher den Ansprüchen mehrerer Zielgruppen gerecht.

Hinsichtlich des Transfers der Projektidee und der Nachhaltigkeit der Pilotmaßnahme ist anzumerken, dass bereits während der Durchführung im Jobcenter Stendal daran gearbeitet wurde, ein ähnliches Format zu entwickeln, das über PAUA hinausgehen sollte. In diesem Entwicklungsprozess griff das Berufsbildungswerk die Ideen des Jobcenters auf und entwickelte auf Basis der gewonnenen Erfahrungen das Konzept „Los Geht's". Dieses richtet sich ebenfalls an benachteiligte Jugendliche, ist jedoch noch niedrigschwelliger als die PAUA-

Maßnahme angelegt und enthält einige zusätzliche innovative Elemente. So wurde beispielsweise ein höherer Betreuungsschlüssel eingeplant, um die aufsuchende und die sozialpädagogische Arbeit intensivieren zu können. Dieses gemeinsame Projekt des Jobcenters und des BBW läuft seit April 2016. Mittlerweile stieß es auch überregional auf das Interesse anderer Jobcenter, sodass das Jobcenter Stendal bereits das Vorgehen und die Konzeptidee weitervermittelt.

Literatur

Agentur für Arbeit:
    Statistiken 2017 – URL: https://statistik.arbeitsagentur.de/
    Navigation/Statistik/Statistik-nach-Regionen/Politische-
    Gebietsstruktur/Sachsen-Anhalt-Nav.html (Stand: 03.07.2017)

Dölker, F.:
    Sozialraumorientierung, Aktivierung und Anerkennung –
    Methodische Anforderungen in der aufsuchenden Jugend-
    (sozial)arbeit. In: Dreizehn – Zeitschrift für Jugendsozialarbeit
    10/2013, S. 19. Berlin 2013

II/6 Neue Zielgruppen fördern – Arbeit mit unbegleiteten minderjährigen Flüchtlingen

Erfahrungen aus der Praxis

Das Dürrlauinger Modell

Konrad Fath

1 Ausgangslage

Im Jahr 2013 wurde der Freistaat Bayern in erheblichem Umfang mit der Ankunft von Menschen auf der Flucht aus ihren von Krieg, Gewalt und staatlicher Willkür betroffenen Heimatländern konfrontiert. Unter ihnen befanden sich viele Minderjährige, die sich ohne Begleitung durch Eltern oder Angehörige Tage oder Monate auf der Flucht befunden hatten und in bayerischen Auffanglagern gestrandet waren.

Der Aufforderung, bestimmte Kontingente von unbegleiteten minderjährigen Geflüchteten aufzunehmen, kamen die bayerischen Kommunen und Landkreise im Rahmen ihrer Möglichkeiten nach. Das Landratsamt im bayerisch-schwäbischen Landkreis Günzburg vertrat dabei von Anfang an die Position, dass die minderjährigen jungen Menschen ohne jede familiäre Begleitung im Milieu einer intensiven pädagogischen Betreuung ankommen und möglichst rasch im deutschen Bildungs- und Ausbildungssystem in ihrer persönlichen Entfaltung unterstützt werden sollten.

Das Sankt Nikolaus KJF Berufsbildungs- und Jugendhilfezentrum in Dürrlauingen bot mit seiner langjährigen Erfahrung im Bereich der Kinder- und Jugendhilfe sowie dem Berufsbildungswerk Dürrlauingen als einzige Einrichtung im Landkreis die Voraussetzungen, ein entsprechendes Bildungs- und Integrationskonzept aus einer Hand bereitzustellen.

Um die Einrichtung nicht zu überfordern, wurde gemeinsam vereinbart, in einem Abstand von jeweils sechs Wochen bis zu sechs junge

Menschen aus verschiedenen Herkunftsländern nach Dürrlauingen zu bringen. In der Regel hatten die Ankömmlinge keine Deutschkenntnisse, teilweise gab es auch keine Informationen über einen vorausgegangenen Clearing-Prozess oder eine Feststellung des aktuellen gesundheitlichen Zustandes der jungen Menschen. Insgesamt kamen so in der Zeit von November 2013 bis April 2016 etwa 50 unbegleitete minderjährige Geflüchtete, von denen etwas mehr als 30 bis zum Ende der Berufsvorbereitung und Ausbildung in Dürrlauingen geblieben sind bzw. bleiben werden. Dürrlauingen liegt in einer sehr ländlich geprägten Gegend, was einem Teil der jungen Menschen im ersten Moment wenig attraktiv erschien. So kam es, dass einige von ihnen bereits nach wenigen Tagen die Einrichtung ohne Ankündigung verließen und weiterzogen. Es gab aber auch den Fall, dass einer der „flüchtigen Flüchtlinge" nach wenigen Tagen wieder nach Dürrlauingen zurückkehrte, da er im Sankt Nikolaus KJF Berufsbildungs- und Jugendhilfezentrum für sich die Chance auf eine bessere Zukunft erkannte, die er andernorts nicht zu haben glaubte. Heute hat dieser junge Mensch eine Berufsausbildung in einem anerkannten Beruf abgeschlossen und will sich in der Region als qualifizierter Mitarbeiter eines schwäbischen Handwerksbetriebs beheimaten.

2   Unterstützungsbedarf der unbegleiteten minderjährigen Geflüchteten in Dürrlauingen

Die Ausgangsvoraussetzungen der Ankömmlinge in Dürrlauingen waren sehr heterogen. Allen gemeinsam war, dass sie die deutsche Sprache nicht verstehen und sprechen konnten. Deutliche Unterschiede gab es beim Niveau der schulischen Vorbildung. Einige verfügten beispielsweise nach sechs jährigem Schulbesuch über eine gute Basis, vor allem im Fach Mathematik, andere hatten noch nie eine Schule besucht. Sehr rasch wurden deutliche Unterschiede in der Auffassungsgabe sichtbar. Während die einen sich schon nach wenigen Wochen in der deutschen Sprache gut verständigen konnten, gab es auch Einzelfälle, mit denen bis heute kaum eine Verständigung in unserer Sprache möglich ist. Es zeigt sich, dass die Varianz der kognitiven und sozialen Kompetenzen zwischen den Individuen dieser Zielgruppe durchaus mit der Verteilung in der deutschen Population vergleichbar ist.

Daraus ergab sich, dass nicht nur aufgrund ungleicher Bildungserfahrungen, sondern auch aufgrund individuell sehr unterschiedlicher Entwicklungsprognosen individuelle und hinsichtlich des Niveaus durchlässige Ansätze der Förderung bereitzustellen waren. Die deutsche Sprache zu erlernen stand zunächst stark im Vordergrund – zum einen um sich im Alltag zu verständigen, sehr bald aber auch, um mit einer berufsspezifischen Fachsprache so vertraut zu werden, dass eine Ausbildung in einem dualen Ausbildungsberuf begonnen werden konnte. Neben der Sprachkompetenz gab es bei den meisten einen großen Aufholbedarf bei den mathematischen Kenntnissen. Auch dazu galt es, Modelle der individuellen Förderung zu entwickeln und sie mit der uns oft fremden semantischen Welt der jungen Menschen in Einklang zu bringen.

Darüber hinaus war ihnen fast alles fremd: angefangen von hiesigen Gewohnheiten der Ernährung und dem Verhältnis zu Zeitstruktur und Arbeits-„Moral", über die Einhaltung von Straßenverkehrsvorschriften sowie Aspekte der Hygiene bis hin zur Benutzung einer Toilette. Das alles zu verarbeiten braucht Zeit und eine Umgebung, die Sicherheit gibt und Raum lässt, um nicht nur mit dem Körper, sondern auch mit der Seele in einer fremden Welt anzukommen.

Diese für einen jungen Menschen ohne elterliche Begleitung ohnehin großen Herausforderungen wurden bei mehr als der Hälfte der Ankömmlinge zusätzlich überlagert von seelisch oft höchst belastenden Erfahrungen, die sie sowohl zur Flucht veranlasst hatten als auch auf dem gefährlichen Fluchtweg machen mussten. Die Ermordung von Eltern und Angehörigen, die Trennung von den einzig vertrauten Bezugspersonen, Folter und Angst vor Gewalt, tagelange Überlebensangst auf einem treibenden Schiff im Mittelmeer – um nur einige Beispiele zu nennen – haben Spuren in den Seelen der jungen Menschen hinterlassen, die teilweise bis heute in allen Symptomen einer posttraumatischen Belastungsstörung sichtbar werden: Unruhe und Getriebenheit mit Schlafstörungen, dauerhaft depressive und durch Antriebslosigkeit gekennzeichnete Verstimmung, teilweise auch ein plötzliches Bewusstwerden und emotionales Wiedererleben des traumatischen Ereignisses (ein so genannter Flashback) mit allen, teils irrationalen Begleiterscheinungen im Verhalten. Es braucht fachlich geschultes Personal, das in der Lage ist, solche Situationen professionell zu meistern und als Begleiter eine angemessene psychoemotionale Distanz zu wahren.

3   Das „Dürrlauinger Modell"

Zur strukturierten Eingliederung wurde von multiprofessionellen Teams im weiteren Verlauf der Begleitung im Jahr 2015 die „Konzeption für die berufliche Qualifizierung und Integration von unbegleiteten minderjährigen Ausländer/innen (umA) im Förderungswerk St. Nikolaus Dürrlauingen" entwickelt. Das „Dürrlauinger Modell" hat sich als ganzheitliches Betreuungs- und Ausbildungskonzept das Ziel gesetzt, junge Menschen mit Fluchthintergrund möglichst schnell und nachhaltig in die Gesellschaft zu integrieren und dabei die Bausteine Sprache, Kultur und Ausbildung gleichermaßen zu verknüpfen.

Prämissen für das „Dürrlauinger Modell"

Bei der konzeptionellen Entwicklung des „Dürrlauinger Modells" gingen wir von einigen Prämissen aus, die nach unserer langjährigen Erfahrung in der Arbeit mit jungen Menschen mit besonderem Förderbedarf der Schlüssel zum Erfolg sind. Basis für alle folgenden Prämissen ist die grundsätzliche Haltung, den ganzen Menschen in den Blick zu nehmen. Es gilt, ihm grundsätzliche Wertschätzung entgegenzubringen, mit ihm gemeinsam Ziele zu entwickeln und daraus die Maßnahmen, die zu diesen Zielen führen sollen, abzuleiten. Konsequenterweise sind die Förderprozesse sehr individuell zu gestalten und die Fördermodule in jedem Einzelfall flexibel anzupassen.

Folgende Leitlinien waren bei der Entwicklung des „Dürrlauinger Modells" bestimmend:

1. Aus den Erkenntnissen der Bindungstheorie wissen wir, dass jede Öffnung für eine neue Erfahrung, jeder Lernprozess am besten auf der Basis guter Bindung gedeiht. Der junge Mensch muss erfahren, dass er als Mensch in seiner Ganzheit bei uns so angenommen wird, wie er jetzt ist. Er braucht darüber hinaus die Sicherheit, dass er von außen keine Bedrohung für Leib und Leben zu fürchten hat. Berechenbarkeit, Verlässlichkeit, Respekt und Wertschätzung sind entscheidende Kriterien für ein Sicherheit vermittelndes Milieu. Mit der Erfahrung von Sicherheit kehrt Vertrauen ein. Vertrauen wiederum ist die Grundlage dafür, sich unausweichlichen Anpassungs- und Veränderungsprozessen in der neuen Welt zu öffnen, sie

zu ertragen, zu verkraften und in einen neuen Lebensentwurf zu integrieren.

2. Eine konsequente Strukturierung des Tagesablaufs bzw. einer Arbeitswoche, die Differenzierung von Zeiten der Arbeit und der Entspannung schaffen Ordnung in einer durch Flucht und Bedrohung in Unordnung geratenen inneren Welt. Die Konzentration auf das Hier und Jetzt, die Herausforderung, Aufgaben zu bewältigen, und der angemessene Wechsel von Anspannung und Entspannung vermitteln neue Erfahrungs- und Erlebenswelten, die es erlauben, sich Schritt für Schritt von bedrückenden Erfahrungen in der Vergangenheit zu distanzieren.

3. Kommunikation und Transparenz sind der Kitt für eine gelingende Integration in einem neuen Umfeld. Deshalb soll von Anfang an möglichst nur in deutscher Sprache kommuniziert werden. Eine unverkrampfte, nicht wertende und dennoch selbstverständlich gelebte Realität mit dem Rahmen unserer gesellschaftlich geprägten Konventionen erleichtert den vorurteilsarmen Zugang in unsere Gesellschaft. Förderlich dafür ist, wenn die jungen Menschen in Gruppen gemeinsam mit deutschen Jugendlichen betreut und ausgebildet werden.

4. Für die jungen Menschen muss die Anstrengung im Förderprozess Sinn ergeben. Sie erkennen den Sinn etwa dann, wenn sie von Anfang an wissen, dass das Erlernen der deutschen Sprache in absehbarer Zeit den Einstieg in eine Berufsausbildung möglich macht. Gut ist es, wenn dieser Zeitraum ein Jahr nicht übersteigt, besser, wenn bereits nach sieben Monaten die Ausbildung beginnt.

5. Die Zentrierung auf den Menschen in seiner Ganzheit fordert die Lernorte im Sankt Nikolaus KJF Berufsbildungs- und Jugendhilfezentrum heraus, ihre Angebote für die jungen Menschen sehr individuell zu gestalten und gut aufeinander abzustimmen. Berufsvorbereitung, Ausbildungsbetrieb, Berufsschule, Wohnen und Fachdienste müssen eng miteinander kooperieren, damit der junge Mensch seine Potenziale entfalten kann. Alle Bemühungen im zertifizierten Sprachunterricht blieben beispielsweise vergebens, wenn nicht die Blockade einer bestimmten Symptomatik der posttraumatischen Belastungsstörung mithilfe des psychologischen Dienstes aufgelöst werden würde.

6. Die Lernorte im Sankt Nikolaus KJF Berufsbildungs- und Jugendhilfezentrum alleine genügen nicht, um sich mit der deutschen
   Lebensart vertraut zu machen. In den Förderprozess sind deshalb
   Angebote im Sozialraum, insbesondere solche zur aktiven Freizeit-
   gestaltung, einzubinden. Ein reales Beispiel aus Dürrlauingen ist
   die Erfahrung des jungen Mannes aus Mali, der es geschafft hat,
   sich in der Kreisliga-Fußballmannschaft des nächsten größeren
   Ortes als Stammspieler zu etablieren und zu behaupten.
7. Ein positiver emotionaler Anker kann Tendenzen zur Resignation,
   Frustration und Isolation vorbeugen. Auch und ganz besonders bei
   der Gestaltung der Freizeit lassen sich solche positiven emotionalen
   Anker setzen, wie das Beispiel des Fußball spielenden jungen Mannes aus Mali zeigt. Kaum zu überbieten ist die tiefe innere Freude,
   die sich breitmacht, wenn die Abschlussprüfung erfolgreich bestanden wurde.

Handlungsfelder und Ablaufgestaltung im „Dürrlauinger Modell"

Auf der Grundlage der aus pädagogischen und psychologischen Erfahrungen und Erkenntnissen gespeisten Annahmen wurden konkrete
Handlungsfelder und Abläufe für das „Dürrlauinger Modell" entwickelt.

Über den ganzen Zeitraum, angefangen vom Ankommen über die
berufliche Orientierung bis zum Abschluss der Berufsausbildung,
werden individuell bedarfsgerechte Wohnformen bereitgehalten. Sie
reichen von der intensiven Betreuung in nach heilpädagogischen Standards geführten Wohngruppen bis – im Idealfall – zum eigenständigen
Wohnen in der Region. Im Einzelnen sind dies:

- homogene heilpädagogische Wohngruppen für umA (unbegleitete
  minderjährige Asylbewerbende) (nur zeitweise angeboten)
- Wohnplätze in „klassischen" heilpädagogischen Wohngruppen
- innen betreutes Wohnen
- Außenwohngruppen
- betreutes Wohnen, unterstützt durch Fachleistungsstunden von
  pädagogischem Personal

Die **Förderung der Sprachkompetenz** erstreckt sich ebenfalls über
den gesamten Förderzeitraum, vom Ankommen in Dürrlauingen bis

zur Verabschiedung bei der Freisprechungsfeier. Eigens für die Unterrichtung des Faches Deutsch als Fremdsprache ausgebildete Lehrkräfte vermitteln die Deutschkenntnisse in den jeweils geeigneten Gruppenkonstellationen. Das Niveau reicht dabei vom Alphabetisierungskurs über den sogenannten Vorkurs bis hin zum eigentlichen Deutschkurs. Ausbildungsbegleitend erhalten alle jungen Menschen wöchentlich Deutschunterricht, der bei zunehmender Sprachkompetenz und im Gleichklang mit der Vermittlung berufsspezifischer Inhalte die Vermittlung der jeweiligen berufsbezogenen Fachsprache einbezieht. Um den Charakter der schulischen Bildung zu betonen, findet der Unterricht in Räumen der vor Ort angegliederten Förderberufsschule statt.

Jederzeit steht auch bedarfsgerecht eine **traumatherapeutische Begleitung** der unbegleiteten minderjährigen Geflüchteten durch den entsprechend qualifizierten psychologischen Fachdienst zur Verfügung. Darüber hinaus sorgt traumapädagogisch qualifiziertes Personal dafür, dass die im Alltag auftauchenden traumainduzierten Situationen, die eine unmittelbare Reaktion erfordern, gut bewältigt werden können.

Der individuelle Förderprozess gliedert sich in **zeitliche Phasen,** die weitgehend aufeinander aufbauen, jedoch bei Bedarf und im Einzelfall modifiziert gestaltet werden können.

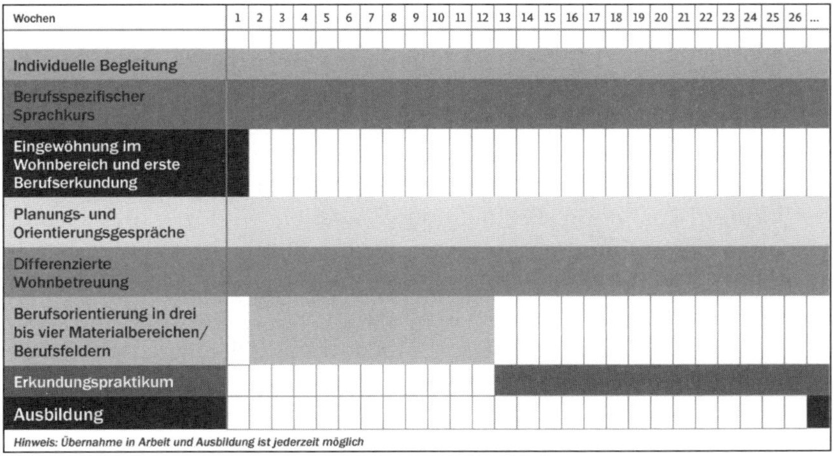

Wochen	1	2	3	4	5	6	7	8	9	10	11	12	13	14	15	16	17	18	19	20	21	22	23	24	25	26	...
Individuelle Begleitung																											
Berufsspezifischer Sprachkurs																											
Eingewöhnung im Wohnbereich und erste Berufserkundung																											
Planungs- und Orientierungsgespräche																											
Differenzierte Wohnbetreuung																											
Berufsorientierung in drei bis vier Materialbereichen/ Berufsfeldern																											
Erkundungspraktikum																											
Ausbildung																											

Hinweis: Übernahme in Arbeit und Ausbildung ist jederzeit möglich

Abbildung 1: Phasen und zeitlicher Ablauf des Modells

Quelle: Eigene Darstellung

- Die **Ankommens- und Orientierungsphase** erstreckt sich über einen Zeitraum von etwa zehn Tagen, wobei die jungen Menschen auch tagsüber von den ihnen vertrauten Erziehungskräften der Wohngruppe betreut werden. In Form von Betriebserkundungen lernen sie in dieser Phase verschiedene Arbeitsbereiche in den Ausbildungsbetrieben des Berufsbildungswerkes kennen.

- Die sich anschließende **Berufsorientierung** dauert neun bis zwölf Wochen und findet in vier bis sieben Materialbereichen in Betrieben des Berufsbildungswerks statt. Sie beginnt mit einem Planungsgespräch, in das der junge Mensch eingebunden wird und in dem die Inhalte der Berufsorientierung, insbesondere die für eine Ausbildung infrage kommenden Berufsfelder, festgelegt werden. Ziel der Berufsorientierung ist es, in einem moderierten Prozess Eignung und Neigung des jungen Menschen bezüglich dieser Berufe gemeinsam mit ihm und erfahrenen Berufspädagogen herauszufinden.

- Aus der Berufsorientierung ergibt sich das anschließende **Erkundungspraktikum.** Es findet in einem Ausbildungsbetrieb des Berufsbildungswerks statt und erstreckt sich über acht bis zwölf Wochen. Ziel des Erkundungspraktikums ist die Festigung des Berufswunsches und die Eignungsfeststellung für die beabsichtigte Ausbildung. Im Interesse der Nachhaltigkeit der Berufswahlentscheidung wird in dieser Phase der Selbsteinschätzung des jungen Menschen ein hoher Stellenwert eingeräumt.

- Die Phase der **Ausbildung** ist für gut 20 der in Dürrlauingen angekommen jungen Geflüchteten das Kernstück des Integrationsprozesses. Sie können unter etwa 30 verschiedenen Ausbildungsberufen aus neun Berufsfeldern wählen und bei gemeinsam festgestellter Eignung für diesen Beruf mit ihrer Ausbildung beginnen. Die 30 Berufe gehören zu den Berufsfeldern Agrarwirtschaft, Bautechnik, Drucktechnik, Ernährung und Hauswirtschaft, Farbtechnik und Raumgestaltung, Holztechnik, Metalltechnik, Textiltechnik und Bekleidung sowie Logistik und Einzelhandel. Nach dem Start in den Ausbildungsbetrieben des Berufsbildungswerks ist bei entsprechender Stabilisierung und entsprechenden Lernfortschritten die Fortsetzung der Ausbildung in einem Betrieb in der Region möglich. Alle jungen Menschen werden im Verlauf der Ausbildung zumindest durch Praktika und Formen der verzahnten Ausbildung an die spezifischen Anforderungen der Betriebe in der Region herangeführt.

Die **Beschulung** während der Ausbildung findet für die meisten der jungen Menschen in der Förderberufsschule des Sankt Nikolaus KJF Berufsbildungs- und Jugendhilfezentrums statt.
Die Erfahrung zeigt, dass sie in der Regel auf die besondere Förderung durch diese Schulform angewiesen sind. Der anfangs von Sonderpädagogen in einem Gutachten festgestellte Förderbedarf berechtigt zum Besuch der Förderschule. Mehrere junge Menschen, die diese Berechtigung nicht hatten und zunächst eine Regelberufsschule besuchten, sind an den dortigen Anforderungen gescheitert, was einen Wechsel in die Förderberufsschule notwendig machte. Aufgrund der flexiblen und sehr individuellen Förderkonstellationen in der Förderberufsschule können bzw. konnten nun auch sie zu einem erfolgreichen Ausbildungsabschluss geführt werden. Nicht unerwähnt soll an dieser Stelle bleiben, dass einige sich nach einem halben Jahr Vorbereitung, insbesondere dem Erlernen der deutschen Sprache, in der Regelberufsschule mit großem Erfolg behaupten konnten.

4 Rahmenbedingungen und Ausblick

Das „Dürrlauinger Modell" funktioniert, weil der Förderprozess aus einer Hand gesteuert und begleitet wird. Das heißt, dass eine pädagogische Fachkraft die Förderplanung und Zielverfolgung sowie die Abstimmung der unterschiedlichen Förderinhalte und -instrumente nach den Prinzipien des Case-Managements gestaltet. Das Einverständnis des jungen Menschen, sein Mitwirken bei allen Entscheidungen sowie die Beachtung mancher Besonderheiten seiner ganz eigenen Sozialisation sind wesentliche Voraussetzungen dafür, dass der Kraftakt, innerhalb von insgesamt lediglich gut dreieinhalb Jahren einen Ausbildungsabschluss zu erreichen, gelingen kann.
Dem pädagogischen Grundverständnis und der Weitsicht des vor Ort zuständigen Jugendamtes ist es zu verdanken, dass die intensive Förderung der jungen Menschen finanziert werden konnte. Die Verant-

wortlichen im Landratsamt waren davon überzeugt, dass es richtig ist, minderjährigen jungen Menschen ohne elterliche Begleitung in einem fremden Land diese intensive Betreuung zukommen zu lassen und gleichzeitig in der Berufsausbildung den Schlüssel für deren langfristig angelegte gute Entwicklung zu sehen.

Die politischen Positionen haben sich allerdings inzwischen geändert. Aktuell und in Zukunft ist der Einstieg in eine solche Förderung nicht mehr vorgesehen, auch wenn bei diesem Modell weniger Kosten entstehen als bei anderen, weniger strukturell und längerfristig angelegten Fördermodellen. So verfolgen die Berufsintegrationsklassen an Regelberufsschulen, wie sie in Bayern im Regelfall vorgehalten werden, zwar gute und richtige Ziele; es mangelt in diesem Konzept nach unserer Beobachtung jedoch vor allem am Aufbau von Motivation der jungen Menschen. Diese kann über einen so langen Zeitraum bis zu einem möglichen Ausbildungsbeginn nur selten entwickelt oder gar aufrechterhalten werden. Dementsprechend gering sind oft die Fortschritte, insbesondere beim Spracherwerb.

Eine gute Berufsausbildung hat extrem positive Effekte auf das Zusammenleben mit Asylbewerbern und Asylbewerberinnen in der Gesellschaft. Es bleibt zu hoffen, dass die politischen Entscheidungsgremien Wege finden, der Bundesagentur für Arbeit Freiräume zu geben, dass sie neben den Maßnahmen der Berufsvorbereitung und der berufsbegleitenden Unterstützung – etwa abH (ausbildungsbegleitende Hilfen) oder AsA (Assistierte Ausbildung) – auch Maßnahmen zur überbetrieblichen Ausbildung anbieten können. Unternehmen sind in vielen Fällen mit den komplexen Anforderungen, die ein erheblicher Teil der Asylbewerbenden stellt, überfordert. Wiederholte Erfahrungen von Überforderung schrecken jedoch ab, können Vorurteile entfachen oder bestärken und so letztlich zu einer weiteren Polarisierung in der Gesellschaft bezüglich der Flüchtlingsfrage beitragen.

Wer sich aus Überzeugung der Aufgabe der Ausbildung von jungen Menschen mit Fluchtgeschichte stellen will, braucht Verbündete, die in der beruflichen Qualifizierung dieser Zielgruppe einen wichtigen Beitrag zum Erhalt der gesellschaftlichen Balance erkennen. Zu einer realistischen Einschätzung der Möglichkeiten in unserer Gesellschaft gehört sicherlich, dass nicht jeder, der nach Deutschland kommen will, ein Recht hat, einzureisen und zu bleiben. Aber jeder junge Mensch, der bereits eine Weile bei uns ist und auch auf absehbare Zeit nicht abgeschoben wird bzw. abgeschoben werden kann, hat ein Recht darauf, dass er in der für sein Leben entscheidenden Phase an der Schwelle zum Erwachsenwerden Wertschätzung und Achtung erfährt und seine Persönlichkeit und Potenziale wegweisend für sein ganzes weitere Leben entfalten kann.

II/6 Neue Zielgruppen fördern – Arbeit mit unbegleiteten minderjährigen Flüchtlingen

Erfahrungen aus der Praxis

Umsetzungserfahrungen aus dem Berufsbildungswerk Hettstedt

Markus Feußner und Angela Hübel

Ausgangslage im BBW Hettstedt

Das Kolping-Berufsbildungswerk Hettstedt gGmbH ist seit 1991 eine Einrichtung zur Berufsvorbereitung und beruflichen Erstausbildung sowie der beruflichen und sozialen Eingliederung von Jugendlichen mit besonderem Förderbedarf nach § 51 SGB IX.

Zielgruppen für das Berufsbildungswerk sind Schulabgänger/innen aus Förderschulen, Jugendliche mit seelischen und psychischen Behinderungen, Störungen des Sozialverhaltens, mit Konzentrationsstörungen, mit Defiziten in der Sprachentwicklung oder der motorischen Entwicklung sowie mit körperlichen Einschränkungen und hyperaktiven Störungen.

Das Angebot der beruflichen Erstausbildung umfasst zurzeit 28 anerkannte Berufe aus den Fachbereichen Holztechnik, Metalltechnik, Farbtechnik und Raumgestaltung, Ernährung und Hauswirtschaft, Textiltechnik und Gartenbau. Insgesamt können 258 Auszubildende im Kolping-Berufsbildungswerk Hettstedt gGmbH leben und lernen.

Die ganzheitliche Betreuung der Rehabilitanden beinhaltet zudem das Angebot der Internatsunterbringung. Hier verfolgen wir das Ziel, dass es den jungen Menschen möglich wird, ein selbstverantwortliches, eigenständiges Leben innerhalb der Gesellschaft zu führen.

Eine Besonderheit des Kolping-Berufsbildungswerkes Hettstedt sind die internationalen Beziehungen. So sind unsere Jugendwohnheime

165

nach unseren Partnerländern Chile, Mexiko, Philippinen, Nigeria, Portugal, Brasilien und Uganda benannt. Die Eingangsbereiche unserer Jugendwohnheime sind durch unsere Partnerländer gestaltet worden. Mit Solidaritätsaktionen und Benefizveranstaltungen werden Projekte wie z. b. Zisternen für Brasilien, Kühe für Uganda, Ausbildungsprojekte in Portugal etc. unterstützt.

Seit Bestehen der Einrichtung gibt es somit eine enge Verbindung und Kooperation zu den Kolping-Einrichtungen in diesen Ländern. In diesem Zusammenhang muss erwähnt werden, dass unser internationaler Dachverband „Kolping International" in über 60 Ländern der Welt aktiv ist. Auch hier stehen neben der Menschenwürde die Hilfe zur Selbsthilfe sowie die ganzheitliche Bildung des Menschen im Fokus.

Vor diesem Hintergrund und dem christlichen Menschen- und Weltbild verpflichtet, war es für uns eine Selbstverständlichkeit, dass wir uns während der Flüchtlingskrise in Europa ab 2015 den gesellschaftlichen Herausforderungen und Aufgaben gestellt haben. In Zusammenarbeit mit dem Sozialministerium, dem Landesjugendamt und dem örtlichen Jugendamt wurde im Kolping-Berufsbildungswerk Hettstedt die Möglichkeit zur Unterbringung von zunächst 20 unbegleiteten minderjährigen Asylbewerbenden (umA) geschaffen.

Vorbereitende Maßnahmen innerhalb der Einrichtung

Nicht ganz einfach war es aber, dieses Vorhaben in der Region und in der Einrichtung kurzfristig umzusetzen. Das Mansfelder Land hat einen Ausländeranteil von unter einem Prozent (meist Russlanddeutsche), und somit verfügen die Menschen vor Ort über wenig Erfahrung im Umgang mit Menschen mit Migrationshintergrund und stehen diesen oftmals mit Misstrauen gegenüber.

Auch in unserer Einrichtung war es ähnlich. Die Mehrheit der Jugendlichen war zunächst strikt dagegen, da sie vermuteten, dass damit ihre Angebote in puncto Freizeit, aber vielleicht auch hinsichtlich Verpflegung und Ausbildung reduziert werden würden. Auch die Mitarbeiter/innen waren zu Beginn skeptisch, zumal für unsere Zielgruppe der Förderbedarf immer größer wird und die Betreuung immer individueller werden muss. Hier musste Überzeugungsarbeit geleistet werden. Um Ängste abzubauen und erste Erfahrungen zu sammeln, besuchten wir im Vorfeld der Maßnahme unter anderem auch Kolping-Einrichtungen in Bayern und Nordrhein-Westfalen. Zu all unseren öffentlichen Veranstaltungen wie Erntedankfest, Adventsmarkt, Frühlingsfest, Sportveranstaltungen etc. wurden Flüchtlinge als Gäste mit einbezogen. Aufgrund dieser Erfahrungen wurde das Konzept zur Unterbringung und Betreuung der unbegleiteten minderjährigen Asylbewerber/innen erarbeitet und bei der zuständigen Behörde eingereicht.

Die Jugendlichen und Mitarbeitenden des Kolping-Berufsbildungswerkes Hettstedt wurden ebenfalls durch umfangreiche Informationsveranstaltungen und eine Ideenbörse in die zukünftigen Planungen mit einbezogen. Hier gab es dann verschiedene Vorschläge, wie die Einrichtung eines internationalen Cafés, gemeinsame Koch- und Backnachmittage etc. Einige dieser Vorschläge wurden dann später auch mit viel Erfolg und guter Resonanz realisiert.

Hinsichtlich der Unterbringung der umA wurde ein Kompromiss gefunden: Sie wurden nicht in den Jugendwohnheimen untergebracht, sondern im Zentralgebäude, in dem durch einen kurzfristigen Umbau 20 Plätze geschaffen werden konnten. Somit gibt es hier für diese Zielgruppe einen eigenen Bereich im Zentrum der Einrichtung, wobei sie die Möglichkeit haben, auf kurzen Wegen die gesamte Infrastruktur und die Angebote des Hauses zu nutzen.

Ausgangslage der Zielgruppe

Unbegleitete minderjährige Asylbewerbende müssen aufgrund von Kriegshandlungen, Menschenrechtsverletzungen oder wirtschaftlicher Not aus ihrer Heimat fliehen. Sie suchen Schutz und bessere Lebensumstände in anderen Ländern. Auf der Flucht erleben die jungen Asylbewerbenden meist traumatisierende Zustände. Einige der Jugendlichen verlieren aufgrund von Kriegen ihre Angehörigen, andere werden auf der Flucht von ihren Eltern getrennt oder von ihren Familien allein nach Europa geschickt. Viele davon sind stark traumatisiert und aufgrund fehlender familiärer Unterstützung besonders schutzbedürftig.

167

Für umA sind verschiedene supranationale, bundesgesetzliche und landesgesetzliche Regelungen relevant. Gemäß den gesetzlichen Bestimmungen des SGB VIII haben umA Anspruch auf Jugendhilfe. Sie werden zunächst in Obhut genommen und dann dem Clearingverfahren zugeführt. Das Clearingverfahren dauert in der Regel drei Monate und endet mit der Übergabe der bzw. des Minderjährigen an die Personensorgeberechtigten oder Erziehungsberechtigten oder mit der Entscheidung über die Gewährung von Hilfen nach dem Sozialgesetzbuch (Hilfen zur Erziehung – Anschlusshilfe gemäß §§ 27 ff. SGB VIII in Form von § 34 SGB VIII).

Mit Erreichen der Volljährigkeit wird das Verweilen in der Einrichtung in der Regel beendet, in Ausnahmefällen kann die Hilfe für junge Volljährige gemäß § 41 SGB VIII in Form der Heimerziehung oder eines sonstigen betreuten Wohnens gemäß § 34 SGB VIII greifen. Eine erforderliche Nachbetreuung über die Volljährigkeit hinaus kann über die Gewährung von Hilfen zur Erziehung gemäß § 41 SGB VIII in Form von Erziehungsbeistand gemäß § 30 SGB VIII beantragt werden. Verschiedene Regelungen des Aufenthalts- und Asylrechts fließen in eine solche Entscheidung mit ein.

Das Kolping-Berufsbildungswerk Hettstedt (KBBW) hat sich dazu entschieden, die Jugendlichen in dieser Situation zu unterstützen. Seit Dezember 2015 betreuten wir zunächst zehn männliche umA. Im Projektverlauf konnten wir die Platzkapazität steigern und über die Erweiterung des Standortes 40 Plätze für männliche und weibliche umA zur Verfügung stellen. Seit Beginn des Projektes nahmen wir insgesamt 117 Jugendliche als unbegleitete minderjährige Ausländer/innen auf.

Das Vorgehen

Der Projektauftrag beinhaltet zwei zentrale Elemente: Clearing und Hilfe zur Erziehung.

Der Auftrag des **Clearings** ist es, unbegleiteten minderjährigen Asylbewerber/innen in ihrer emotionalen und psychischen Verfassung Schutz zu bieten und die Situation und Perspektiven aufzuklären. Der Auftrag der **Hilfen zur Erziehung** ist es, unbegleitete minderjährige Asylbewerbende in ihrer emotionalen und psychischen Verfassung zu stabilisieren, soziale Bindungen aufzubauen und ihnen eine dauerhafte Integration in Deutschland zu ermöglichen.

In jedem Fall ist es wichtig, Unterschiede gesetzlicher, sozialer, kultureller und religiöser Art zum Herkunftsland aufzuzeigen und bei deren Akzeptanz unterstützend mitzuwirken.

Folgende Ziele werden mit der Betreuung und Begleitung verfolgt:

- Klärung der Fluchtursache und -umstände
- Unterstützung bei der sprachlichen Integration
- Hilfe zur Selbsthilfe
- Klärung und Stabilisierung der gesundheitlichen Situation
- Strukturierung des Alltags
- Förderung der Selbstständigkeit und Eigenverantwortlichkeit
- Entwicklung von Lebens- und Zukunftsperspektiven
- Familiarität
- schulische und/oder berufliche Integration
- Förderung der ganzheitlichen Entwicklung
- Förderung der gesellschaftlichen Eingliederung
- intensive Zusammenarbeit mit den Jugendlichen und den mit ihnen involvierten Institutionen/Personen
- Mobilisierung der Ressourcen des jungen Menschen entsprechend seinen Möglichkeiten

Auf Initiative des Jugendamtes Mansfeld-Südharz und in Zusammenarbeit mit anderen Trägern der freien Jugendhilfe entstand u. a. ein Arbeitspapier, um Verfahrensschritte und Handlungsweisen verbindlich für die Träger festzuschreiben und ein einheitliches Handeln sicherzustellen.

Zusammenarbeit mit externen Akteuren

Aus der vielschichtigen Tätigkeit ist ein engmaschiges und tragfähiges Netz zu allen relevanten Akteuren erwachsen. Dies wird im Rahmen der Betreuung und Begleitung der unbegleiteten minderjährigen Asylbewerber/innen gepflegt und in Abhängigkeit der individuellen Bedürfnisse der Jugendlichen stetig erweitert. Maßgeblich einzubindende Akteure sind:

- Landkreis Mansfeld-Südharz
- Landesjugendamt/Jugendamt des Landkreises
- Amt für Asyl und Integration
- Ausländerbehörde
- Agentur für Arbeit
- Jobcenter Mansfeld-Südharz
- Dolmetscher als Sprach- und Kulturmittler
- Gesundheitsamt des Landkreises
- Polizeirevier Mansfeld-Südharz
- Ordnungsamt des Landkreises
- Träger der freien Jugendhilfe
- Schulen, Kirchenkreise
- Einrichtungen der offenen Kinder- und Jugendarbeit
- Streetworker
- Jugendeinrichtungen, Träger und Vereine
- Sport- und Freizeiteinrichtungen
- Unternehmen der Region
- Parteien
- ehrenamtliche Mitstreitende, Aussiedler/innen, Migranten/innen, Privatpersonen
- Netzwerk „Integration und Migration"
- Bürgerinitiativen und Bündnisse
- Migrationsberatungsstellen
- Jugendmigrationsdienst
- und viele mehr

Schwierigkeiten und Stolpersteine

Seit Beginn des Projektes im Dezember 2015 haben sich nicht nur die Jugendlichen entwickelt: Sie gehen regelmäßig zur Schule, erlernen die deutsche Sprache, engagieren sich in Vereinen, machen sich mehr und mehr mit Regeln und Normen vertraut und versuchen, diese in ihr tägliches Leben einzubinden. Das Projekt selbst und die Kompetenzen der daran Mitarbeitenden haben sich ebenso weiterentwickelt. Anfängliche Stolpersteine, wie die Anmeldungsdauer für den Schulunterricht, sprachliche Barrieren, Verbindlichkeiten beim Umsetzen von Regeln und Pflichten oder die Akzeptanz anderer Sitten und Kulturen, konnten überwunden werden und sind heute zumeist nur noch Randerscheinungen.

Tiefgründiger und von existenzieller Bedeutung für die Jugendlichen sind mangelnde Handlungsansätze bei **negativem Ausgang des Asylverfahrens.** Diese Jugendlichen haben keine Bleibeperspektive und somit keinen Zugang zu Förderinstrumenten des SGB III und SBG II für Asylbewerbende und Flüchtlinge. Sinkende Motivation und nachlassende Mitwirkung sind die Folge. Mit dem Übergang in die Volljährigkeit und dem damit verbundenen Verlassen der Einrichtung geht die engmaschige Betreuung und Begleitung verloren. Hilfeplanziele werden nicht weiter verfolgt, die persönliche Entwicklung des Jugendlichen ist rückläufig. Fachleistungsstunden können diese Defizite nicht ausgleichen.

Eine aktuelle Herausforderung stellt die derzeitige Situation zweier Jugendlicher dar, die sich im Klageverfahren befinden und eine betriebliche Ausbildung begonnen haben. Bei negativem Klageverfahren und der Rechtskräftigkeit der Ablehnung des Asylantrages würden die Gestattungen erlöschen und die Jugendlichen Duldungen erhalten. Es bliebe festzustellen, welche Auswirkungen dies auf den Ausbildungsvertrag und das Bleiberecht haben wird. Zwar ist seit August 2016 der Abschluss einer begonnenen Ausbildung durch die sogenannte 3+2-Regelung garantiert, bei der während einer dreijährigen Ausbildung sowie einer sich daran anschließenden zweijährigen Berufstätigkeit eine Duldung erfolgt. Da eine Duldung aber nur eine Aussetzung der Abschiebung ist, besteht für Arbeitgeber weiterhin ein Unsicherheitsfaktor hinsichtlich der Bleibeperspektive der Jugendlichen/jungen Erwachsenen.

Was hat sich bewährt?

Wir begegnen dem Jugendlichen im partnerschaftlichen und achtungsvollen Dialog und bearbeiten Problem- und Konfliktsituationen konstruktiv. Eine positive, lebensbejahende Grundhaltung und die Vermittlung von Normen und Werten durchzieht unsere pädagogische Arbeit.

Unser Handeln zielt darauf ab, Entwicklungsmöglichkeiten der Jugendlichen zu unterstützen, ihre Entwicklungsprozesse zu begleiten sowie ihnen die Teilhabe an der Gesellschaft zu ermöglichen. Hierbei ist die empathische Beziehung zwischen dem Pädagogen und dem Jugendlichen für uns Voraussetzung für die Entwicklung und Erweiterung von Kompetenzen.

Durch den Austausch mit allen Beteiligten erhalten wir die nötigen Informationen, um eine Vertrauensbasis zu dem/der Jugendlichen zu schaffen. Beobachtungen des Verhaltens in verschiedenen Situationen, der Stärken und Schwächen sowie des Entwicklungsstandes unterstützen dies.

Die methodischen Grundlagen lassen sich überwiegend aus dem sozialpädagogischen Handeln ableiten, die stark auf handlungsorientierten und erlebnispädagogischen Ansätzen beruhen. Die Vorgehensweise orientiert sich an der Persönlichkeit und dem individuellen Erfahrungshintergrund der Jugendlichen. Dabei wird dem Verhalten, den kognitiv-emotionalen Vorgängen und den Sozialbeziehungen besondere Beachtung geschenkt.

Voraussetzung für eine erfolgreiche pädagogische Arbeit ist der pädagogische Bezug. Unsere pädagogische Arbeit ist gekennzeichnet durch eine wertschätzende, akzeptierende und annehmende Grundhaltung. Wir gestalten eine familiäre Atmosphäre des gegenseitigen Respekts, des Vertrauens und der positiven Verstärkung.

Von einem ganzheitlichen Ansatz ausgehend, wird vor allem pädagogisch einzelfallbezogen (soziale Einzelhilfe) und gruppenbezogen (soziale Gruppenarbeit) gearbeitet.

Die individuelle Auseinandersetzung des/der Jugendlichen mit seiner bisherigen Lebensgeschichte sowie die aktive Entwicklung von Zukunftsperspektiven begleiten die pädagogische Arbeit.

Erfahrungen und Erkenntnisse

Für unbegleitete minderjährige Asylbewerber/innen sind individuell abgestimmte Hilfen zu entwickeln. Besondere Berücksichtigung müssen dabei ihre persönlichen spezifischen Lebensbelastungen sowie ihre Entwicklungsbeeinträchtigungen finden. Ziel ist, die Jugendlichen in ihrer Situation zu unterstützen, zu beraten und Handlungskompetenz zu vermitteln, damit ein selbstständiges Leben möglich ist.

Maßgeblicher Erfolgsfaktor der Maßnahme ist – neben unserer eigenen fachlichen Kompetenz – die Zusammenarbeit mit den Netzwerkpartnern. Nur über die enge Verzahnung aller Akteure sind für jede/n einzelne/n Jugendliche/n individuell zugeschnittene sozialintegrative Ansätze realisierbar. Die zielgerichtete Vernetzung mit den zuständigen Ämtern, Einrichtungen und Gruppen vor Ort, mit den Vormündern, Jugendämtern, Schulen, Ausbildungs- und Freizeiteinrichtungen, Psychologen/innen, Therapeuten/innen, Vereinen und Beratungsstellen sichert die qualitativ hochwertige Umsetzung. Allseitige Kommunikation, Transparenz, ständige Reflexion der eigenen Arbeit, die Anerkennung und Wertschätzung erreichter Meilensteine, die unterstützende Verbundenheit im täglichen Tun sowie respektvoller Umgang aller Beteiligten bei festgeschriebenen Handlungsanweisungen sind Grundvoraussetzungen.

Das nationale und internationale Kolping-Netzwerk und der Verbund aller Kolping-Einrichtungen ist für uns eine besondere Ressource.

Wie kann Nachhaltigkeit sichergestellt werden?

Die Aufnahme, Unterbringung und Betreuung von unbegleiteten minderjährigen Asylbewerbenden sind Probleme, die kurzfristig gelöst werden mussten. Mittel- und langfristig geht es aber um die gesellschaftliche Integration, um Spracherwerb, Ausbildung und Beschäftigung. Wichtig dafür ist der Transfer gewonnener Erkenntnisse und Erfahrungen: Welche Hürden stehen dem entgegen und auf welche Förderangebote kann man zurückgreifen? Welche Erfahrungen aus der lokalen Praxis liegen vor? Wie können junge Geflüchtete in die berufliche Bildung integriert werden?

Die Berufsbildung förderbedürftiger junger Menschen steht in den nächsten Jahren vor besonderen Herausforderungen. Wir kennen die Jugendlichen mit Fluchthintergrund aus den vergangenen 20 Monaten, kennen ihre Stärken, ihre Schwächen, die familiären Erfordernisse aus der Heimat. Die Positionierung eines Berufsausbildungszentrums in der Einrichtung in Hettstedt mit den gegebenen Infrastrukturen könnte die mittel- und langfristige Integration der Flüchtlinge unterstützen und voranbringen. Auch vor dem Hintergrund der demografischen Entwicklung, dem Fachkräftemangel und der unterdurchschnittlichen Auslastung des Berufsbildungswerkes könnten hier positive Akzente gesetzt werden. Dazu muss jedoch auch der politische Rahmen gesetzt werden, damit angesichts eines abrupten Endes der Jugendhilfe mit Übergang zum 19. Lebensjahr bereits vollbrachte Integrationserfolge nicht gefährdet werden.

III

Ergebnisse, Transfer und Ausblick

III/1 Berufsbildungswerke als lernende Organisationen: die Evaluation von PAUA im Überblick

Andreas Fischer, Sabrina Lorenz und Aleksandra Poltermann

Hintergrund

Die Verwirklichung von Inklusion stellt Berufsbildungswerke (BBW) vor neue Herausforderungen, bietet ihnen aber auch gleichzeitig Chancen. Als besondere Einrichtungen gemäß § 51 SGB IX halten BBW bedarfsgerechte Ressourcen und Kompetenzen für die Ausbildung junger Menschen mit Behinderung vor. Um angesichts dynamischer Rahmenbedingungen handlungsfähig zu bleiben und die vorhandenen Ressourcen und Kompetenzen für neue Zielgruppen und Tätigkeitsbereiche nutzbar machen zu können, müssen überkommene Strukturen aufgebrochen und neue Konzepte entwickelt bzw. bewährte Konzepte weiterentwickelt werden.

Im Projekt PAUA haben sich zehn BBW für neue Kooperationspartner (z.B. Betriebe) oder Zielgruppen (z.B. Jugendliche ohne Reha-Status oder junge Geflüchtete) geöffnet und ihr Angebotsportfolio erweitert. Die BBW wurden bei der Entwicklung neuer Geschäftsmodelle und den damit einhergehenden Organisations- und Personalentwicklungsprozessen systematisch durch ein Steuerungsmodell, das vom f-bb entwickelte ZE³P-Modell (vgl. Kapitel II/1), unterstützt.

Die einrichtungsspezifischen Entwicklungsprozesse der BBW wurden vom f-bb wissenschaftlich begleitet und evaluiert. Gemeinsam mit der BAG BBW wurden Beispiele guter Praxis identifiziert, in Form von Handreichungen aufbereitet und stehen nun für einen Transfer in die BBW-Landschaft zur Verfügung.

Evaluationsansatz und methodisches Vorgehen

Die Evaluation im Projekt bezog sich auf zwei verschiedene Ebenen: die übergeordnete Organisations- bzw. Einrichtungsebene und

177

die Ebene der in PAUA durchgeführten Maßnahmen für benachteiligte Jugendliche.

Je nach Zielsetzung und Zeitpunkt der Durchführung lässt sich zwischen formativer und summativer Evaluation unterscheiden (vgl. Scriven 1967, S. 43). Formative Evaluation ist programmgestaltend, projektbegleitend und durch eine in die Zukunft gerichtete Perspektive gekennzeichnet. Sie übernimmt eine Kontrollfunktion in allen Phasen – von Konzeptualisierung und Planung bis hin zur Erprobung (vgl. König 2000, S. 115). Bereits in der Vorlaufphase sollen Schwachstellen entdeckt und gegebenenfalls Korrekturen und Optimierungen durchgeführt werden (vgl. Haenisch 1990, S. 10). Somit sind die primären Adressaten/innen der formativen Evaluation innerhalb des betrachteten Systems zu finden. Die Kommunikation zwischen den Beteiligten läuft interaktiv durch gemeinsame Reflexionen und kontinuierliche Rückmeldungen ab (vgl. Widmer 2006, S. 88). Die summative Evaluation findet erst im Nachhinein statt und wendet sich den Effekten zu. Sie macht erkennbar, ob alles Wichtige berücksichtigt wurde und ob das durchgeführte Projekt seine Ziele erreicht hat (vgl. Kokavecz/Lammers/Holling 1999, S. 59). Ihre Adressaten sind eher außerhalb der Systemgrenzen zu finden (vgl. Stockmann 2006, S. 19).

Als Gegenstände der Evaluation lassen sich Input, Process, Output und Outcome unterscheiden (vgl. Schmitt 2015; Savaya/Waysman 2005), die nach Stufflebeam (2003) stets in einem gegebenen Kontext wirken (siehe Abbildung 1).

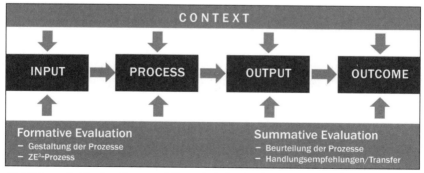

Abbildung 1: Evaluationsmodell nach Schmitt (2015), Savaya/Waysman (2005) und Stufflebeam (2003) Quelle: Eigene Darstellung

In Bezug auf das Projekt lassen sich diese Gegenstände folgendermaßen konkretisieren:

Input

Die Bezugsebene „Input" umfasst die Ressourcen und den Entwicklungsstand der einzelnen Einrichtungen zum Projektstart. Zentrale Kategorien sind die Anzahl der Mitarbeitenden, der kooperierenden Betriebe, der Teilnehmenden in den Maßnahmen etc. Die Erfassung des Status quo zu Projektbeginn ist vor allem wichtig, um Veränderungen im Projektverlauf feststellen zu können. Auch Eingangsvoraussetzungen und Merkmale der jeweiligen Zielgruppe (z. B. benachteiligte junge Menschen) werden erhoben, um Veränderungen im Projektverlauf bilanzieren zu können.

Prozess

Die Bezugsebene „Prozess" fokussiert die Weiterentwicklung der Einrichtung. Hierunter fallen alle Aktivitäten in den Bereichen Personal oder Organisation, die während der Projektlaufzeit durchgeführt wurden. Neben Organisationsentwicklung werden Kooperationen und die Akquisition neuer Partner näher betrachtet. Auf Maßnahmenebene fließen Entwicklungen der teilnehmenden jungen Menschen ein sowie maßnahmenbezogene Aktivitäten der Berufsbildungswerke, die zur erfolgreichen Umsetzung und Verstetigung der Maßnahmen notwendig sind.

Output

Die Ebene „Output" beinhaltet das Resultat der Organisationsentwicklungsprozesse, also die erarbeiteten Produkte und den Entwicklungsstand der Einrichtungen am Projektende. Sie umfasst vor allem messbare Größen wie die Anzahl der durchgeführten Maßnahmen.

Outcome

Die Ebene „Outcome" umfasst die weiteren Auswirkungen und die Nachhaltigkeit der auf organisationaler Ebene umgesetzten Aktivitäten. Hier stehen Informationen über den verbesserten Zugang zu Betrieben, vom Personal erworbene Kompetenzen oder die Nachhaltigkeit von Strukturveränderungen im Mittelpunkt. Good-Practice-Beispiele werden identifiziert und in Form von Handreichungen für den Transfer in nicht am Projekt beteiligte BBW aufgearbeitet.

Kontext

Relevante Kontextvariablen sind vor allem regionale und institutionelle Rahmenbedingungen sowie die Identifikation von förderlichen und hemmenden Kontextfaktoren für die Weiterentwicklung der Berufsbildungswerke. Hierunter fallen auch verwandte Projekte und Modellversuche (VAmB, TrialNet) sowie alle Aktivitäten der externen Beratungs- und Unterstützungsleistungen (Workshops, Experteninterviews).

Die vorliegende Evaluation verschränkt quantitative und qualitative Methoden empirischer Sozialforschung im Sinne eines Mixed-Method-Ansatzes (Schnell/Hill/Esser 2011; Caspari 2004). Sie bezieht sowohl die im Projekt entwickelten und durchgeführten Maßnahmen als auch die durchführenden Einrichtungen ein. Die quantitativen Daten wurden auf Organisations- bzw. Einrichtungsebene über Fragebögen in jeder Stufe des dreistufigen ZE³P erhoben: (1) zur Ausgangslage bei Projekteintritt, (2) zum Zwischenstand der Zielerreichung und (3) zur abschließenden Einschätzung (vgl. Beitrag II/1 in diesem Band). Bei der Auswertung sind somit die unterschiedlichen Messzeitpunkte (MZ) zu berücksichtigen: MZ 1 kennzeichnet den jeweiligen Projekteintritt des BBW; MZ 2 und MZ 3 markieren die Zeitpunkte nach dem zweiten und dritten ZE³P-Workshop im jeweiligen BBW.

Darüber hinaus liegen quantitative Daten zu den Teilnehmenden der PAUA-Maßnahmen vor, die jeweils bei Ein- und Austritt erfasst wurden. Der ergänzend gewählte qualitative Zugang (u.a. leitfadengestützte Interviews, Workshops) ermöglicht einen vertieften Zugang zu Erklärungsansätzen und Deutungsmustern sowie die Identifikation von Einflussfaktoren in ihrem jeweiligen Kontext. Dazu wurden im Rahmen eines partizipativen bzw. beteiligungsorientierten Forschungsansatzes einzelne Akteure mit einbezogen (vgl. Stockmann 2004; Stockmann/Meyer 2014).

Die einzelnen Themenfelder der Evaluation ergeben sich aus den individuellen Zielstellungen und einrichtungsspezifischen Aktivitäten im Rahmen des Projektes, weshalb die Evaluation auf drei zentrale Analysefelder fokussiert: die Angebotserweiterung sowie Personal- und Organisationsentwicklung (siehe Abbildung 2).

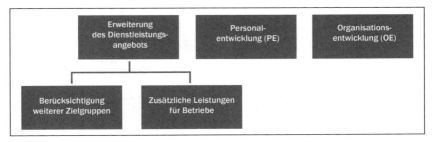

Abbildung 2: Handlungsfelder in PAUA

Quelle: Eigene Darstellung

Grenzen des Evaluationsauftrags

Aufgrund geringer Fallzahlen und zeitlich versetzter Eintritte neuer BBW in das Projekt sind die quantitativen Ergebnisse nur begrenzt generalisierbar. Auch erschweren fehlende Angaben zu einzelnen Variablen eine belastbare Interpretation der quantitativen Daten. Aufgrund dessen legen die vorliegenden Daten eine rein deskriptive Auswertung nahe.

Zu berücksichtigen ist der Erprobungscharakter des Projekts und der durchgeführten Aktivitäten. Veränderungsprozesse in den BBW wurden zu unterschiedlichen Zeitpunkten initiiert oder beendet und durch unterschiedliche Rahmenbedingungen beeinflusst.

Das Einbeziehen mehrerer MZ in die Auswertung (s. o.) macht es möglich, Veränderungen im Zeitverlauf zu erkennen. Im Einzelfall kommt es dabei zu einer von der Grundgesamtheit (N = 10) abweichenden Fallzahl (n) bei einzelnen dargestellten Ergebnissen: Bei einer Frage zu den größten Veränderungen innerhalb der Projektlaufzeit werden deshalb die aktuellsten Angaben eines jeden BBW miteinbezogen, ungeachtet dessen, ob die Daten zu MZ 2 oder 3 generiert wurden.

Mithilfe qualitativer Methoden konnte ein vertiefter Erklärungszugang gewonnen werden. Aufgrund kleiner Fallzahlen sind jedoch auch hier keine generalisierbaren Aussagen möglich, zumal sich die regionalen Rahmenbedingungen unterscheiden (z. B. städtische und ländliche BBW etc.). Dennoch konnten Good-Practice-Beispiele identifiziert und Empfehlungen gegeben werden. Kapitel II dieses Bandes präsentiert eine Auswahl.

Ergebnisse

Nachfolgend werden die Entwicklungen in den Projekt-BBW innerhalb der Projektlaufzeit in den drei Handlungsfeldern (1) Erweiterung
des Dienstleistungsangebotes, (2) Personal- und (3) Organisationsentwicklung entlang zentraler Forschungsfragen dargestellt.

(1) Erweiterung des Dienstleistungsangebots

Das Dienstleistungsangebot der BBW wurde innerhalb der Projektlaufzeit in verschiedene Richtungen erweitert. Neben der Konzeption
und Durchführung konkreter Modellmaßnahmen für benachteiligte
Jugendliche wurde eine Ausweitung der Angebote auf weitere Zielgruppen angestrebt. Zusätzliche Leistungen für Betriebe wurden
initiiert. Nachfolgend werden die in der Projektlaufzeit vollzogenen
Erweiterungen des Dienstleistungsangebots dargestellt. Die folgenden
Abschnitte konzentrieren sich zunächst auf die Berücksichtigung
neuer Zielgruppen, wie benachteiligte Jugendliche oder junge Geflüchtete. Anschließend werden die zusätzlichen Leistungen für Betriebe
beschrieben.

Besonders benachteiligte Jugendliche

Welche Modellmaßnahmen bedienen den Bedarf der Teilnehmenden (TN) und Leistungsträger? Inwiefern bedienen die Modellmaßnahmen den Bedarf der Teilnehmenden und Leistungsträger?

Insgesamt wurden im Rahmen von PAUA zwölf Maßnahmenkonzepte entwickelt, davon neun für Personen, die an Maßnahmen zur
Aktivierung und beruflichen Eingliederung (nach § 45 SGB III) teilnehmen, und drei für Personen, die ausbildungsbegleitende Hilfen
(nach § 75 SGB III) erhalten. Die im Rahmen von PAUA entwickelten
Konzepte beziehen sich damit auf Rechtsgrundlagen, unter welche
auch die „klassischen" arbeitsmarktpolitischen Fördermaßnahmen der
Bundesagentur für Arbeit (BA) fallen.

Die entwickelten Maßnahmen nach § 45 SGB III richten sich an
behinderte oder benachteiligte junge Menschen unter 25 Jahren, die

bereits Maßnahmen oder Ausbildungen abgebrochen haben. Als Ziel der entwickelten Maßnahmen nennen alle BBW den Übergang in den Arbeitsmarkt oder eine Ausbildung bzw. die Befähigung dazu. Die entsprechenden Projektskizzen sind in fünf Phasen unterteilt: (1) Akquisition von Teilnehmenden, (2) Einstieg, Motivation und Stabilisierung, (3) Kompetenzfeststellung und Potenzialanalyse, (4) Erprobung, Berufsfindung und Übergang sowie (5) Nachbetreuung und Übergang in Ausbildung, in berufsvorbereitende Maßnahmen (BvB) oder in den Arbeitsmarkt. Auch wenn die Anzahl und Bezeichnung der Phasen zwischen den Maßnahmen variiert, folgen sämtliche Skizzen diesem Phasenmodell. Alle BBW betonen die Flexibilität der einzelnen Phasen (d. h., die Dauer einzelner Phasen oder Phasenübergänge orientiert sich am individuellen Bedarf und Fortschritt der Teilnehmenden). Bei der Mehrheit der BBW ist vor dem eigentlichen Start der Maßnahme eine Akquisitionsphase vorgeschaltet. Im Anschluss an die Zuweisung der TN folgen in allen BBW drei inhaltliche Phasen. In der Motivations- oder Einstiegsphase steht zunächst die Stabilisierung der TN im Vordergrund. In einer zweiten Phase erfolgen Kompetenzfeststellung und Potenzialanalyse, die sehr unterschiedlich gestaltet sein können. Auf ihrer Grundlage werden Aktivitäten zum Abbau von Hemmnissen eingeleitet. In der dritten Phase werden die TN in allen BBW schrittweise an Berufe bzw. Berufsbilder herangeführt. Über Praktika und Projektarbeiten soll der Berufsfindungsprozess initiiert und in Vormaßnahmen, wenn solche vorgesehen sind, fortgeführt werden. Haben sich TN für eine Ausbildung, den Arbeitsmarkteinstieg, ggf. auch eine BvB entschieden, findet ein entsprechender Übergang statt. In allen BBW erfolgt dann eine kontinuierliche Nachbetreuung, wobei sich die zeitlichen Abstände steigern. Insgesamt handelt es sich bei allen Projektskizzen um zunächst niederschwellige Angebote, die sukzessive intensiver werden, d. h., die Teilnahmezeit jedes einzelnen TN steigert sich im Verlauf bis hin zur Vollzeitteilnahme mit acht Stunden pro Tag.

Die Maßnahmen nach § 75 SGB III richten sich an lernbeeinträchtigte oder sozial benachteiligte Auszubildende in Betrieben. Bei dieser Gruppe wird von den beteiligten BBW eine erhöhte Abbruchgefahr vermutet. Ziel aller Konzepte ist es daher u. a., die Fortsetzung der Ausbildung und einen erfolgreichen Abschluss zu unterstützen. Die

Projektskizzen sind nur bedingt vergleichbar. Zwei Konzepte folgen einem weniger komplexen Phasenmodell, welches die Zusammenarbeit mit Teilnehmenden und Unternehmen an den individuell vorliegenden Problemstellungen ausrichtet. Ein drittes Konzept sieht zusätzliche Angebote vor (z. B. wird eine Unterstützung von Betrieben bereits vor Ausbildungsbeginn, vor allem im Auswahlverfahren, angeboten).

Von zwölf Maßnahmenkonzepten gingen neun (sechs nach § 45 und drei nach § 75) im Rahmen von PAUA in die Erprobung. Insgesamt wurden von September 2014 bis Januar 2017 161 TN gefördert und betreut (Maßnahmen nach § 45: 148 TN; nach § 75: 13 TN).

Die Zuweisungen in die PAUA-Maßnahmen starteten zu einem Zeitpunkt, zu dem bereits viele Jugendliche über die klassischen Maßnahmen nach §§ 45 und 75 versorgt und Haushaltsplanungen der Kostenträger abgeschlossen waren. Die Evaluation bestätigt, dass die Jugendlichen in den PAUA-Maßnahmen mit besonders schwierigen Ausgangslagen und großen Hemmnissen zu kämpfen hatten und jeweils spezifischen Förderbedarf aufwiesen. Sie sind der Gruppe der besonders benachteiligten Jugendlichen zuzurechnen.

In der Gruppe der TN nach § 45 SGB III reichte die Altersspanne von 17 bis 25 Jahren bei einem Durchschnittsalter von 20,9 Jahren. Bei den TN nach § 75 SGB III bestand mit einer Spanne von 16 bis 24 Jahren und einem Durchschnittsalter von 19,8 Jahren annähernd dieselbe Struktur. Die beiden Gruppen ähnelten sich auch im Hinblick auf das Geschlechterverhältnis, das in beiden Fällen durch einen überproportionalen Männeranteil geprägt war (§ 45: 65 Prozent; § 75: 67 Prozent).

Personen in den Maßnahmen nach § 45 SGB III hatten bei Maßnahmeneintritt in deutlich mehr Fällen eine Behinderung (§ 45: 50 Prozent; § 75: 8 Prozent), eine Erkrankung (§ 45: 60 Prozent; § 75: 25 Prozent) oder weitere Hemmnisse (§ 45: 90 Prozent; § 75: 58 Prozent). Bei den angegebenen Behinderungen handelte es sich in 84 Prozent aller Fälle um Lernbehinderungen.

Die schwierigen Ausgangslagen und Hemmnisse spiegeln sich auch im Maßnahmenverlauf wider: Aufgrund der multiplen Problemlagen kam es zu mindestens 63 Abbrüchen bzw. vorzeitigen Austritten, was nach Angaben der BBW in den meisten Fällen auf psychische Gründe und Motivationsmangel zurückzuführen ist (siehe Abbildung 3). Dies entspricht den Einschätzungen zu Beginn der Maßnahmen.

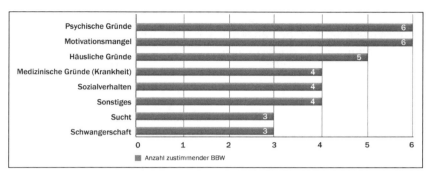

Abbildung 3: Vermutete Abbruchgründe in den PAUA-Maßnahmen (n = 6)
Quelle: Eigene Darstellung

Mindestens 51 Jugendliche haben die Maßnahmen planmäßig beendet. Der Anteil der planmäßig Abschließenden unter den Ausscheidenden war in den Maßnahmen nach § 75 SGB III etwas größer als in den Maßnahmen nach § 45 SGB III (§ 45: 44 Prozent; § 75: 50 Prozent).

Von den TN mündeten 21 in Ausbildung, 6 in ein Arbeitsverhältnis, 23 in eine andere Maßnahme und 4 in eine Einrichtung der medizinischen Rehabilitation ein. Alle PAUA-Maßnahmen hatten einen sehr niederschwelligen Ansatz, weshalb nicht nur Vermittlungen in den Arbeitsmarkt als Erfolg zu werten sind. Aufgrund der schwierigen Ausgangslagen und Hemmnisse und des spezifischen Förderbedarfs der Jugendlichen kann es durchaus mehrere Jahre dauern, bis sich die Wirkungen der Maßnahmen in Erfolgen auf dem Ausbildungs- und Arbeitsmarkt niederschlagen.

Die im Projekt erarbeiteten Maßnahmenkonzepte ließen sich nach Ansicht aller BBW zumindest teilweise in die Praxis umsetzen. Bei der Hälfte der BBW, die eine Maßnahme durchführten, gelang die Umsetzung „zum größten Teil", wobei ein im Vergleich zur Modellmaßnahme niederschwelligerer Zugang umgesetzt werden musste. Dies spiegelt sich in der Verstetigung der Maßnahme bzw. in der Akquisition von Anschlussprojekten wider, die sich an den PAUA-Maßnahmenkonzepten orientieren (vgl. dazu Hofmann/Lorenz/Poltermann 2017). Bei der anderen Hälfte der BBW konnten die Konzepte „zu einem geringen Teil" in die Praxis umgesetzt werden. Ein Schlüssel zum (Maßnahme-)Erfolg und der Erfüllung der Bedarfe der Kostenträger

185

und Teilnehmenden lag allgemein in der Individualisierung des Förderprozesses und in der engen Kooperation mit den Kostenträgern (Arbeitsagenturen und Jobcentern).

Junge Geflüchtete und weitere neue Zielgruppen

Inwiefern gelingt es den BBW, im Rahmen des Projektes neue Zielgruppen zu erreichen?

Neben der Öffnung für benachteiligte Jugendliche über die Maßnahmen gemäß §§ 45 und 75 standen vor allem 2015 und 2016 auch junge Geflüchtete im Fokus der Aktivitäten der BBW.

Zu Projektbeginn gab es in manchen BBW bereits Angebote für Geflüchtete, in anderen war das aus unterschiedlichen Gründen noch nicht der Fall (z.B. keine Zuweisungen, noch nicht ausreichend vorhandene personelle Ressourcen oder Unterbringungsmöglichkeiten), aber in Planung. Bei der zweiten Abfrage (in der Projektmitte) gaben acht von neun BBW an, Angebote für Geflüchtete bereitzustellen. Zu diesen Angeboten gehören unter anderem:

- Unterbringung (nach § 34 SGB VIII), Inobhutnahme (nach §§ 42 und 42a) sowie betreutes Wohnen,
- Clearingstelle,
- stationäre Jugendhilfeeinrichtung mit dem Schwerpunkt unbegleitete minderjährige Flüchtlinge,
- Ausbildung(svorbereitung) sowie Arbeits- und Berufsvorbereitung,
- Orientierung mit Beschäftigung im Rahmen von Arbeitsgelegenheiten,
- Begleitung in der Probezeit,
- Hilfen zur Erziehung,
- Sonstiges (Willkommensklassen, Sprachkurse, Freizeitangebote, Frühförderung etc.).

Die Projekt-BBW nahmen im Zeitraum vom 31.08.2016 bis zum 14.10.2016 an einer von der BAG BBW durchgeführten schriftlichen Befragung zum Gesundheitszustand der seit dem 01.08.2015 betreuten 175 Teilnehmenden mit Fluchthintergrund teil, unabhängig davon, in welcher Weise die Betreuung stattfand. Die Ergebnisse umfassen Angaben von sieben Projekt-BBW. Ihren Angaben zufolge wurden insgesamt 175 junge Männer mit Fluchthintergrund im Alter zwischen 14 und 20 Jahren (durchschnittlich 17 Jahre) in den Projekt-BBW betreut. Die Mehrheit ist noch schulpflichtig (97 Prozent). Hauptsächlich stammen die Teilnehmenden aus Afghanistan (52,6 Prozent). Vereinzelte Häufungen sind bei den Herkunftsländern Syrien (15,4 Prozent) und Eritrea (10,3 Prozent) zu finden. 64,9 Prozent der Teilnehmenden sind 2015 eingereist, 23 Prozent 2016. 78 von 175 Teilnehmenden sind gesundheitlich eingeschränkt und leiden an diversen Erkrankungen. Insbesondere fallen die psychiatrischen und psychosomatischen Erkrankungen ins Gewicht (20 Teilnehmende). Dabei handelt es sich überwiegend um geringe Einschränkungen (zu 93,8 Prozent), welche das Absolvieren einer Ausbildung oder die Ausübung einer Erwerbstätigkeit nach entsprechender (therapeutischer) Behandlung nicht gefährden.

Durch ihre Angebote für junge Menschen mit Fluchthintergrund etablieren sich die BBW zunehmend als wichtige Partner für die Jugendhilfe, die Arbeitsagenturen sowie für Kommunen und Länder bei ihrer Aufgabe, junge Flüchtlinge langfristig in die ersten Arbeitsmarkt und damit in die Gesellschaft zu integrieren. Die Öffnung für neue Zielgruppen konzentrierte sich innerhalb der Projektlaufzeit aufgrund der gegebenen Rahmenbedingungen zum größten Teil auf die Gruppe der benachteiligten Jugendlichen i. S. v. §§ 45/75 SGB III und die Gruppe der jungen Geflüchteten. Für diese beiden Zielgruppen halten die meisten BBW neue Angebote vor[1] (siehe Abbildung 4).

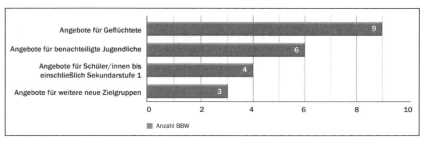

Abbildung 4: Angebote der BBW für neue Zielgruppen (n = 8–10)
Quelle: Eigene Darstellung

---

[1] Für die Berechnung der Anzahl der verschiedenen Angebote für neue Zielgruppen wurden jeweils die jüngsten vorliegenden Angaben der BBW aus mehreren Variablen mit einbezogen und kombiniert.

Neben den Angeboten für die beiden bereits angesprochenen Zielgruppen wurden im Projektverlauf aber auch Angebote für weitere neue Zielgruppen wie z. b. Schüler/innen bis Sekundarstufe 1, Arbeitslose (mit psychischen Beeinträchtigungen) und Kinder initiiert.

Insgesamt sind die BBW durch die sukzessive Öffnung ihres Leistungsportfolios für neue Zielgruppen flexibler geworden. Grundsätzlich zeigten sich außerdem aufgrund der durchgeführten PAUA-Maßnahmen mit benachteiligten Jugendlichen in einigen Regionen erste positive Entwicklungen, was verbesserte Kooperationen mit neuen Kostenträgern, in diesem Fall den örtlichen Jobcentern, betrifft. Aufgrund der vorgehaltenen Ressourcen, Strukturen und Kompetenzen erhöhen BBW für all jene, die starken Förderbedarf aufweisen und auf Unterstützung in einem geschützten Rahmen angewiesen sind, die Chancen auf eine Einmündung in eine Berufsausbildung.

Zusätzliche Leistungen für Betriebe

Inwiefern gelingt es den BBW, im Rahmen des Projektes mehr Betriebe zu erreichen und die Zusammenarbeit mit Betrieben zu intensivieren, indem sie z. B. ihr Leistungsspektrum erweitern oder ihre Kommunikation und ihre Marketingaktivitäten ausbauen?

Die betriebliche Nachfrage nach den Angeboten der BBW ist heterogen. Diese hängt unter anderem vom Standort des BBW ab. So beobachten BBW vor allem in strukturschwachen Regionen eine eher geringe Nachfrage nach den angebotenen Dienstleistungen. Vier der Befragten gaben an, dass eine hohe betriebliche Nachfrage nach speziellen Angeboten bestehe, drei gaben an, dass keine hohe betriebliche Nachfrage bestehe, und drei enthielten sich.

40 bis 50 Prozent aller kooperierenden Unternehmen sind Kleinst- bzw. Kleinunternehmen mit bis zu 50 Mitarbeitenden und einem Umsatz oder einer Jahresbilanz von bis zu zehn Millionen Euro (vgl. Abbildung 5). Zu Projektende sagten fünf von acht der Befragten (zwei der zehn BBW äußerten sich nicht) aus, dass die Zahl der Kooperationen im Projektzeitraum gestiegen sei. Die übrigen gaben an, die Zahl habe sich nicht verändert. Kein Befragter gab sinkende Kooperationszahlen an.

Kooperationen werden vor allem mit kleineren Unternehmen geschlossen. Zwischen 2014 und 2015 ist ein leichter Anstieg an Kooperationen mit mittelgroßen und großen Betrieben zu verzeichnen. Der Anteil der Kooperationen mit kleinen Unternehmen nahm vergleichsweise stark zu, wohingegen der Anteil der Kooperationen mit Kleinstunternehmen abnahm (siehe Abbildung 5).

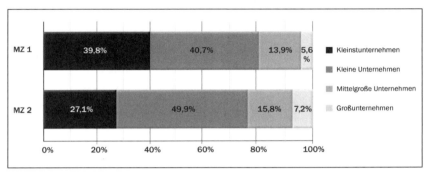

Abbildung 5: Unternehmensgrößen der Kooperationspartner in Prozent (n = 10)
Quelle: Eigene Darstellung

Die BBW kooperieren vor allem mit Betrieben aus dem Handwerk, dem Dienstleistungssektor und der Industrie. Zwischen 2014 und 2015 wurde vor allem mit Betrieben der Handwerksbetriebe vermehrt zu-

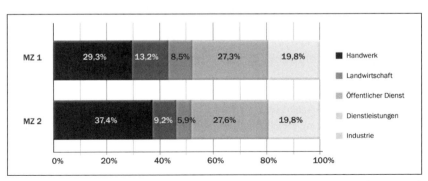

Abbildung 6: Branchen der Kooperationsunternehmen in Prozent (n = 9–10)
Quelle: Eigene Darstellung

sammengearbeitet, wohingegen die Zahl der Kooperationen mit landwirtschaftlichen Betrieben und dem öffentlichen Dienst abnahm (siehe Abbildung 6)[2].

Dabei ist zu bedenken, dass die Akquisition neuer Betriebe bzw. die stärkere betriebliche Ausrichtung ein langfristiger, über die Projektlaufzeit hinausreichender Prozess ist. Wieweit es gelingt, betriebliche Kooperationspartner zu gewinnen, hängt von diversen Randbedingungen ab. Schwierig ist es vor allem in strukturschwachen Regionen, in denen nur wenige Betriebe ansässig sind.

Im Zuge des ZE[3]P widmeten sich verschiedene Projekt-BBW intensiver dem Thema der Betriebskooperationen und der Frage, wie eine effektive Akquisition gelingen kann. Vier von zehn BBW haben eine eigene Stelle für Akquisitionen in diesem Bereich geschaffen. Sieben von zehn BBW haben bei Betrieben gezielt Werbung gemacht. Proaktive Netzwerkarbeit hat jedes der Projekt-BBW betrieben, und neun BBW haben ihre informellen Kontakte zu Betrieben gezielt auf- oder ausgebaut (z. B. Unternehmensfrühstück, Tag der offenen Tür etc.).

Eine Herausforderung ist vor allem das fehlende Verständnis der Betriebe für die originäre Klientel der BBW, also junge Menschen mit Behinderungen und ihre Problemlagen. Berichtet wird von Vorbehalten der Betriebe in Bezug auf die Leistungsfähigkeit der Jugendlichen. An diesem Punkt müssen die BBW viel Überzeugungsarbeit leisten und Win-win-Situationen für Betriebe herausarbeiten. Diese verfügen selten über ausreichende rehabilitationspädagogische Kompetenzen. BBW können hier als kompetente Partner in Aktion treten.

Angebote für Betriebe, die innerhalb der Projektlaufzeit identifiziert wurden, sind beispielsweise Beratungsangebote oder die Bereitstellung von Ausbildungsmodulen. Die BBW bieten bereits unterschiedliche Leistungen an, am häufigsten Hilfe bei pädagogischer Begleitung der jungen Menschen im Betrieb, bei der Nutzung von Fördermöglichkeiten und bei der Beratung der Belegschaft (siehe Abbildung 7):

---

[2] Da ein BBW zu Messzeitpunkt 1 in Summe keine 100 Prozent vergeben hat, kommt man im Durchschnitt nur auf 98,1 Prozent.

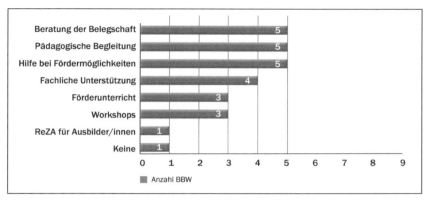

Abbildung 7: Angebote zur Unterstützung der Ausbildung beeinträchtigter und/oder benachteiligter Jugendlicher (n = 9)
Quelle: Eigene Darstellung

Bedarf sehen die BBW vor allem im Bereich der rehapädagogischen Zusatzqualifikation (ReZA): Betriebe bedürfen weiterer Aufklärung, Begleitung und Unterstützung bei der Ausbildung junger Menschen mit Behinderungen oder anderen Beeinträchtigungen.

Verstärkt wird die inklusive Ausrichtung bzw. die Verzahnung außerbetrieblicher mit betrieblicher Ausbildung durch das Modell „VAmB", das über Jahre in BBW gemeinsam mit Unternehmen der Wirtschaft entwickelt wurde. Dieses ermöglicht Jugendlichen, die einen Beruf in einem BBW erlernen, ihre Ausbildung zu erheblichen Anteilen direkt in einem Wirtschaftsunternehmen oder einer Verwaltung zu realisieren. Der 2015 zwischen BA und BAG BBW geschlossene Rahmenvertrag nahm „VAmB" als vorrangige Regelleistung auf.

Die Ausführungen zeigen, dass nicht nur im Projekt, sondern auch darüber hinaus erste Schritte zur Steigerung der Zahl von Betriebskooperationen eingeleitet wurden. BBW versuchen, insgesamt stärker strukturiert vorzugehen (Unternehmensdatenbank, Marketingkonzept, Identifikation von Angeboten etc.). Aufgrund der steigenden Nachfrage nach Angeboten, die nicht in den Einrichtungen verortet sind, insbesondere nach Betriebskooperationen, sind sozialpädagogische Fachkräfte der BBW immer häufiger als „Vertriebler/innen", Dienstleister/innen und Berater/innen gefragt.

PAUA konnte einige BBW bei der Grundsteinlegung neuer Kooperationen unterstützen.

(2) Personalentwicklung

Welche Personalentwicklungsmaßnahmen und Änderungen in der Personalstruktur sind für die Umsetzung des neuen Leistungsspektrums notwendig?

Die berufliche Rehabilitation von Menschen mit Behinderung ist ein Aufgabenfeld, das auf stabile Strukturen angewiesen ist, weil die zu Betreuenden Kontinuität benötigen. Charakteristisch für BBW sind eine geringe Personalfluktuation und lange Betriebszugehörigkeiten. Zu Projektbeginn gaben nahezu alle BBW an, dass die Anforderungen für die Belegschaft in den letzten Jahren aufgrund der verschiedenen Veränderungen (Stichwort Inklusion und Bundesteilhabegesetz BTHG) gestiegen seien und deshalb bei den Mitarbeitenden kurz- bzw. mittelfristiger Qualifizierungsbedarf bestehe . Eine Sonderbefragung der Mitarbeitenden in einem der Projekt-BBW bestätigt, dass die Mitarbeitenden die Wahrnehmung, dass sich die Anforderungen ändern, teilen.

Qualifizierungsbedarf wurde gesehen aufgrund
- der Vielfalt der Anforderungen, die sich aus der Vielzahl neuer Projekte ergibt,
- der Arbeit mit Menschen mit Migrationshintergrund (anderer Kulturkreis, Sprachbarrieren),
- der Anforderungen in den Bereichen Rehaplanung und Dokumentationspflicht,
- des Umgangs mit psychischer Traumatisierung,
- der Individualisierung und
- der Zusammenarbeit mit anderen Akteuren.

Seit Projektbeginn hat sich die durchschnittliche Anzahl der Mitarbeitenden aufgrund der beschriebenen notwendigen Veränderungen, welchen durch neue Maßnahmenkonzepte und -angebote (wie die Maßnahmen gemäß §§ 45/75 SGB III oder die Betreuung junger Menschen mit Fluchthintergrund), aber auch verstärkter Marketingaktivitäten begegnet wird, schrittweise erhöht (siehe Abbildung 8).

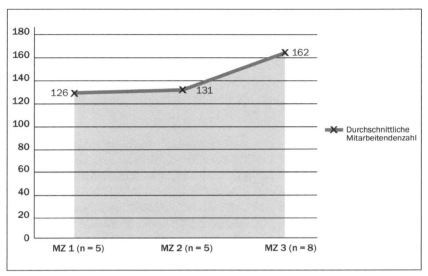

Abbildung 8: Durchschnittliche Anzahl der Mitarbeitenden im Zeitverlauf (n = 5–8)
Quelle: Eigene Darstellung

Vergleicht man den Durchschnitt der Angaben der fünf BBW zu Messzeitpunkt 1 und 2 mit den Angaben derselben BBW zu Messzeitpunkt 3 zeigt sich, dass die durchschnittliche Anzahl der Mitarbeitenden um 16 Personen gestiegen ist und bei 142 Personen liegt. Da zum Messzeitpunkt 3 unter anderem die Angaben eines sehr mitarbeiterstarken BBW hinzugezählt werden, ergibt sich insgesamt ein Anstieg auf 162 Personen.

In acht der zehn Projekt-BBW wurden innerhalb der Projektlaufzeit insgesamt 260 Qualifizierungen für die Mitarbeitenden durchgeführt. Der überwiegende Teil fand in den Einrichtungen statt und wurde von diesen selbst initiiert, organisiert und durchgeführt. Im Projekt PAUA wurden insgesamt 67 Qualifizierungsmaßnahmen (einschließlich der ZE³P-Workshops) durchgeführt, die vor allem in Themenfeldern angesiedelt waren, die neu für die BBW waren und sich im Spektrum ihrer pädagogischen Aufgabenfelder bewegten. Dazu zählten die Arbeit mit besonders benachteiligten Jugendlichen, die Einführung der ICF (International Classification of Functioning, Disability and

Health), die Angebotserstellung für die Assistierte Ausbildung (AsA), Unterstützungsleistungen für junge Menschen mit Fluchthintergrund, psychische Traumatisierungen und interkulturelle Kompetenzen.

Die angebotenen Workshops und Qualifizierungsmaßnahmen wurden von den BBW durchweg positiv beurteilt, da sie mehrheitlich den Qualifizierungsbedarf decken konnten (siehe Abbildung 9).

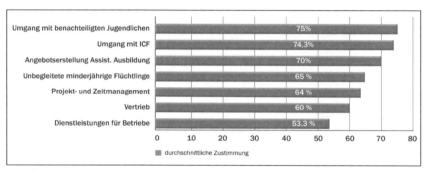

Abbildung 9: Deckung des Qualifizierungsbedarfs durch PAUA-Angebote in Prozent (n = 7)
Quelle: Eigene Darstellung

Zum Projektende äußerten die BBW Bedarf nach Qualifizierungsthemen, die stärker auf organisationaler Ebene angesiedelt sind: Organisationsentwicklung, Arbeitsrecht und ReZA. Pädagogische Themen wie psychische Erkrankungen oder Arbeit mit Menschen mit Fluchthintergrund sind jedoch nach wie vor gefragt.

Insgesamt zeigt sich, dass den neuen Anforderungen der BBW weitestgehend eher durch Qualifizierungsaktivitäten als durch Neueinstellungen begegnet wird. Im Zuge der strukturellen Änderungen und Anpassungsprozesse in der Organisation veränderte sich sukzessive die Rolle des Bildungspersonals. Es bedarf umfassender Personalentwicklungsmaßnahmen, die die Herausforderungen der Neuaufstellung der BBW für die alltägliche Handlungspraxis des Bildungspersonals aufgreifen. Der im vorliegenden Band veröffentlichte Beitrag der BAG BBW (Kapitel III/2) greift diese Forderung auf und beschreibt, auf welche Weise BBW sich gegenseitig unterstützen bzw. durch die BAG BBW Unterstützung erhalten können.

(3) Organisationsentwicklung

Welche Ressourcen, Strukturen und Prozesse der BBW ermöglichen eine reibungslose Umsetzung des erweiterten Leistungsportfolios? Welche Ressourcen, Strukturen und Prozesse müssen angepasst oder neu geschaffen werden?

Mit der Erweiterung des Dienstleistungsangebotes für Betriebe und neue Zielgruppen sind die BBW nicht nur vor personelle Herausforderungen gestellt. Sie befinden sich teilweise in tief greifenden strukturellen Veränderungsprozessen, die auch von externen Unternehmensberatungen begleitet werden. Dort, wo diese Prozesse stark trägerabhängig sind, war eine wissenschaftliche Begleitung innerhalb von PAUA nicht möglich.

Insgesamt geben sieben der zehn BBW an, es habe im Rahmen des ZE³P Veränderungen gegeben. Diese in PAUA verankerten strukturellen Veränderungen waren vor allem in der Bereitstellung neuer oder der Umverteilung vorhandener Ressourcen, aber auch in Veränderungen der Strukturen und Prozesse teilnehmender BBW angesiedelt, wobei jeweils deren aktuellste Angaben mit in die Auswertung mit einbezogen wurden (siehe Abbildung 10).

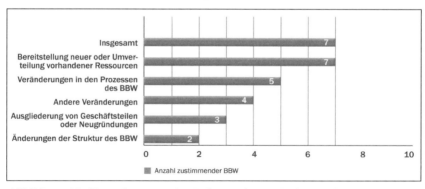

Abbildung 10: Veränderungen im Rahmen des ZE³P (n = 10)
Quelle: Eigene Darstellung

Themen, bei denen im Rahmen von PAUA die meisten Veränderungen angestoßen wurden, waren vor allem Organisationsentwicklung und die Öffnung für neue Zielgruppen, während Personalentwicklung und neue Dienstleistungsangebote für Betriebe nur vereinzelt in den Fokus genommen wurden.

Die einzelnen Zielstellungen der BBW waren sehr heterogen:

- aktive Einbindung und Mitnahme der Mitarbeitenden in die Umstrukturierung durch einen Bottom-up-Entwicklungsprozess,
- Aufbau eines neuen Standortes für die Öffnung für Betriebe und stärkere unternehmerische Ausrichtung,
- Professionalisierung des Ausschreibungsmanagements und interne Umstrukturierung von Aufgaben und Prozessen zur Verbesserung der Ausschreibungsaktivitäten,
- Einführung eines kompetenzbasierten Weiterbildungsmanagements,
- Etablierung als Anbieter für inklusive Dienstleistungen,
- Vermarktung des Spezialwissens,
- Modernisierung des Kerngeschäftes und Entwicklung neuer Geschäftsfelder,
- deutliche Verbesserung der Erlössituation und wirtschaftliche Stabilisierung und
- Qualitäts- und Unternehmensentwicklung.

Neben den verschiedenen Zielstellungen haben alle BBW in den letzten drei Jahren ihre Marketingstrategie verändert oder weiterentwickelt (siehe Abbildung 11), um unter anderem das Image des BBW zu verbessern und zu stärken. Am häufigsten wurde die Kommunikationspolitik in Richtung Öffentlichkeit und Printmedien durch Aktivitäten zur Stärkung der Wahrnehmung des BBW im regionalen Umfeld ausgebaut. Dafür wurden Printmedien wie Flyer, Broschüren, Zeitungsartikel, aber auch mehr Präsenz in digitalen Medien durch den Ausbau der eigenen Homepage oder verstärkte Aktivität in sozialen Netzwerken genutzt. Außerdem wurden öffentlichkeitswirksame Veranstaltungen wie beispielsweise der Tag der offenen Tür durchgeführt. Klassische und neue Auftraggeber wurden verstärkt angesprochen und spezielle Angebote für neue Zielgruppen entwickelt. Am seltensten wurden Preise für bestimmte Angebote im Rahmen der Preispolitik angepasst.

Je größer der Umfang der Veränderungen war, desto größer war auch die von den BBW eingeschätzte Effektivität der Veränderungen.

Insgesamt zeigte sich, dass sich die stark individualisierte und bedarfsorientierte Unterstützung der einzelnen BBW über das ZE³P-Steuerungsmodell bewährt hat. Dieses steht nun auch weiteren Einrichtungen beruflicher Rehabilitation zur Adaption zur Verfügung.

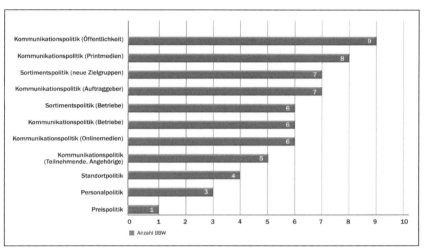

Abbildung 11: Änderung der Marketingstrategie (n = 10)
Quelle: Eigene Darstellung

Fazit: PAUA als Eisbrecher und Weichensteller

Durch das Projekt PAUA konnten mehrheitlich zielführende Veränderungen in den beteiligten BBW angestoßen und das Dienstleistungsangebot auf vielfältige Weise erweitert werden. Neue Maßnahmen konnten entwickelt und erprobt, neue Zielgruppen erschlossen und neue Kooperationspartner gewonnen werden. Darüber hinaus wurden im Rahmen des Projektes auch Herausforderungen der Personal- und Organisationsentwicklung herausgearbeitet und angestoßen, damit BBW auch künftig verstärkt die Rolle des flexiblen Bildungsdienstleisters einnehmen und ihre Ressourcen, Strukturen und Prozesse entsprechend anpassen können. Insgesamt konnten im Rahmen des Projekts bewährte Konzepte identifiziert und Good-Practice-Beispiele generiert werden, wie Kapitel II veranschaulicht. Zusätzlich tragen spezifische Qualifizierungen der Mitarbeitenden und deren Einbezug zum Gelingen der Entwicklungsprozesse bei. Generell korrespondiert Personalentwicklung in einem Unternehmen mit Organisationsentwicklungsprozessen, die ihrerseits auf politische und gesellschaftliche Veränderungen reagieren. PAUA zeigte, dass gezielte Personalentwicklung (beispielsweise die Einführung eines Weiterbildungsmanagements, Workshops, Arbeitsgruppen, Mentoringprogramme oder Benchlearning-Formate) auf strukturellen Wandel folgen muss.

Vor allem die strukturgebenden ZE[3]P-Workshops sowie die externe Unterstützung und Moderation werden insgesamt als äußerst positiv und zielführend wahrgenommen (siehe Abbildung 12). Die Befragten wollen den ZE[3]P-Prozess mehrheitlich in Zukunft verstetigen oder zumindest den internen Personenkreis für weitere Planungen beibehalten.

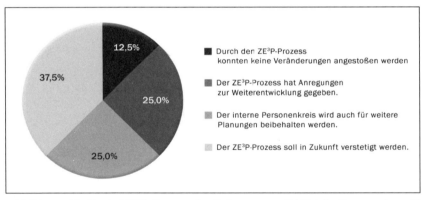

Abbildung 12: Fazit ZE[3]P-Prozess im Rahmen von PAUA in Prozent (n = 8)
Quelle: Eigene Darstellung

Die in PAUA angestoßenen Entwicklungsprozesse sind längst nicht abgeschlossen. Für die Zukunft der BBW sind weitere Veränderungen absehbar. Dies betrifft z. B. die Vernetzung und Zusammenarbeit mit verschiedenen regionalen Akteuren, aber auch die Ausweitung und Festigung der vollzogenen Veränderungen und neuen Wirkungsfelder der BBW. Wichtig ist künftig die Sozialraumorientierung der BBW, um die betriebliche Nähe weiter auszubauen und zu stärken. Auch die wirtschaftliche Stabilität ist für BBW nach wie vor von zentraler Bedeutung, weshalb die Vermarktung des eigenen Spezialwissens vorangetrieben und die Verzahnung mit Betrieben intensiviert werden sollen. Die überregionale Belegung soll durch weitere Spezialisierungen für bestimmte Zielgruppen forciert werden.

Literatur

Caspari, A.:
Evaluation der Nachhaltigkeit von Entwicklungszusammenarbeit. Wiesbaden 2004

Glaser, B. B./Strauss, A. L.:
Grounded Theory. Strategien qualitativer Forschung. Bern 1998

Haenisch, H.:
Evaluation in der Lehrerfortbildung. Ziele, Verfahrensweisen, Beispiele. In: Forum Lehrerfortbildung, 17 (1990), S. 5–51

Hofmann, H./Lorenz, S./Poltermann, A.:
Förderung der Ausbildungsfähigkeit benachteiligter Jugendlicher. Handreichung zur Unterstützung von Einrichtungen der beruflichen Rehabilitation. Nürnberg 2017 – URL: https://www.f-bb.de/fileadmin/PAUA_Materialien/3_PAUA__Ausbildung_benachteiligter_Jugendlicher.pdf (Stand: 26.10.2017)

König, J.:
Einführung in die Selbstevaluation. Ein Leitfaden zur Bewertung der Praxis Sozialer Arbeit. Freiburg im Breisgau 2000

Kokavecz, I./Lammers, F./Holling, H.:
Evaluation von computergestützten Lern- und Lehrprojekten. In: Holling, H./Gediga, G. (Hg.): Evaluationsforschung. Göttingen 1999, S. 59–72

Savaya, R./Waysman, M.:
The logic model: A tool for incorporating theory in development and evaluation of programs. Administration in Social Work, 29 (2) 2005, S. 85–103

Schmitt, F.:
Kennzahlen für den F&E-Bereich nach dem Input-Process-Output-Outcome-Framework. Controller Magazin 2015, S. 38–40

Schnell, R. / Hill, P. B. / Esser, E.:
Methoden der empirischen Sozialforschung. München 2011

Scriven, M.:
The Methodology of Evaluation. In: Tyler, R. W. / Gagné, R. M. / Scriven, M. (Hg.): Perspectives of Curriculum Evaluation. Chicago IL 1967, S. 39–83

Stockmann, R.:
Was ist eine gute Evaluation? Einführung zu Funktionen und Methoden von Evaluationsverfahren, 9 (2004), S. 1–22

Stockmann, R.:
Evaluation in Deutschland. In: Stockmann, R. (Hg.): Evaluationsforschung. Grundlagen und ausgewählte Forschungsfelder. Münster 2006, S. 15–46

Stockmann, R. / Meyer, W.:
Evaluation. Eine Einführung. Opladen 2014

Stufflebeam, D. L.:
The CIPP Model for Evaluation. In: Kellaghan, T. / Stufflebeam, D. L. (Hg.): International Handbook of Educational Evaluation. Dordrecht 2003

Widmer, T.:
Qualität der Evaluation – Wenn Wissenschaft zur praktischen Kunst wird. In: Stockmann, R. (Hg.): Evaluationsforschung. Grundlagen und ausgewählte Forschungsfelder. Münster 2006, S. 85–112

III/2 Die Weiterentwicklung von Berufsbildungswerken zu regionalen Kompetenzzentren zur Umsetzung von Inklusion – Transfer guter Praxis aus dem Projekt PAUA

Michael Breitsameter, Lina Haak und Rainer Lentz

Die zentrale Herausforderung für Berufsbildungswerke (BBW) besteht darin, für Menschen mit Teilhabeeinschränkungen[1] auf der Grundlage ihrer individuellen Situation eine Antwort zu finden auf die Frage: Wie und wodurch kann eine Integration in Arbeit und damit in die Gesellschaft gelingen? Den Rahmen bildet dabei in Deutschland das duale Berufsbildungssystem mit den allgemein anerkannten Berufsabschlüssen.

Auf dem Weg zu einem qualifizierten Berufsabschluss und der anschließenden Integration in Arbeit verstehen die BBW den jungen Menschen mit seinen unterschiedlichsten Kompetenzen, aber auch Beeinträchtigungen als maßgebliches Subjekt, ohne dessen aktive Partizipation dieser Weg nicht erfolgreich beschritten werden kann.

Um den Erfolg der beruflichen Rehabilitation langfristig zu sichern, müssen Einrichtungen wie BBW die gesellschaftspolitischen Entwick-

---

[1] Der Begriff „Beeinträchtigung" bezieht sich auf „konkrete Einschränkungen bei Aktivitäten in verschiedenen Lebensbereichen, mit denen betroffene Menschen konfrontiert sind" (BMAS 2013, S. 7). Mit der stufenweisen Reform des SGB IX durch das Bundesteilhabegesetz (BTHG) wird der bislang gültige (sozialrechtliche) Behinderungsbegriff erweitert und in Anlehnung an die UN-BRK und die hierzu ergangene Rechtsprechung angepasst.

Von einer „Behinderung" wird dann gesprochen, „wenn Beeinträchtigungen mit Barrieren in der Umwelt so zusammenwirken, dass dies eine gleichberechtigte Teilhabe an der Gesellschaft einschränkt" (BMAS 2016b, S. 22). Dieses Verständnis von „Beeinträchtigung" und „Behinderung" orientiert sich am biopsychosozialen Modell von Behinderung, welches der Internationalen Klassifikation der Funktionsfähigkeit, Behinderung und Gesundheit (ICF) zugrunde liegt.

lungen wie bspw. die Umsetzung der UN-Behindertenrechtskonvention (UN-BRK) sowie Veränderungen im Kontext der Sozialgesetzgebung (Verabschiedung des Bundesteilhabegesetzes 2016) aufnehmen und neue Handlungskonzepte entwickeln. Hierzu zählen auch Aspekte wie der demografische Wandel oder die Digitalisierung der Arbeitswelt.

Mit der UN-BRK hat sich die Bundesrepublik Deutschland verpflichtet, eine inklusive Gesellschaft zu gestalten. Die Verwirklichung von Inklusion umfasst dabei Aspekte, die im Kontext der BBW sowohl intern, das heißt einrichtungsbezogen sind, wie auch solche im umgebenden Sozialraum und in den Betrieben, mit denen BBW in vielfältiger Weise kooperieren (vgl. Breitsameter u. a. 2015).[2]

Im Laufe des Projektes PAUA hat sich gezeigt, dass die konkrete Ausgestaltung von Weiterentwicklungsprozessen in Berufsbildungswerken von zahlreichen Faktoren abhängt, die der strategischen Bewertung und Entscheidung durch die BBW und ihren Trägern obliegen. Diese Faktoren sind z. B.:

- der regionale Arbeitsmarkt
- die regional vorhandenen sozialen Leistungserbringer
- die Spezialisierung des jeweiligen BBW und ggf. seines Trägers
- die Organisationsstruktur des BBW und seines Trägers
- die geschäftspolitische Ausrichtung der Bundesagentur für Arbeit
- das Vergaberecht und seine Auswirkungen in der praktischen Anwendung
- die gesetzlichen Rahmenbedingungen zur Umsetzung individualisierter und personenzentrierter Unterstützungsangebote

Rechtliche Rahmenbedingungen zur Weiterentwicklung von Berufsbildungswerken zu inklusiven Kompetenzzentren (Art. 26 UN-BRK)

Das im Dezember 2016 beschlossene Bundesteilhabegesetz (BTHG) stellt einen Meilenstein zur Weiterentwicklung von Rehabilitationsleistungen im Sinne der UN-BRK dar. Mit diesem vollzieht das SGB IX als

---

[2] Ausgewählte Beispiele unserer Unternehmenspartner finden sich unter http://www.bagbbw.de/qualifizierte-nachwuchskraefte/wirtschaftspartner/ (Stand: 25.07.2017).

Gesetz für die Rehabilitation und Teilhabe von Menschen mit Behinderung „den Paradigmenwechsel vom Objekt zum Subjekt (…), von der Fremdbestimmung zur Selbstbestimmung. Von einer fürsorgeorientierten hin zu einer teilhabeorientierten Politik" (BMAS 2016a, S. 13). Die einzelnen Teilhabeleistungen werden zukünftig

- frühestmöglich (§ 14 BTHG),
- entsprechend den individuellen Bedarfen des Einzelnen (§§ 2, 13, 99, 118, 142 BTHG) und
- mittels eines Teilhabeplanverfahrens (§ 19 ff. BTHG) aus den verschiedenen Sozialgesetzbüchern zusammengestellt,
- einheitlichen Qualitätsgrundsätzen unterzogen (§ 37 BTHG) und
- über gut koordinierte Rehabilitationsträger (§ 25 ff. BTHG) gesteuert.

Die zunehmende Personenzentrierung und die daraus rechtlich folgende stärkere Abgrenzung individueller Teilhabeansprüche in den einzelnen Leistungsgesetzen, die zukünftig von den Rehabilitationsträgern verantwortlich kombiniert werden, erfordert, die bereits vorhandenen Systeme der Leistungserbringung, des Berichtswesens, der Qualitätssicherung und -entwicklung sowie der Leistungsabrechnung entsprechend kompatibel weiterzuentwickeln.

Das BTHG referiert auf das biopsychosoziale Modell der WHO. Danach kann eine Teilhabeeinschränkung nur vor dem Hintergrund der Interaktion zwischen dem Individuum und seiner Umwelt vollständig erfasst werden (siehe §§ 2, 13, 99, 118, 142 BTHG). Mit dieser Betrachtungsweise gelingt es, Barrieren wie auch Förderfaktoren und Ressourcen in der jeweiligen Umwelt einer Person zu erkennen und Unterstützungssysteme wirksam zu verorten (vgl. Deutsche Vereinigung für Rehabilitation 2009). Dieses Modell der funktionalen Gesundheit liegt der International Classification of Functioning, Disability and Health (ICF) der WHO zugrunde und bildet die Basis einer personenzentrierten Leistungserbringung.[3]

---

3 Die von der Weltgesundheitsorganisation (WHO) im Jahr 2001 verabschiedete International Classification of Functioning, Disability and Health (ICF, deutsch: Internationale Klassifikation der Funktionsfähigkeit, Behinderung und Gesundheit) ist ein umfassendes Klassifikationssystem zur Beschreibung von Gesundheitsproblemen und ihren Folgen in einer einheitlichen Sprache. Sie beruht auf der Grundlage des biopsychosozialen Modells der WHO, das als Basis auch in das BTHG eingeflossen ist (vgl. WHO 2017).

Fachliche und inhaltliche Herausforderungen in der Zukunft

Die durch das BTHG formulierten Ansprüche an eine stärkere Personenzentrierung in der Rehabilitation (mit dem Fokus auf das einzelne Individuum) sowie an eine transparente und zielorientierte Teilhabeplanung werden die Arbeitsprozesse in den Einrichtungen der beruflichen Rehabilitation weiter verändern. Dies betrifft alle Phasen der Rehabilitation, vom „Eingang" über die „Durchführung" bis hin zum „Ausgang": der Integration in Arbeit. Beispielhaft seien hierzu genannt:

- **Eingang:** Durch eine verbesserte Diagnostik wie auch das funktionale Verständnis von Behinderungen im Kontext der jeweils maßgeblichen Umwelt verändert sich fortlaufend das Wissen über Behinderung und Gesundheit.
- **Durchführung:** Eine stringente Teilhabeplanung erfordert ein konsequentes, interdisziplinäres Zusammenwirken aller Akteure. Zur Koordination und Gewährleistung bedarf es entsprechender interner Organisationsformen wie dem Fallmanagement mit klaren Zuständigkeiten bei den jeweiligen Prozessverantwortlichen.
- **Ausgang:** Die berufliche Handlungsfähigkeit des Einzelnen, dokumentiert bspw. in Form eines umfassenden Kompetenzprofils, sowie ein stringentes Absolventenmanagement stellen wesentliche Voraussetzungen für den Übergang in Arbeit dar. Welche strukturellen Vorkehrungen und welche Verfahrensweisen sind hierbei besonders wirksam (siehe hierzu auch Institut der deutschen Wirtschaft 2015)?

In einer äußerst ausdifferenzierten Trägerlandschaft mit unterschiedlichsten Akteuren und Verfahrensweisen kommt gerade einer Klassifikation wie der ICF eine Brückenfunktion zu, denn mit ihrer einheitlichen Sprache, verbunden mit dem Teilhabeansatz im BTHG, ist ein einheitlicher, trägerübergreifender Referenzrahmen gegeben (vgl. Deutsche Vereinigung für Rehabilitation 2014). Dieser Rahmen kann bei der Bedarfsermittlung, bei der Reha-Planung und Prozesssteuerung ebenso wie bei der Dokumentation genutzt werden und ist nicht alleine auf den Sektor der beruflichen Rehabilitation beschränkt (vgl. Pohl u. a. 2017).

Regionale Kompetenzzentren zur Verwirklichung von Inklusion im Sinne des Art. 26 UN-BRK: Potenziale und Ressourcen der BBW (= Entwicklungsfelder von PAUA)

Als Einrichtungen zur Ausbildung junger Menschen sind BBW personell und fachlich multiprofessionell aufgestellt: Unter einem Dach und koordiniert über ein – am Einzelfall orientiertes – Fallmanagement werden unterschiedlichste Leistungen erbracht; hierzu zählen im Einzelnen berufliche und allgemeine Bildungsdienstleistungen sowie soziale, pflegerische, therapeutische und medizinische Dienstleistungen.

Gemeinsame und übergreifende Zielsetzung ist dabei die größtmögliche soziale und berufliche Teilhabe der jungen Menschen im Sinne einer nachhaltigen beruflichen sowie gesellschaftlichen Integration. Die fachliche Expertise der einzelnen Professionen wie auch deren interdisziplinäre Zusammenarbeit im Team bilden die Grundlage der Arbeit.

Diese Arbeitsweise[4] verbunden mit der fachlichen Expertise der unterschiedlichen Professionen in BBW prädestiniert diese prinzipiell dazu, sich auch anderen Zielgruppen mit verschiedenartigsten Teilhabeeinschränkungen zuzuwenden und die erforderlichen Komplexleistungen interdisziplinär zu planen und professionell und zielorientiert umzusetzen.

Die BBW bieten flexible, an der Wirtschaft orientierte, personenzentrierte Qualifizierungskonzepte. Hierbei bilden die Kernleistungen der BBW (Ausbildung und Ausbildungsvorbereitung für junge Menschen) die Basis für eine Vielzahl differenzierter Einzelleistungen, welche zur Weiterentwicklung neuer Geschäftsmodelle sowie zur Erschließung neuer Geschäftsfelder und Zielgruppen genutzt werden.

Ressourcen, über die BBW in der Regel heute verfügen und die zur Weiterentwicklung genutzt werden können, sind im Einzelnen:

---

[4] Dieses individualisierte Reha-Management ist 2015 mit dem neuen Rahmenvertrag sowie den zugehörigen Leistungsbeschreibungen zwischen den BBW und der Bundesagentur für Arbeit verbindlich vereinbart worden. Siehe hierzu auch Bundesarbeitsgemeinschaft für Rehabilitation 2012.

- Vielfältige, flexible Ausbildungsformate in Kooperation mit Unternehmen in der Region
- Dienstleistungs- und Vertriebsfunktionen der Einrichtungen im Rahmen des Absolventenmanagements (Arbeitsvermittlung)
- Breite fachliche Kompetenzen der Mitarbeitenden im BBW (u. a. multidisziplinäre, ICF-gestützte Leistungsplanung und -steuerung [vgl. Bundesarbeitsgemeinschaft der Berufsbildungswerke 2015])
- Zielorientierte, interdisziplinäre Zusammenarbeit im Team (Case-Management-Standards)
- Breite und professionelle Ausstattung unterschiedlichster beruflicher Lernfelder
- Möglichkeiten zur Aktivierung zusätzlicher sächlich-personeller Kapazitäten bei Bedarf
- Starke Einbindung in regionale Netzwerke
- Bundesweite Präsenz und Vernetzung der BBW

Lokal bzw. regional können bei der Fortentwicklung weitere spezifische Ressourcen des einzelnen BBW bzw. seines Trägers als zusätzliches Potenzial hinzutreten. Hierzu zählen insbesondere das Vorhandensein spezieller lokaler Netzwerke, Kooperationen und Verbünde.

Verbreitungsstrategien guter Praxis innerhalb der BAG BBW – Von der modellhaften Entwicklung zum nachhaltigen Transfer der Projektergebnisse

Zentrales Anliegen des Transferprozesses im Projekt PAUA ist es, die erarbeiteten Ergebnisse aufgrund ihrer potenziell überregionalen Bedeutung aufzubereiten und anschließend innerhalb der BAG BBW zu verbreiten. Hierbei steht die Übertragung neuer, im Projekt entwickelter Modelle und Leistungsangebote (Good Practice) im Vordergrund.

Die sich an den Transfer anschließende Adaption beinhaltet in der Regel eine Anpassung und Nutzung der entwickelten Modelle und Leistungsangebote (durch den Transfernehmer) an regionale Spezifika, was wiederum meist mit Maßnahmen der Organisations- und Personalentwicklung in den betroffenen Einrichtungen verbunden ist (siehe Abbildung).

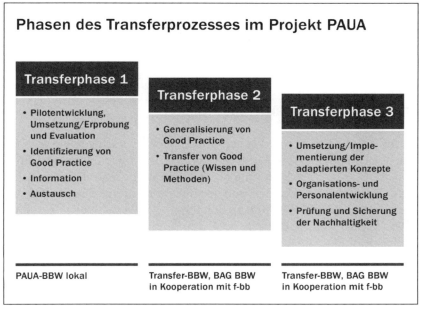

Abbildung: Phasen des Transferprozesses
Quelle: Eigene Darstellung

Hieran wird bereits deutlich, dass ein derartiger Prozess nur erfolgreich sein kann, wenn mehrere Voraussetzungen erfüllt sind:

- Die mit dem Transfer verfolgten Ziele dürfen jenen des Einrichtungsträgers nicht entgegenstehen und müssen bestmöglich zueinander passen.
- Die für den beabsichtigten Veränderungsprozess erforderlichen Ressourcen müssen vorhanden bzw. aktivierbar sein.
- Nachhaltige Veränderungen brauchen Zeit und finden ihren Niederschlag meist auch auf Ebene dauerhafter struktureller Veränderungen. Erfolgserwartungen sollten nicht an kurzfristige Maßnahmen gekoppelt werden.

- Veränderungen in Unternehmen sind umso wirksamer, je aufgeschlossener die Mitarbeiterschaft ist. Dies ist in erster Linie eine Frage der Kultur im Unternehmen, die einen Förderfaktor oder eine Barriere bei Veränderungen darstellen kann.

Diese generalisierbaren Aspekte für ein erfolgreiches Veränderungsmanagement gelten für BBW wie auch für die sozialen Trägerorganisationen im Hintergrund gleichermaßen.

Methoden/Instrumente des Transfers

Im Projekt PAUA wurden projektbegleitend verschiedene Wege für einen nachhaltigen Wissenstransfer genutzt. Zur Information aller BBW und ihrer Träger erschien einmal im Quartal ein Newsletter, welcher über die relevanten Themen und Termine informierte. Darüber hinaus erfolgte bei Bedarf die Information über die PAUA-News der BAG BBW. Beide Medien dienten auch zur Information über Qualifizierungsseminare und Fachtagungen, welche innerhalb von PAUA zu projektrelevanten Themen veranstaltet wurden. Themen von besonderer Relevanz für die BBW wurden zu Handreichungen zusammengefasst, die als Nachschlagewerke für interessierte Leitungen und Fachpersonal dienen. Insgesamt entstanden so sieben Handreichungen zu den Handlungsfeldern des Projektes. Als Überbau der Handreichungen wurde ein Leitfaden für die Bildungspraxis veröffentlicht, der über das Forschungsinstitut Betriebliche Bildung (f-bb) bezogen werden kann.[5]

Ein weiterer wesentlicher Baustein zum Transfer bestand in der Begleitung von Entwicklungsprozessen in den BBW. Zur Initiierung und Umsetzung von Veränderungsprozessen hat sich ein systematisches Vorgehen bewährt, wie es auch bei den Zielentwicklungsworkshops[6] in PAUA zum Tragen kam.

---

[5] URL: https://www.f-bb.de/informationen/publikationen/inklusion-in-der-berufsbildung-neu-gestalten-strategien-fuer-einrichtungen-der-beruflichen-rehabili/

[6] Hierbei handelte es sich um ein dreistufiges Verfahrenskonzept der Zielentwicklung, Zielverfolgung und regelmäßigen Zielkontrolle als kooperativen Prozess der BBW und des Forschungsinstituts Betriebliche Bildung (f-bb).

Das bereits während der Projektlaufzeit angewandte Format ZE³P[7] stellt ein zentrales Instrument der Steuerung von Veränderungsprozessen in den Einrichtungen dar. Es bietet den BBW die Möglichkeit, ihre Zielsetzungen sowie den jeweiligen Verlauf und Entwicklungsstand gemeinsam mit internen und externen Experten zu reflektieren, um so größtmögliche Handlungssicherheit bei der Projektgestaltung und -evaluation zu erzielen.

So wurden beispielsweise auch in Transfer-BBW Mitarbeitende aus verschiedenen Organisations- und Kompetenzbereichen gemeinsam mit der Geschäftsführung im Rahmen moderierter Workshops bei der Erstellung einer Bestandsaufnahme des BBW unterstützt. Ziel dieser ersten ZE³P-Workshops war es, vom ermittelten Ist-Zustand ausgehend, Entwicklungsziele und geeignete Erfolgsindikatoren zu definieren. Hierbei stellt eine heterogene Zusammensetzung der Teilnehmenden eine bereichernde methodische Komponente dar.

Nach Erfahrungen über Transferprozesse in sozialen Unternehmen[8] wie auch im Projekt PAUA selbst lässt sich der idealtypische Ablauf zur strategischen Entwicklung neuer Geschäftsfelder in folgenden Schritten zusammenfassen:

1. Analyse/Evaluation von unternehmerischen Entwicklungspotenzialen, auch durch die Einbeziehung von Mitarbeitenden (z. B. durch Bottom-up-Prozesse) (siehe hierzu auch Hofmann/Poltermann 2017)
2. Marktanalyse und Evaluation der Leistungsbedarfe der regionalen Wirtschaft (Arbeitsmarktmonitoring), der Sozialleistungsträger sowie auch der Menschen mit Behinderung selbst
3. Marktanalyse und Evaluation des regionalen Anbietermarktes für Arbeitsmarkt- und Bildungsdienstleistungen
4. Kosten-Nutzen-Abwägung zu den vorhandenen regionalen Bedarfen (auch mit Blick auf Refinanzierung tariflicher Vergütungen)

---

[7] ZE³P steht für Ziele entwickeln – erreichen – evaluieren.

[8] Vgl. bspw. das ESF-Programm „rückenwind – Für die Beschäftigten in der Sozialwirtschaft" (2009–2014) unter http://www.bagfw-esf.de/ueber-rueckenwind/rueckenwind-2009-2014/.

5. Evaluation möglicher Synergien und Konkurrenzen zwischen verschiedenen Geschäftsbereichen des BBW, des Trägers sowie Dritter (Netzwerkgestaltung)
6. Identifikation, Auswahl und Festlegung konkreter Entwicklungsziele im Sinne einer Unternehmens- bzw. Organisationsentwicklung
7. Businessplan
8. Erstellung einer Change-Strategie zur Erreichung dieser Ziele (Marketingkonzept, Handlungsziele, Meilensteine u. Ä.) mit klar definierten Verantwortlichkeiten und PDCA-Zyklen
9. Entwicklung eines Fortbildungskonzeptes für Mitarbeitende (OE/PE)
10. Umsetzung und Evaluation der Entwicklungsziele zur Zukunftssicherung des BBW incl. Weiterentwicklung der Unternehmenskultur
11. Parallel: proaktives Marketing für neue Leistungen sowie nachhaltige Verankerung des BBW als sozialer Dienstleister in der Region (Netzwerkarbeit)

Dieser skizzierte Ablauf ist (im Sinne eines kontinuierlichen Verbesserungsprozesses) konzeptionell nicht abschließend, sondern als fortschreibbares Konzept zu verstehen. Um die Transferprozesse möglichst erfolgreich zu gestalten, wurden im Projekt PAUA die Trägerorganisationen der BBW schon frühzeitig einbezogen. Auf diese Weise wird sichergestellt, dass gesellschaftliche Entwicklungen wie auch spezifische Entwicklungen beim Träger kontinuierlich in die Zukunftsgestaltung der BBW einbezogen werden können. Ausgangs- und Endpunkt der mit dem Konzept angestoßenen Veränderungsprozesse bildet dabei das BBW vor Ort.

In zwei internen Konzepten der BAG BBW werden derartige Veränderungsprozesse für alle BBW detailliert beschrieben: Im **Implementierungskonzept** zum Projekt PAUA wird das prinzipielle Vorgehen bei diesem Transferprozess für Transfernehmer beschrieben. Es verfolgt den Zweck, die im Projekt entwickelten Ansätze auch über das Projektende hinaus in weiteren BBW zu implementieren. Im Kern geht es hierbei um die Sicherung der Projektergebnisse in der Praxis und um deren nachhaltige Verstetigung. Gemeinsam mit dem **Qualifizierungskonzept,** welches auf Grundlage einer Bildungsbedarfsanalyse relevante Weiterbildungsbereiche in Bezug auf die im Projekt identifizierten Handlungsfelder zusammenfasst, bilden diese Konzepte die Basis für eine erfolgreiche Implementierung und Verstetigung der im Projekt gewonnenen Erkenntnisse.

Die BBW als Transfernehmer – Handlungsfelder für BBW und ihre Träger

In den vergangenen Jahren konnten zur Erweiterung des BBW-Geschäftsbetriebes eine Reihe von Handlungsfeldern identifiziert werden, welche nicht nur lokal, sondern übergeordnet von Bedeutung sind und für welche konkrete Handlungsansätze durch einzelne BBW entwickelt und erprobt wurden – zu einem großen Teil in Verbindung mit dem Projekt PAUA.

Diese Handlungsfelder sind gekennzeichnet durch folgende Aspekte:

- Vorhandensein einer prinzipiellen Nachfrage (Bedarfsorientierung)
- Finanzierungsmöglichkeiten für entsprechende Leistungen durch Aufgabenträger (regionales Marktpotenzial)
- Zielorientierung an gesellschaftlicher Teilhabe (Inklusionsperspektive)
- Nachfrage lässt sich prinzipiell durch Ressourcen, Kompetenzen und Konzepte, die in BBW vorhanden sind oder geschaffen werden können, befriedigen (Umsetzbarkeit)
- Zur Umsetzung sind geeignete Konzepte und Erfahrungen („Gute Praxis") in den BBW vorhanden (Operationalisierung)

Zurzeit handelt es sich hierbei um sieben unterschiedliche Handlungsfelder, zu denen bereits eine Vielzahl praktischer Erfahrungen von BBW vorliegt und die verallgemeinerbar und damit auch prinzipiell für den weiteren Transfer geeignet sind:

1. Übergänge (insbesondere Schule – Ausbildung – Beruf)
2. Leistungen für die Jugendhilfe (insbesondere heilpädagogisches Wohnen, Mutter-Kind-Leistungen, Jugendberufshilfe)
3. Allgemeine und ambulante Reha-Maßnahmen der Bundesagentur für Arbeit, insb. Berufsvorbereitung und Berufsausbildungen in unterschiedlichen Formaten
4. Eingliederungshilfeleistungen
5. Leistungen für die Wirtschaft/Unternehmen (Dienstleistungen, Produkte, Bildung und Beratung)[9]
6. Leistungen für junge Menschen mit Fluchthintergrund
7. Planung und Koordination multipler Leistungssettings zur Sicherstellung personenzentrierter Komplexleistungen (trägerübergreifend)

Die während des Projektes PAUA neu erschlossenen Handlungs- und Geschäftsfelder fußen größtenteils auf den BBW-Kernleistungen[10], gehen jedoch im Einzelfall, was die Arten der Leistungen zur Teilhabe anbelangt, weit darüber hinaus.

Absicherung eines nachhaltigen Transfers: strukturelle Perspektive

Die Verbreitung von Projektergebnissen erfolgte im Projekt PAUA nicht alleine durch den Transfer hin zu einzelnen BBW, sondern vor allem auch mittels einer sich neu entwickelnden Kultur unter den Mitgliedern. Hierbei standen der gemeinsame Dialog und das Voneinanderlernen innerhalb der Mitglieder der BAG BBW im Vordergrund.

Zum Transfer wurden unterschiedliche Formate wie Mitgliederversammlungen, thematische Fachtagungen und eine Vielzahl von Workshops genutzt. Damit konnte der fachliche Austausch zu Good Practice intensiv gefördert und wertvolle Impulse zur Weiterentwick-

---

[9] Siehe hierzu die Empfehlungen zur Weiterentwicklung betrieblichen Ausbildung für Menschen mit Behinderung in Metzler u.a. 2017.

[10] Nach § 117 Abs. 1 Nr. 1a SGB III in Verbindung mit § 51 SGB IX.

lung der BBW gegeben werden – so die Rückmeldungen aus zahlreichen Veranstaltungen.

Um diese „Transferkultur" innerhalb der BAG BBW zu verstetigen und strukturell abzusichern, sind aus Sicht der BAG BBW vor allem zwei Formate künftig von Bedeutung:

1. Zum einen sollen Austauschformate wie das **Benchlearning**[11] innerhalb der BAG BBW dauerhaft etabliert und hierbei die einzelnen Mitglieder und Leitungen der BBW als „lernende Unternehmen" aktiv eingebunden werden (Partizipation).
2. Zum anderen soll ein kontinuierliches **Monitoring** auf Basis gemeinsamer, anerkannter **Kennzahlen** der BBW (Transparenz) erfolgen.

Zur Begleitung dieser Entwicklung hat die BAG BBW die Initiative Qualität 2020 (IQ2020) beschlossen, die neben einem reinen Benchmark ein intensives Benchlearning der BBW, zum Beispiel über Leitungstagungen, etabliert.

Über das Kennzahlen-Monitoring wird sichergestellt, dass zukünftige Anforderungen der Leistungsnutzenden und -träger, der Wirtschaft sowie der politisch Entscheidenden an die BBW-Leistungserbringung seitens der BBW transparent und flächendeckend verbindlich umgesetzt und weiterentwickelt werden.

Fazit

Ausgehend von den Erfahrungen im Projekt PAUA und den dort seit 2014 identifizierten Handlungsbedarfen werden sich für die BBW absehbar auch in Zukunft weitere Handlungsfelder auftun, um die Qualität, Wirksamkeit und Wirtschaftlichkeit ihrer Leistungen kontinuierlich zu verbessern. Hierzu werden nach heutigem Kenntnisstand gehören:

---

[11] Benchlearning beschreibt den Prozess, von anderen zu lernen. Während das Benchmarking darauf abzielt, Vergleiche zu ziehen, und die Anwendung klarer Indikatoren beinhaltet, handelt es sich bei Benchlearning um einen aktiven, kontinuierlichen Prozess, welcher das Lernen von Beispielen guter Praxis einschließt (vgl. Karaduman 2008).

- verbesserte, validierte Assessmentverfahren, bei denen insbesondere die berufliche Handlungskompetenz im Mittelpunkt steht,
- die trägerübergreifende Nutzung der ICF in der beruflichen Rehabilitation nach einheitlichen Maßstäben,
- die Erfordernisse der Digitalisierung und deren Integration in die berufliche und allgemeine Bildung (vgl. Bundesinstitut für Berufsbildung 2016 und Bundesministerium für Bildung und Forschung 2017) sowie
- Formen der aktiven Selbstvertretung und Einflussnahme der leistungsberechtigten jungen Menschen.

Darüber hinaus sollten die Erfahrungen aus den Modellmaßnahmen[12] Anlass geben, den Katalog der aktiven arbeitsmarktpolitischen Instrumente der Bundesagentur für Arbeit zu überdenken, denn die starke Standardisierung sowie die Beschaffungswege der Instrumente bringen es mit sich, dass den individuellen Bedarfen der Menschen mit Teilhabeeinschränkungen oftmals nur unzureichend entsprochen werden kann. Mit Blick auf die derzeitigen Beschaffungsmodalitäten stellt sich die Frage, ob Leistungen für junge Menschen mit Behinderungen oder auch für junge Menschen mit besonderem Unterstützungsbedarf überhaupt sinnvoll mit standardisierten Ausschreibungen beschafft werden können (insbesondere in Hinsicht auf die langen Bestellfristen, die Festlegung einer Mindestanzahl von einzukaufenden Plätzen, die frühzeitige Festlegung auf individuelle Unterstützungsbedarfe). Hier bedarf es politischer Entscheidungen: Die neu gebildete Regierung sollte die Chancen nutzen, an dieser Stelle Verbesserungen auf den Weg zu bringen.

Gesellschaftliche Teilhabe von Menschen mit einer Behinderung bzw. Teilhabeeinschränkung ist als gesellschaftspolitische Norm – unabhängig von Konjunkturverläufen – in der Praxis nachhaltig umzusetzen, und dies insbesondere durch Teilhabe an Bildung und Beschäftigung. Die BBW leisten hierzu einen wichtigen Beitrag – sie sind Akteure der Verwirklichung gleichberechtigter Teilhabe von Menschen mit Behinderungen.

---

[12] Siehe hierzu den Buchbeitrag „Inklusive Dienstleistungen – Anforderungen und Gestaltungsbedarf" von Michael Breitsameter und Florian Gawehns in diesem Band.

Eine qualifizierte, an den realen Anforderungen des Beschäftigungssystems ausgerichtete berufliche Ausbildung wird auch in Zukunft gesellschaftspolitisch von großer Bedeutung sein. Die dauerhafte Sicherung der Teilhabe entsprechend den individuellen Neigungen und Fähigkeiten der jungen Menschen ist erklärtes Ziel des Gesetzgebers und wird von den BBW ausdrücklich unterstützt. Gleichzeitig setzen sich die Mitglieder der BAG BBW dafür ein, dass die duale Berufsausbildung kontinuierlich weiterentwickelt wird, um bewährte Prinzipien in zukunftsorientierte Strukturen zu überführen.

Künftige Herausforderungen für Berufsbildungswerke

Neben allgemeinen Entwicklungsanforderungen, welche sich vor allem aus dem Gesichtspunkt der umfassenden Inklusion gemäß der UN-BRK herleiten, setzen sich die Berufsbildungswerke im Rahmen einer kontinuierlichen Weiterentwicklung ihrer Leistungen ein für:
* neue Bedingungen des Arbeitsmarktes, insbes. durch die zunehmende Digitalisierung (vgl. IAB 2015),
* neue ordnungspolitische Rahmenbedingungen (u. a. auf Basis von Regelungen auf EU-Ebene),
* neue technische Unterstützungssysteme, auch hier insbesondere durch die zunehmende Digitalisierung, und
* veränderte und teilweise auch neue Zielgruppen (auf Basis einer differenzierteren Diagnostik sowie verbesserter Instrumentarien).

Inklusion folgt dabei nicht einem Normalisierungskonzept, sondern bedeutet vor allem Anerkennung der Vielfalt, wenn es um die Partizipation in der Arbeitswelt geht und darum, einen Platz in der Mitte der Gesellschaft zu finden. BBW orientieren sich bei der Umsetzung von Inklusion an einem Inklusionsbegriff, der die Chancen zur Teilhabe und Partizipation von jungen Menschen in allen Lebenslagen in den Mittelpunkt stellt (vgl. Breitsameter u. a. 2015). So kann die berufliche Rehabilitation allen jungen Menschen gerecht werden.

Literatur

Breitsameter, M. u. a.:
Inklusion in der beruflichen Bildung – Der Beitrag der Berufsbildungswerke. In: Berufliche Ausbildung junger Menschen mit
Behinderung – Inklusion verwirklichen. Buchreihe: Wirtschaft
und Bildung, Band 7. Bielefeld 2015

Bundesarbeitsgemeinschaft der Berufsbildungswerke (Hg.):
Inklusionsverständnis der BAG BBW. Eine Vision für die Praxis.
Berlin 2017 (unveröffentlichte Fassung)

Bundesarbeitsgemeinschaft der Berufsbildungswerke (Hg.):
Fachzeitschrift Die Berufliche Rehabilitation. Heft 1/2015.
Schwerpunktthema: ICF und Berufliche Rehabilitation

Bundesarbeitsgemeinschaft für Rehabilitation (BAR) e. V. (Hg.):
Gemeinsame Empfehlung „Einrichtungen für Leistungen
zur Teilhabe am Arbeitsleben" nach § 35 SGB IX. Frankfurt
am Main 2012

Bundesinstitut für Berufsbildung (BIBB) (Hg.):
Abschlussbericht Voruntersuchung Modernisierungsbedarf IT-
Berufe. Bonn 2016

Bundesministerium für Arbeit und Soziales:
Unser Weg in eine inklusive Gesellschaft. Nationaler Aktions-
plan 2.0 der Bundesregierung zur UN-Behindertenrechtskon-
vention. Berlin 2016a – URL: http://www.bmas.de/DE/
Schwerpunkte/Inklusion/nationaler-aktionsplan-2-0.html
(Stand: 19.04.2017)

Bundesministerium für Arbeit und Soziales (Hg.):
Zweiter Teilhabebericht der Bundesregierung über die Lebenslagen von Menschen mit Beeinträchtigungen. Bonn 2016b

Bundesministerium für Arbeit und Soziales (Hg.):
Teilhabebericht der Bundesregierung über die Lebenslagen von
Menschen mit Beeinträchtigungen. Bonn 2013

Bundesministerium für Bildung und Forschung:
Bekanntmachung der Richtlinie zur Förderung von „Inklusion durch digitale Medien in der beruflichen Bildung". Bundesanzeiger vom 13. Februar 2017 – URL: https://www.bmbf.de/foerderungen/bekanntmachung-1317.html (Stand: 03.05.2017)

Deutsche Vereinigung für Rehabilitation (DVfR):
Die Nutzung der ICF bei der Ausgestaltung der Leistungen zur Teilhabe am Arbeitsleben (berufliche Rehabilitation). Heidelberg 2009

Deutsche Vereinigung für Rehabilitation (DVfR) (Hg.):
Nutzung der ICF im deutschen Rehabilitationssystem. Positionspapier in Zusammenarbeit mit der Deutschen Gesellschaft für Rehabilitationswissenschaften (DGRW). Heidelberg 2014

Hofmann, H./Poltermann, A.:
Den Wandel gemeinsam gestalten – Organisationsentwicklung „bottom-up" – Handreichung zur Unterstützung von Einrichtungen der beruflichen Rehabilitation. Nürnberg 2017 – URL: https://www.f-bb.de/fileadmin/PAUA_Materialien/7_PAUA_Organisationsentwicklung_bottom_up_01-min.pdf (Stand: 12.04.2018)

Institut der deutschen Wirtschaft Köln e. V. (Hg.):
Personalkompass Inklusion. Ein Leitfaden zur Beschäftigung von Menschen mit Behinderung. Köln 2015

Institut für Arbeits- und Berufsforschung (IAB):
Folgen der Digitalisierung der Arbeitswelt. IAB-Kurzbericht 24/2015. Nürnberg 2015 – URL: http://doku.iab.de/kurzber/2015/kb2415.pdf (Stand: 02.05.2017)

Karaduman, T.:
Instrumente der lernenden Organisation – Vom Benchmarking zum Benchlearning. Diplomarbeit. Berlin 2008

Metzler, C. u. a.:
Menschen mit Behinderung in der betrieblichen Ausbildung. IW-Analysen Nr. 114. Köln 2017

Pohl, K. u. a.:

Nutzungsgrad der ICF in Berufsbildungswerken – quantitative und qualitative Ergebnisse. Die Berufliche Rehabilitation. Heft 2/2017. Freiburg 2017 – URL: http://www.lambertus.de/de/shop-details/berufliche-rehabilitation-heft-2-2017,1930.html (Stand: 24.07.2017)

Weltgesundheitsorganisation (WHO):

International Classification of Functioning, Disability and Health – URL: http://www.who.int/classifications/icf/en/ (Stand: 02.08.2017)

III/3 Handlungs- und Entwicklungs-bedarf von Einrichtungen beruf-licher Rehabilitation im Kontext der Digitalisierungsdebatte

Thomas Freiling und Matthias Kohl

Die Ergebnisse des Projekts „PAUA" verdeutlichen, dass Berufsbildungswerke (BBW) als Einrichtungen der beruflichen Rehabilitation erfolgreich Veränderungsprozesse hin zu inklusiven Kompetenzzentren durchlaufen. Hierbei öffnen sich die BBW mit ihrer Ausstattung und dem breit gefächerten Kompetenzportfolio zum einen neuen Personengruppen wie Geflüchteten und besonders benachteiligten Jugendlichen und erweitern zum anderen ihr Dienstleistungsspektrum um neue Angebote. Sie entwickeln sich damit auch zu attraktiven Partnern für Auftraggeber wie z. B. Jobcenter.

Diese Veränderungen werden und wurden unter dem Oberziel einer inklusiveren und arbeitsmarktnäheren Ausrichtung der Einrichtungen angestoßen, zusätzlich stand vor dem Hintergrund demografischer und ökonomischer Entwicklungen die Verbreiterung der eigenen Geschäftsbasis im Fokus. Insgesamt lässt sich konstatieren, dass diese zumeist von umfassenderen Organisations- und Personalentwicklungsprozessen flankierten Entwicklungen dazu beigetragen haben, das Leistungsangebot der BBW noch stärker an den realen betrieblichen Anforderungen des Beschäftigungssystems auszurichten und so Menschen mit Einschränkungen verbesserte Teilhabechancen am Arbeitsmarkt zu bieten.

In der näheren Zukunft werden vor allem zwei aktuelle Themen die Weiterentwicklungsprozesse der Einrichtungen in der beruflichen Rehabilitation bestimmen. Zum einen werden sich mit dem stufenweisen Inkrafttreten des Bundesteilhabegesetzes (BTHG) und den damit verbundenen Veränderungen in Bezug auf die Teilhabeleistungen die Zusammenarbeit der Kostenträger und das System der Leistungserbringung in der beruflichen Rehabilitation deutlich verändern und entsprechende Entwicklungs- und Anpassungsprozesse in den Einrichtungen erfordern (vgl. dazu *Breitsameter, Haak* und *Lentz* in diesem Band). Zum anderen – und darauf soll im Folgenden der Fokus liegen – verändern sich mit der zunehmend voranschreitenden Digitalisierung von Arbeitsabläufen und -prozessen sowie der Nutzung digitaler Medien zu Kommunikations-, Dokumentations- und Weiterbildungszwecken gewohnte Arbeitswelten einschließlich der für bestimmte Tätigkeiten notwendigen Kompetenzen sehr grundlegend.

Die Berufsbildungsforschung beschäftigt sich im Kontext der Digitalisierung aktuell mit den veränderten Kompetenzanforderungen vor dem Hintergrund sich ändernder Arbeitstätigkeiten primär in der Industrie vor allem in stark automatisierten und vernetzten Arbeitsprozessen (Industrie 4.0) (vgl. Spöttl/Windelband 2017, Kohl 2017). Zudem liegt der Fokus auf der Untersuchung von Veränderungsnotwendigkeiten der Berufsbilder (vgl. Kohl u. a. 2017) sowie des Lernens in Berufsschule und Betrieb (Bildung 4.0) (vgl. Schmid/Goertz/Behrens 2017; Hauenstein/Freiling 2017).

Digitalisierung der Arbeitswelt – Status quo und Perspektiven für Menschen mit Behinderung

Es ist bereits in unterschiedlichen Studien herausgearbeitet worden, dass sich das benötigte Kompetenzportfolio verändern wird. Fachliche, aber auch überfachliche Kompetenzen werden verstärkt erforderlich sein (vgl. Spöttl u. a. 2016; Pfeiffer u. a. 2016). Dazu gehören beispielsweise allgemeine Kompetenzen zur Nutzung von Wissens- und Dokumentationssystemen, informationstechnische Kompetenzen zur Nutzung digitaler Netzwerke und arbeitsbezogene Kompetenzen zur Nutzung von Medien für den Anlagenbetrieb. Auch wenn derzeit noch kein systematisch abgeleitetes Kompetenzprofil 4.0 existiert, wird deutlich, dass insbesondere die Relevanz der Medienkompetenz oder sogenannter digitaler Kompetenzen weiter steigt.

Für Menschen mit Behinderung ergeben sich aufgrund dieser Entwicklungen zu beobachtende Risiken, aber auch Chancen, um die geforderte Teilhabe am Arbeitsleben besser sicherstellen zu können. Zu den Risiken gehört beispielsweise die Reduktion einfacher „analoger"

Arbeitstätigkeiten mit hohem Automatisierungspotenzial (vgl. Engels 2016, S. 15). Neue Chancen eröffnen sich insbesondere durch assistive Technologien, die dazu beitragen, dass eine Teilhabe am Arbeitsleben leichter möglich ist, indem Körper- und Sinnesbehinderungen teilweise kompensiert werden, sofern die Umgebungsbedingungen darauf abgestimmt sind (vgl. a. a. O., S. 16): „Angesichts der steigenden Leistungsfähigkeit technischer Systeme und des erhöhten Bewusstseins von behinderten Menschen als Beschäftigte (…), wird erwartet, dass die technischen Potenziale für eine Inklusion und Arbeitspartizipation stärker genutzt werden" (Apt u. a. 2016, S. 45).

Das Risiko besteht, dass mit der zunehmenden Digitalisierung für Menschen mit Behinderung zusätzliche Barrieren entstehen und dadurch ihre Beschäftigungschancen sinken. Ein Grund dafür ist die zunehmende Komplexität von Arbeitsprozessen. Insbesondere geringer qualifizierte Menschen mit Einschränkungen bei kognitiven Potenzialen werden eher zu den Verlierern dieses industriellen Entwicklungsprozesses gehören (vgl. Engels 2016, S. 15). Auch Menschen mit seelischen Behinderungen dürften aufgrund der zunehmenden Komplexität der Arbeitsprozesse nicht automatisch zu den Gewinnern zählen, obwohl sie häufig über gute Qualifikationen verfügen. Die Arbeit mit digitalen Medien eröffnet jedoch auch die Möglichkeit neuer Arbeitsmodelle, die individuell an Arbeitende und ihre Lebensumstände angepasst sind wie beispielsweise Telearbeit / mobiles Arbeiten und Crowdworking. Studien zeigen, dass 53 Prozent aller Betriebe mit mehr als 500 Angestellten und etwa ein Drittel aller Betriebe insgesamt ihren Angestellten die Möglichkeit anbieten, etwa unter Verwendung von digitalen Medien von zu Hause zu arbeiten (vgl. Arnold u. a. 2015, S. 5).

Potenziale digitaler Medien in der beruflichen Rehabilitation

Digitale Medien ermöglichen durch die breite Verfügbarkeit von Informationen und unterstützende Lernorganisationssoftware selbstgesteuertes Lernen und darüber hinaus langfristig ein lebenslanges Lernen in informellen Lernstrukturen (Arnolf / Lermen 2004, S. 73). Im Lern- und Ausbildungskontext bieten sie eine höhere Orts- und Zeitflexibilität, insbesondere aber auch die Berücksichtigung individuell unterschiedlicher Lerngeschwindigkeiten: Die Lernenden können ihre Lernpfade selbst steuern, auch die Reihenfolge der Bearbeitung bestimmen und Lernzeiten festlegen (vgl. Arnold u. a. 2015, S. 50 f.). Zudem bieten unterschiedliche Lernmedien wie Glossare, Abbildungen, Videos, Simulationen, bildhafte Gestaltung komplexer Arbeitsabläufe und Produktionsprozesse Möglichkeiten der verständlichen Aufbereitung komplexer Sachverhalte und damit insgesamt günstige Voraussetzungen, um Menschen mit Behinderungen, die sehr heterogene Lernvoraussetzungen aufweisen, ausbildungsbezogene Fachinhalte zu vermitteln. Die zunehmende betriebliche Orientierung der rehabilitationsspezifischen Unterstützung bedarf zudem zeit- und ortsungebundener Lern- und Beratungsangebote. Bisher wird Lehren und Lernen mit digitalen Medien in der Qualifizierung von Menschen mit Behinderung bei bestimmten Behinderungsarten punktuell eingesetzt. Es ist allerdings weder strukturell etabliert noch grundlegend kulturell in den Organisationen verankert. Mit digitalen Lernmedien kann jedoch grundsätzlich arbeitsplatznahes Lernen gefördert werden, indem beispielsweise Lern- und Arbeitsaufgaben am Ausbildungs- und Arbeitsplatz bearbeitet und mit den Ausbildern/innen reflektiert werden. Entsprechend digital unterstützte Lernsettings könnten die betriebliche und betriebsnahe Ausbildung von Jugendlichen mit Behinderung auf Basis von Ausbildungsbausteinen noch besser auf die individuellen Bedürfnisse der Lernenden ausrichten und die Ausbildungsprozesse behinderter Menschen auch für Unternehmen und unterstützende Leistungserbringer der beruflichen Rehabilitation erleichtern.

Die Rolle der Lehrenden und (Fach-)Ausbilder/innen wandelt sich in solchen Lernkonzepten hin zu einer Lernprozessbegleitung im Lernsetting, die digitales Lernen vorbereitet, begleitet und den Lernprozess organisiert und somit verstärkt lernunterstützende und lernermöglichende Aufgaben übernimmt.

Handlungs- und Entwicklungsbedarf für Einrichtungen der beruflichen Rehabilitation

Für Einrichtungen beruflicher Rehabilitation ergibt sich vor dem beschriebenen Hintergrund mehrfacher Handlungsbedarf:

Erstens gilt es, vor dem Hintergrund von Automatisierungsrisiken und Substitutionspotenzial das Berufsportfolio zu überprüfen. Neben der inhaltlich-curricularen Anpassung an sich verändernde fachliche Anforderungen in einzelnen Berufen bedarf es hierbei auch strategischer Weichenstellungen: Es gilt, sächliche und personelle Ressourcen auf zukunftsträchtige Berufe und Berufsfelder zu fokussieren und solche, die mittel- bis langfristig kaum noch Beschäftigungschancen eröffnen, sukzessive abzubauen.

Zweitens ist es berufsübergreifend notwendig, die Entwicklung zukünftig weiter an Bedeutung gewinnender überfachlicher Kompetenzen – insbesondere Medienkompetenz und Selbstlernkompetenz – in der Aus- und Weiterbildung zu stärken. Gerade der Aufbau von Medienkompetenzen wird zu einem immer wichtigeren Faktor, um einerseits die Persönlichkeitsentwicklung und gesellschaftliche Teilhabe zu gewährleisten und andererseits die Ausbildungs- und Erwerbsfähigkeit eines jeden Einzelnen zu stärken. Digitale Medien sind mittlerweile allgegenwärtig, sei es als Informationsquelle, als Kommunikations- und Orientierungshilfe, zur privaten und beruflichen Vernetzung oder in Form der mediengestützten Aus- und Weiterbildung. Im Arbeitskontext befähigen Medienkompetenzen einerseits dazu, entsprechende technische Geräte (Medien) bedienen zu können (z. B. Paketscanner) oder mit Fehlermeldungen und technischen Störungen umgehen zu können. Andererseits geht es jenseits der Bedienkompetenz technischer Geräte darum, eine Vielzahl an Informationen und Daten auf ihre Relevanz hin überprüfen zu können.

Drittens bedarf es auch Weiterentwicklungen im didaktisch-methodischen und medialen Bereich: Hier sollte verstärkt der Einsatz (und auch die Entwicklung) digitaler Lernmedien für Menschen mit Behinderungen und adäquater Lernsettings einschließlich einer intensiven Lernprozessbegleitung an den unterschiedlichen Lernorten (auch im Betrieb) vorangetrieben werden.

Zusammenfassend geht es also darum, zum einen den Anschluss für Menschen mit Behinderungen an digitalisierte Arbeitstätigkeiten mit den voranschreitenden technischen Entwicklungen sicherzustellen und zum anderen Chancen aus der zunehmenden Digitalisierung und Technisierung offensiv für eine verbesserte Teilhabe von Menschen mit

Behinderungen am Arbeitsleben zu erzielen. Hierfür bedarf es auch zukünftig umfassender Weiterentwicklung der Einrichtungen der beruflichen Rehabilitation (genau wie aller anderen Institutionen im System beruflicher Bildung) hin zu einer Berufsbildungseinrichtung, die über entsprechende technische Infrastruktur und organisatorische Rahmenbedingungen, aber insbesondere auch über medien- und medienpädagogisch kompetentes Personal und eine entsprechende digitale Lernkultur verfügt.[1]

Dafür sind auch zukünftig Forschungs- und Entwicklungsprojekte erforderlich, die eng orientiert am Bedarf der Menschen mit Behinderung und der Einrichtungen beruflicher Rehabilitation Medienbildungskonzepte entwickeln und umsetzen, Organisationen beraten und Organisationsentwicklungsprozesse unterstützen und nicht zuletzt auch die Ergebnisse bilanzieren und Wirkungen evaluieren.

Literatur

Apt, W. / Bovenschulte, M. / Hartmann E. A. / Wischmann, S.:
Foresight-Studie „Digitale Arbeitswelt". BMAS Forschungsbericht 463. Berlin 2016

Arnold, P. / Kilian, L. / Thillosen, A. / Zimmer, G.:
Handbuch E-Learning. Lehren und Lernen mit digitalen Medien. 4. erw. Auflage. Bielefeld 2015

---

[1] Medienkompetenz umfasst hierbei (in Anlehnung an Baacke u. a. 1999, S. 4) die kritische Auseinandersetzung mit und die Anwendung von Medien unter Berücksichtigung ethischer Gesichtspunkte (Medienkritik), das Wissen um das Angebot an und die Verwendung von Medien (Medienkunde), die Befähigung zur Verwendung von Medien insgesamt (Mediennutzung) und die Fähigkeit zur innovativen Weiterentwicklung und zur kreativen Schöpfung von und mittels Medien (Mediengestaltung) (vgl. Treumann u. a. 2002, S. 49 ff.). Entlang der beschriebenen Dimensionen der individuellen Medienkompetenz gilt es dabei stets auch, medienpädagogische Bezüge zu schaffen und damit die Bedeutung und praktische Konsequenz des Erlernten für eine sinnvolle und effektive Integration von Medien in rehabilitationsspezifische berufliche Bildungsprozesse und organisationale Entwicklungsstrukturen herauszuarbeiten. Wichtig ist hierbei die Bezugnahme auf die individuellen Voraussetzungen der lernenden Menschen mit Behinderung und rehabilitationspädagogische Anforderungen der einzelnen Behinderungsarten (rehabilitationspädagogische Kompetenz).

Arnold, D./Steffes, S./Wolter, S.:
Mobiles und entgrenztes Arbeiten. Bundesministerium für Arbeit und Soziales, Forschungsbericht Nr. 460. Berlin 2015.

Arnolf, R./Lermen, M.:
Bildung im 21. Jahrhundert – Abkehr vom Mythos der Wissensvermittlung. In: Meister, D. (Hg.): Online-Lernen und Weiterbildung. Wiesbaden 2004.

Baacke u.a.:
Handbuch Medienkompetenz. Bonn 1999

Engels, D.:
Chancen und Risiken der Digitalisierung der Arbeitswelt für die Beschäftigung von Menschen mit Behinderungen. BMAS Forschungsbericht Nr. 467. Köln 2016

Hauenstein, T./Freiling, Th.:
Digitalisierung und Arbeit 4.0: Eine Annäherung an die Beschreibung von Lernsettings und Gestaltungsoptionen zur Erweiterung des berufsschulischen Unterrichts. In: berufsbildung. Zeitschrift für Theorie-Praxis-Dialog, 164/2017, S. 24–27

Kohl, M.:
Elektromobilität, Digitalisierung und Industrie 4.0 als Innovationstreiber – neue Produkte und Produktionsprozesse bedingen neue Kompetenzanforderungen. In: Goth, G./Kretschmer, S./Pfeiffer, I. (Hg.): Auswirkungen der Elektromobilität auf die betriebliche Aus- und Weiterbildung. Bielefeld 2017, S. 11–32

Kohl, M. u.a.:
Kompetenzlabor: Welche Kompetenzen benötigt die Versicherungswirtschaft künftig? Nürnberg und München 2016/17. Online: https://www.bwv.de/fileadmin/user_upload/BWV/Allgemein_BWV_Verband/bildungspolitik/Kompetenzlabor/BWV-Bildungsverband_Studie_Kompetenzlabor.pdf (Stand: 18.12.2017)

Pfeiffer, S. u. a.:
Industrie 4.0 – Qualifizierung 2025. Hg. vom VDMA. Frankfurt 2016

Schmid, U./Goertz, L./Behrens, J.:
Monitor Digitale Bildung: Berufliche Ausbildung im digitalen Zeitalter. Gütersloh 2017 – URL: https://www.bertelsmann-stiftung.de/fileadmin/files/BSt/Publikationen/Graue Publikationen/Studie_Monitor-Digitale-Bildung_Berufliche-Ausbildung-im-digitalen-Zeitalter_IFT_2016.pdf (Stand: 18.12.2017)

Spöttl u. a.:
Industrie 4.0 – Auswirkungen auf Aus- und Weiterbildung in der M+E Industrie. Hg. von bayme/vbm. München 2016

Spöttl, G./Windelband, L.:
Industrie 4.0 – Risiken und Chancen für die Berufsbildung. Bielefeld 2017

Treumann, K. P./Baacke, D./Haacke, K./Hugger, K. U./Vollbrecht, R.:
Medienkompetenz im digitalen Zeitalter – Wie die neuen Medien das Leben und Lernen Erwachsener verändern. Wiesbaden 2002

Autorenverzeichnis

Ula Braun, Projektkoordination Ausbildungsvorbereitung im Berufsbildungswerk Hamburg GmbH

Michael Breitsameter, Vorstandsvorsitzender der Bundesarbeitsgemeinschaft der Berufsbildungswerke (BAG BBW e. V.) und Abteilungsleiter Berufliche Bildung und Integration der Katholischen Jugendfürsorge der Diözese Augsburg e. V.

Konrad Fath, Gesamtleiter Sankt Nikolaus, KJF Berufsbildungs- und Jugendhilfezentrum, Dürrlauingen

Dr. Markus Feußner, Geschäftsführer / Gesamtleitung des Kolping-Berufsbildungswerks Hettstedt gGmbH

Dr. Andreas Fischer, wissenschaftlicher Mitarbeiter der Forschungsinstitut Betriebliche Bildung (f-bb) gGmbH

Prof. Dr. Thomas Freiling, Professur für Pädagogik, insbes. Berufs- und Wirtschaftspädagogik an der Hochschule der Bundesagentur für Arbeit

Antje Frese, Koordination Ausgeschriebene Maßnahmen / Projekte, Berufsbildungswerk Josefsheim Bigge, Josefsheim gGmbH

Florian Gawehns, Referat Politik der Bundesarbeitsgemeinschaft der Berufsbildungswerke (BAG BBW e. V.)

Lina Haak, Projektkoordination PAUA der Bundesarbeitsgemeinschaft der Berufsbildungswerke (BAG BBW e. V.)

Angela Hübel, Projektleiterin UMA, Rehabilitationsmanagement im Kolping-Berufsbildungswerk Hettstedt gGmbH

Martin Hünemeyer, Fachbereichsleiter Berufsbildungswerk Josefsheim Bigge, Josefsheim gGmbH

Andreas Kather, Geschäftsführer des Rotkreuz-Instituts Berufsbildungswerk im DRK Berlin gGmbH

Dr. Matthias Kohl, Projektgruppenleiter Nürnberg I der Forschungsinstitut Betriebliche Bildung (f-bb) gGmbH

Rainer Lentz, Projektleitung PAUA und Projektkoordination b3-Projekt, Bundesarbeitsgemeinschaft der Berufsbildungswerke (BAG BBW e. V.)

Wolfgang Lerche, Geschäftsführer des Berufsbildungswerks Hamburg GmbH

Moritz Lohe, Bildung I Berufliche Bildung der Bundesvereinigung der Deutschen Arbeitgeberverbände

Peggy Lorenz, wissenschaftliche Mitarbeiterin der Forschungsinstitut Betriebliche Bildung (f-bb) gGmbH

Sabrina Lorenz, wissenschaftliche Mitarbeiterin der Forschungsinstitut Betriebliche Bildung (f-bb) gGmbH

Dr. Anne von Oswald, Fachstelle Einwanderung bei Minor

Dr. Christian Pfeffer-Hoffmann, Leiter der Fachstelle Einwanderung, Geschäftsführer von Minor

Dr. Iris Pfeiffer, Geschäftsführerin der Forschungsinstitut Betriebliche Bildung (f-bb) gGmbH

Aleksandra Poltermann, wissenschaftliche Mitarbeiterin der Forschungsinstitut Betriebliche Bildung (f-bb) gGmbH

Susan Rathke, Projektleitung in der Berufsbildungswerk Stendal GmbH

Dr. Rolf Schmachtenberg, Bundesministerium für Arbeit und Soziales (BMAS)

Wassili Siegert, Fachstelle Einwanderung bei Minor

Olaf Stieper, Geschäftsbereich Bildungswesen, EDEKA AG

Ulrike Stumpf, Sozialpädagogin in der Berufsbildungswerk Stendal GmbH

Dr. Wolfgang Wittig, wissenschaftlicher Mitarbeiter der Forschungsinstitut Betriebliche Bildung (f-bb) gGmbH

Sibylle Zagel, Leitung Stab im Berufsbildungswerk Hamburg GmbH